간통죄 위헌결정

-이제, 우째믄 되노?

생활법률작가 김 성 식
(전 서울 고법근무)

Law BUB 법률&출판

⁂ 글 마중을 가며......

바야흐로 SNS 만능시대를 맞고 있다. 그 Smart하고 파워풀한 힘을 빌어 잠시 우릴 품고 있는 지구와의 소통을 시도해 본다.

수 억 년 전 초기 지구를 만나러 굳이 값 비싼 타임머신을 타고 갈 필요가 없다. 그 오래 전의 지구위에 이미 우리가 서 있고 환경만 바뀌었을 뿐이다. 지난 수 억 년도 지나고 보면 일순간 처럼 느껴진다.

위 소통의 결과 온난화 현상은 있지만 지구생물이 멸종될 정도로 위협적이진 않고 여전히 인류를 사랑하고 있으며 당분간(최소 수 만 년)은 노아의 방주 형태式 걱정은 없이 편히 지내도 된다는 지구의 따뜻한 메시지가 Twitter로 순식간에 전파된다.

필자의 오십 수 년 生도 찰나에 불과할진 데, 그 기간에만도 참으로 정신 번쩍 들만큼 숱한 자연적 변화와 사회적 진화를 목격하였다.

자신이 직접 보고 느낀 것은 믿거나 인정하지 않을 수 없고 歷史란 무대의 증인이 될 수도 있다.

변화무쌍한 현시대의 진화세포가 지금도 계속 핵분열하고 있고 다들 잘 적응하고 있다. 필자와 같은 70 · 80세대들은 쫓아가느라 숨이 가쁘고 일부는 추격을 포기하기도 한다.

그 사회적 · 법률적 변화의 핵심주역 중 하나가 형법 제241조 간통죄 폐지라 할 수 있고, 2013년 초 그 조항이 폐지되었다고 가정해 본다. 간통죄가 존속하든 폐지되든 이와 전혀 무관하다 생각하는 부부나 커플도 있을 것이다. 그러나 대부분은 직 · 간접의 영향을 받을 수 있고 사안 또한 부부나 남녀관계에 있어 매우 민감한 부분이다.

법률상 부부 또는 준혼(準婚)관계인 사실혼 부부 뿐만 아니라 혼인의사의 합치가 존재하지 않은 단순동거인들과 평범한 연인사이에도 직 · 간접 영향을 미칠 수 있다.

이 글은 **2013년 초봄, 헌법재판소가 간통죄에 대해 위헌결정을 하였다는 가상의 설정 하**에, 그로 인한 충격을 완화하고 폐지 이후를 미리 대비할 필요성이 있어 준비해 본다. 폐지될 경우 간통이 범죄행위로서 형사처벌의 굴레는 벗어나게 되나 이보다는 규율의 폭이 훨씬 넓다 할 수 있는 민사 · 가사 상 배우자의 부정행위에 관한 규정은 여전히 존속하고 있다.

부부나 커플들이 이러한 법률적 변화에도 불구하고 종전의 관계를 계속 유지하며 가정 또한 잘 지켜 나갈 수 있는, 현명하고 지혜로운 룰이나 타협점이 필요할 수 있다. 그것은 부부사이에 약정서 · 협의서 형태의 명시적일 수도 있고 묵시적 합의에 의할 수도 있다. 어떻든 헤쳐 나가야한다. 스마트시대의 '스마트한 부부'. 이에 필자 나름의 관련법에도 부합하는 스마트한 룰을 제시해 본다.

변화된 법률환경의 내용이 대체 어떠한 것인지 명확하게 제시해 주어야 사람이 기후변화에도 적응이 필요하듯, 법률적 변화에 순응하고 잘 대처할 수 있기 때문이다.

2012년 현재까지도 간통죄 폐지냐 아니냐에 대한 논의만 시끄러울 뿐, 폐지되었을 경우에 대비하여 진지하게 논의하거나 고민하는 모습은 어디에도 보이지 않는다.

머지않은 장래에 위헌결정으로 효력 상실하리라 예측한다. 이후 국회의 입법작용으로 폐지될 것이고. 필자가 이 글을 준비하는 2012년이 될 수도 있고 출간 후인 2013년이 될 수도 있다. 그럴 경우 물론 그 부분 원고를 수정할 것이다. 언제 폐지되느냐의 시기적 관점보다 폐지사실 그 자체가 중요하다. 性적 자유행위의 합법과 개방시대로 가는 노정에서 성문화를 과거 국가형벌권이 개입하던 국가주도형에서, 자율적으로 건강하게 정착시켜나가는 개인주도형으로 안착될 지가 주관심사일 것이다.

폐지될 경우 간통죄 존속여부에 대한 침 튀기는 논쟁을 순식간에 잠재운다. '간통' 이란 형법상 용어 자체도 사라져갈 것이고, 용감한 로맨티스트들에 의해 당당히 '로맨스' 로 불리거나 민법의 가족법상 용어인 '부정행위(제840조 재판상 이혼원인)' 로 만 불려지리라 예상한다.

제2장부터 '간통죄' 를 'K죄', '간통행위' 를 'K행위' 로 각 표기한다.

이 책을 출간에 힘써주신 법률&출판 양갑수 사장님과 편집부 직원 여러분에게 감사함을 전합니다 ~~

2012. 6.

저자 김 성 식

<제목 차례>

첫째. 올 것이 왔고 논란을 잠재우다

2012년 말 겨울의 혹한을 기죽이는 대선정국의 열기가 용광로처럼 뜨거웠다. 열기가 흘러가버린 2013년 初, 새 대통령의 취임이 있었고 곧 이어 헌법재판소가 대형사고를 쳤다. 일반인 특히 기성세대의 시선이 헌법재판소 대법정으로 집중되었다.

사건의 핵심은 '법률상 배우자 있는 자의 간통행위 및 그와 상간한 자의 행위' 를 처벌하고 있는 형법 제241조 규정이 최고 형님법인 헌법에 위반되는 지 여부이다. 이번만큼은 위헌결정이 날 것이고 전문가나 일반의 예상은 헌법재판관 6인의 정족수를 간신히 채운 6 : 3 정도였다. 그러나 예상을 엎어버린 8 : 1 넉 다운 비율이었다. 8인에는 위헌의견 7인, 헌법불합치의견 1인이었다. 1990년부터 2008년까지 4번의 합헌결정이 있었고 5번째 만에 위헌결정이 난 것이다.

해당 사건 '2011헌가00호' 결정문을 추려 보면,

주 문

형법(1953. 9. 18. 법률 제293호로 제정된 것) 제241조는 헌법에 위반된다.

이유 or **결정요지**

이 사건 법률조항은 과잉금지 원칙에 위반하여 개인의 성적 자기결정권과 사생활의 비밀과 자유를 제한하는 것으로 위헌이다. 오늘날 성에 대한 국민 일반의 법감정이 변하고 있고, 도덕적으로 비난받을 만한 행위 모두를 형사처벌의 대상으로 삼는 것은 바람직하지 아니하며, 간통 및 상간행위의 형사처벌이 일부일처제와 가정보호 · 부부간의 성적 성실의무 보호 · 여성의 보호에 실효적인 기능을 하지도 못한다는 점 등을 고려할 때 이 사건 법률조항에 대한 수단의 적절성 및 피해의 최소성을 인정하기 어렵다. 또한 개인의 내밀한 성생활의 영역을 형사처벌의 대상으로 삼아 국민의 성적 자기결정권 등 기본권을 지나치게 제한하여 법익균형성을 상실한 것이다.

한편 단순히 도덕적 비난에 그쳐야 할 행위 또는 비난가능성이 없거나 근소한 행위 등에까지 형벌을 부과하여 법치국가적 한계를 넘어 국가형벌권을 행사한 것이고, 법정형으로 징역형만을 규정한 것은 구체적 사안의 개별성과 특수성을 고려할 수 있는 가능성을 배제 또는 제한하여 책임과 형법사이의 비례의 원칙에 위배되어 헌법에 위반된다.

▩ 결 론

이 사건 법률조항에 대하여 재판관 7인이 위헌의견, 재판관 1인이 합헌의견, 재판관 1인이 헌법불합치의견으로 법률의 위헌선언에 필요한 정족수 6인을 충족하여 이 사건 법률조항은 헌법에 위반된다는 선언을 하기로 하여 주문과 같이 결정한다.

재판관 ○○○(재판장), ○○○, ○○○(주심), ○○○, (···)

TV에서는 아나운서가 특종뉴스를 계속 보도하느라 신 났다. 게스트로 나온 전문가들도 침 튀기며 위헌결정으로 인한 간통죄의 효력상실이 향후 우리 가정과 사회에 미칠 파장을 나름 짚어보고 법률상 부부관계에 있어 성문제를 분리하여 냉정하게 새로운 시각으로 정립해 볼 시도가 필요하다는 조심스런 의견도 있었다. 신문들도 특종기사로 도배를 하였다. 정치나 경제 · 연예스포츠가 아닌 모처럼의 신선한 기사였다. 뉴스중의 뉴스라 할 만큼 중량감 있었고. 한 해 전 2012년 초의 총선부터 새로운 대통령이 탄생하는 연말 대선까지 '그들만의 잔치' 에 일 년 내내 역겹고 뻔한 이런저런 선거뉴스로 시달리고 지쳐 일반의 눈과 귀가 성질부리기 일보직전 이었다.

헌법재판소가 개소한 이래 가장 충격적 결정 중 하나라 하여도 과언이 아니다. 오래 된 큰 숙제를 마치고 재판관들의 어깨짐을 내려놓는 순간이었다. 하지만 일찌감치 위헌결정은 예상하던 대로였고 다만 그 시기가 언제가 될 것인지 였다.

결정문 전문을 출력하면 A4 용지로 30쪽이 훨씬 넘는 방대한 분량이다. 내용 중 당사자의 성명 등 개인정보에 관한 사항만 비공개이다. 위헌결정 주문은 위와 같이 일반 법원의 민 · 형사 판결문처럼 간단하나 결정이유에 있어서는 이 사건 사안과 유사한 기존의 위헌 · 합헌결정 선례, 여성부장관의 의견, 유관검찰청 검사장 및 법무부장관의 각 의견요지, 각 제청법원의 위헌제청이유들, 최초 형법제정 시의 입법연혁과 선진 외국의 입법례, 우리의 부부형태와 성윤리의 변천사 및 간통행위와 그 형사처벌에 대한 사회적 상황과 이에 대한 국민의식 · 법 감정의 변천 등 최고 수준의 전문학술논문에 못지 않는 화려한 내용들을 담고 있다.

이 사건의 사실관계 요지는, 남편 '○○○' 가 간통을 하였고, (· · ·) 2009년 그 배우자가 간통에 따른 이혼심판청구를 관할인 ○○법원에 제기하여 가사재판이 진행되고 있었다. 물론 남편과 그 상대방여자에 대한 고소도 당연히 했을 것이다. 형법상 간통죄로 고소하자면 이혼을 했거나, 이혼소송 중이라는 전제가 있어야 하므로· · ·.

그런데 소송 중, 피고당사자인 남편이 형법상 간통죄 처벌규정이 최상위법인 헌법에 위반된다는 신청을 하였고 담당재판부가 이를 받아들여 같은 해에 관할○○법원은 헌법재판소에 위헌법률심판제청을 하였다(신청 없이 재판부 직권으로도 가능. 헌법재판소법 제41조).

여기까지 필자가 가상으로 법률적 창작을 해 보았다. '결정요지' 등은 2008년의 결정 등 기존선례에서 해당 조항이 위헌 또는 헌법불합치라는 재판관들의 의견을 참조하였다.

여기서 개인의 '성적 자기결정권' 의 정확한 의미는 '성행위 여부 및 그 상대방을 결정할 수 있는 권리' 를 말한다. 위 가상의 결정은 법률상 부부사이에서도 이 권리를 억압하고 있는 간통죄는 폐지되어 마땅하다는 것이다.

'헌법재판소' 하면 헌법상 중요한 일을 여럿 하고 있지만, 우선 국민의 '기본권' 이 금방 떠오른다. 서울 종로구 북촌로 15(재동 83번지)에 위치하고 있다. 북촌은 전통역사의 숨결과 호흡을 같이 할 수 있어 최근 도보기행으로도 각광받는 장소이다. 도심에 지친 심신들이 언제 찾아가더라도 품에 꼭 안아주고 뿌리를 가르쳐 주고 있다. 전통가옥이 잘 보존되어있고 민속예술가들이 군데군데 작품 활동을 하고 있기도 하다.

헌법재판소는 입법부 · 사법부 · 행정부와 함께 헌법상 국가 4대 주요기관이다. 그 수장인 헌법재판소장은 대통령 · 국회의장 · 대법원장과 함께 4부요인이 된다.

1960. 5. 16. 군사혁명시절 이후 헌재가 구성되지 못하였으나 그 전인 1948. 제헌의회 시절 및 1987. 문민시대 이후에는 헌재가 구성되었다. 상당기간 권위주의시대 억압당한 국민들의 상처를 치유하듯 기본권관련 결정들을 토해냈다. 침해당할수록 더욱 소중함을 깨우쳐 주기 때문일까? 현재의 제도적 장치로도 세계에 내놓아 손색없다한다.

특히 재판당사자인 원고 또는 피고(형사재판에선 피고인)가 담당재판부에 신청한 위헌법률심판제청이 법원에서 기각된 경우 당사자가 직접 해당 법률의 위헌여부에 대하여 헌재에 직접 헌법소원을 청구할 수 있는 제도(헌법재판소법 제68조 제②항)에 대해서는 각국의 헌법전문가들도 이구동성으로 한국에 특유한 제도로서 국민의 기본권을 신속하게 보호하고 헌법재판을 활성화하는 획기적 평가와 함께 큰 관심을 기울이고 있다.

2011초부터는 헌재 내에 '헌법재판연구원' 을 개원하여 국내 · 외 헌법의 판례분석과 유엔헌장 및 국제협약 등을 조사하고 교육활동도 맡아 국민의 기본권보호와 권리구제에 기여하고 있다. 전 세계 80여 개국 헌법재판기관 가운데 독자적인 연구원은 한국이 최초라 한다.

역사는 선진외국보다 짧으나 우리의 헌법재판소가 벌써 그 국제적 위상이 꽤 높고 당당하다.

헌법재판소는 9인의 재판관으로 구성되며, 15년 이상 판사 · 검사 · 변호사 · 법률학 조교수의 직 등에 있던 자중에서 임명한다.

헌법재판소장은 재판관 중에서 국회의 동의를 얻어 대통령이 임명하고 대우와 보수는 대법원장과 동격이며, 재판관은 대법관과 동격이다. 즉 헌법재판관과 대법관은 행정부의 장관급이라 생각하면 이해가 쉽다.

허나 기본권의 최후보루로서 또한 분쟁과 위법행위에 대해 헌법과 법률에 의해 양심에 따라 독립하여 최종 심판한다는 긍지와 명예는 매우 높은 반면, 국민적 기대에도 부응해야한다는 막중한 책임과 의무를 지기도하는, 장관급 그 이상이다.

법원장이나 고등법원 부장판사에서 대법관으로 발탁되면 개인은 물론 집안의 영광일 것이다. 그러나 발령받아 부임하는 그 날 단 하루살이 기쁨일 뿐 다음날부터 사건기록에 다시 파묻히는, 고독하고 외로운 고난의 길이라고 어느 퇴임대법관의 소회가 있었다.

대법원 상고사건기록의 대부분은 두껍고 무겁다. 1심에서부터 항소심인 2심, 대법원까지 양당사자가 제출한 모든 소송서면이 철해져 있다. 중요사건이나 당사자 또는 피고인이 여럿인 사건은 1개 사건이 수레하나에 가득 차기도 한다. 그 기록들을 면밀히 검토해야 하는 것이다. 물론 지방법원 부장판사 승진 직전의 재판연구관들이 조력을 하고 있기는 하나 상고사건이 많아져 업무량이 공무원 정시 근무시간만으로는 턱도 없이 부족하다.

필자가 근무하던 8, 90년대에는 기록을 양손에 들고 법정을 오갔다. 그 후 언제부터인가 후배들은 잘 굴러가는 수레에 기록을 담고 다닌다. 다행이다.

차관급이 가장 많은 부서는 어디일까? 언뜻 부처가 많은 행정부일 것 같지만 아니다. 법원과 검찰에 가장 많다. 약 30년 전 발표된 통계를 본 적 있었는데 지금도 물론 마찬가지이다. 사건의 폭주로 재판부가 계속 증설되어 더 많아졌을 것이다. 법원은 각급 법원장은 물론 전국의 각 고등법원 부장판사들 모두가 행정부 차관과 동급이다. 고법 부장에서 법원장으로 임명되면 언뜻 승진 같아 보이지만 차관급의 전보인사이다. 2012년 봄의 법관정기인사에서도 그 경우 '전보' 로 표기되어있다.

필자의 개인적 견해는 법관과 검사에 대한 예우가 행정부나 법원 · 검찰청의 일반직원에 비해 지나치게 높게 정해져 있다고 생각한다. 법원장과 고법부장도 차이를 두어 전국의 각급 법원장은 현재의 차관급 그대로 예우하고, 고법부장은 한 급수 아래로 예우해야 맞지 않을까 한다. 그러면 행정부와도 어느 정도 균형이 잡힐 것이다.

SNS에 의한 소통과 통합시대에 신성불가침이던 '판결' 영역에 대하여도 이젠 예외가 없다. 일반 국민들의 관심과 애정이 여기에도 넘친다. 판결의 과정과 결과에 대해서도 다양한 의견이 스마트 등 소통기구를 통해 빛과 같은 속도로 전파된다. 독불장군식 재판은 이제 설득력이 없고 철옹성 같던 사법부도 국민적 기대에 부응할 수 밖에 없어 자신의 몸 구석구석을 돌아보기 바쁘다.

SNS 초기인데도 곳곳에서 그 위력을 실감 한다. 인터넷으로 지구촌이 실시간 소통을 시작하면서 이젠 SNS로 '통합의 시대' 를 맞고 있다. 여기엔 지연 · 학연 · 혈연도 통하지 않고 공평하다. 장래에 최고 통수권자는 대통령이 아니라 SNS가 쥐게 되는 것은 아닐지? 훗날 'SNS 국가' 의 탄생도 점쳐본다. 그리고 전 세계를 통일한 '@국가' . 그 밑에는 자치단체로서 언어권별로 '영어권국가' , '중국어권국가' , '스페인어권국가' , '포르투갈어권국가' , '한국어권국가' 등으로 나눠진다. 언어가 통해야 소통할 수 있으니. 그렇다면 외국어를 여러 개하는 네티즌일수록 SNS권력자가 될 것 같다. 아니다. 자국어를 외국어로, 또 외국어를 자국어로 실시간 통 · 번역하는 서비스가 개설되면 언어권장벽도 완전히 무너질 지도. 그러다 핵폭탄도 맥을 못 추는 'SNS 독재권력' 의 탄생. 그 독재에 맞서는 'SNS 약자 · 민주투사들' 도 생겨나고, 거기까지만 해도 으스스하다.

필자의 눈엔 'Social Network Service' 가 아니라 'Social Network System' 으로 형상화한 괴물모습으로 그려진다.

소통과 통합의 세계에도 예의범절이 필요하고 준수해야 할 법도가 있다. 어길 경우 민 · 형사적 제제의 회초리도 있으니 뒤편에서 독자들과 만나고자 한다.

헌법재판소에는 5가지 심판제도가 있다.

1. 국회가 제정한 법률이 헌법에 합치하는지의 여부를 심판하여 헌법에 위반되는 경우에는 그 법률의 효력을 상실하게 하거나 그 법률을 적용할 수 없도록 하는 위헌법률심판 (헌법재판소법 제41조)

2. 일반 형벌 또는 징계절차로는 처벌하기 곤란한 고위직 공무원의 위법행위를 심사하여 그 공직으로부터 파면시키는 탄핵심판 (제48조)
3. 정당의 목적이나 활동이 민주적 기본질서에 위배되는 경우에 이를 심사하여 해산시키는 정당해산심판 (제55조)
4. 국가기관 및 지방자치단체 상호간의 권한의 존부 또는 범위에 관한 다툼이 있는 경우에 이를 심사하여 조정, 해결하기 위한 권한쟁의심판 (제61조)
5. 공권력의 행사 또는 불행사로 인하여 헌법상 보장된 국민의 기본권이 침해된 경우에 그 침해된 권리를 구제하기 위한 헌법소원심판 (제68조)

위 헌재의 심판사항들은 하나같이 중요하지 않은 것이 없으나, 이 중 헌법에 보장된 행복추구권을 포함한 기본적 자유권 등에 있어 일반국민의 피부에 직접 와 닿는 제도는 위헌법률심판과 헌법소원심판이다. 이것이 바로 국민의 밥그릇인 기본권을 지켜주는 제도이고 헌재는 이를 위해 식단을 짜는 '셰프'이다.

특히 헌법소원은 주로 형사고소사건에 있어 많이 발생하는데, 고소장을 접수한 수사기관들이 수사 후 검사가 법원에 불기소(공권력의 불행사)함에 따라 기본권을 침해받은 자가 청구할 수 있다. 검사의 모든 불기소처분에 대하여 할 수 있다는 것이 헌재의 판례이다.

따라서 공권력의 불행사로인해 헌법소원심판으로 다룰 수 있기 위해서는 헌법에서 인정하는 작위의무, 즉 헌법상 공권력을 행사해야 할 의무가 존재해야 한다.

청구기간은 그 사유가 있음을 안 날부터 90일 이내에, 그 사유가 있은 날부터 1년 이내에 청구해야 하는데, 만일 다른 법률에 의한 구제절차를 거친 헌법소원청구는 그 최종결정을 통지받은 날로부터 30일 이내에 하여야 한다(제69조).

헌법소원 청구 시 변호사를 대리인으로 선임할 자력이 없는 경우에 당사자의 신청에 의해 국고에서 그 보수를 지급하여 국선대리인을 선임해 주고 있는데(제70조), 그 기준은 월평균수입이 150만원 미만인 자, '국민기초생활보장법' 에 의한 수급자, '국가유공자 등 예우 및 지원에 관한 법률' 에 의한 국가유공자와 그 유족 또는 가족, 또 이들에 해당하지 않으나, 청구인이 시각 · 청각 · 언어 · 정신 등 신체적 · 정신적 장애가 있거나 또는 청구인이나 그 가족의 경제능력 등 제반사정에 비추어 보아 변호사를 대리인으로 선임하는 것을 기대하기 어려운 경우이다. 그러나 헌재가 공익상 필요하다고 인정할 때에는 위 요건에 해당하지 않아도 선임가능하다(헌법재판소 국선대리인의 선임 및 보수에 관한 규칙 제4조).

법원 형사사건에 있어 필요적 변호사건인데도 변호인이 선임되지 않았을 경우의 '국선변호인' 제도와 유사하고 그 적용대상도 법원의 경우를 따온 것이다. 법적용에 있어 차별을 두지 않고 서민층을 보호하자는 취지이므로 헌재에 청구하고자 하는데 변호사인 대리인을 선임할 돈이 없다고 포기하지 말고 이와 같은 제도를 잘 활용하여야 한다. 대한법률구조공단에서 정하는 구조대상자도 위 범위와 유사하다. 요구조대상자에게는 선임료 몇십 만 원 정도 또는 후불제로도 수임하여 소송을 수행하고 있다.

§ 헌법재판소 : 서울 종로구 북촌로 15(재동 83) 지하철 3호선 안국역 2번 출구　대표전화 02) 708-3456　홈페이지 www.ccourt.go.kr

필자도 10여 년 전 강남 소재 합동법률사무소 근무 시 업무상 헌재를 한 번 방문한 적 있었다. 당시 위임받은 헌법소원사건을 옆 부서에서 진행하다가 깜박 착오로 위 청구서 제출기간 만료일(정확하게는 만료일의 밤 12시가 된다.)을 도과하였고 다음날은 토요일이었다.

중대한 소송사고이고 의뢰인에겐 입이 천개라도 할 말이 없다. 수임료를 돌려주어야 함은 물론 그로인한 손해배상의 책임과 해당 변호사는 변호사협회로부터 징계까지 받을 수 있는 사안이다. 기간 도과한 청구서를 제출하면 접수거절은 못하나 본안심리를 받지도 못하고 형식적 요건 결여, 즉 부적법 각하결정을 받는다. 선수가 링에 올라가 힘써 볼 기회도 없이 기권패를 당하는 꼴이 된다. 의뢰인이 이 사실을 안다면 억울하고 기막힐 것이다.

담당 변호사를 중심으로 즉시 대책회의가 열렸고 필자가 자진하여 나섰다.

헌법소원심판청구서를 건네받고 택시로 부리나케 헌재로 향했다. 당시는 토요일 오후 1시까지 근무하던 때이고 이미 12시를 넘겨 마음이 조급했다. 접수계에 제출하니 배당순서대로 담당 재판부가 정해진다. 참여사무관을 찾아가 의뢰인의 딱한 사정과 선처를 부탁하였다. 주말이니 다음 주 월요일 해당 헌법재판관님께 말씀 드려보고 결과를 연락해 주겠다 한다. 그것만으로도 우선 한숨 놓인다. 월요일 오후 재판관님이 본안심리하시기로 했다는 사무관의 반가운 전화가 왔다. 내가 맡은 사건은 아니었지만 천만다행이었다. 이렇게 법의 테두리 내에서도 따뜻하고 구수한 온돌방이 군데군데 숨어있다. 상대방 피청구인의 존재가 때론 특정되기 어려워 애매하기도 한 헌법소원청구사건의 특성이기에 가능한 일이다. 극심한 이해관계의 상대방이 실탄장전한 눈을 부릅뜨고 있는 법원의 일반 민 · 형사사건이라면 어림없는 일이다.

법원이 따뜻하지 않은 곳이란 말이 아니고 첨예하게 대립하는 양당사자사이에서 엄격한 중립을 지켜야 하는 고독한 입장이기 때문이다.

법률사무소에서 일반 의뢰사건의 항소 · 상고제기기간 등 불복기간을 놓치는 것은 가장 큰 실수이고 범하지 말아야 할 대형소송사고이다. 증거가 확실하고 충분하여 입증에 자신 있어 소송할 경우 승소를 예상할 수 있는 사건의 경우에도 간혹 사안의 본질과 관계없이 이와 같은 절차적 문제로 낭패를 당하게 되는 것이다. 스포츠에서도 아무리 실력 있더라도 경기 룰을 지키지 않으면 승리와는 거리가 먼 것과 마찬가지이다. 헌법관계사건도 마찬가지지만 일반 민 · 형사 · 이혼 등의 송사를 진행할 경우는 절차라는 반갑지않은 상대와도 맞닥뜨려야하고 거기에는 시간이라는 복병도 숨어있다. 또 사건과 전혀 무관한 제3자인 법원과 재판장을 설득하기도 해야한다. 송사 2~3건 해 보면 세상사에 통달할 수 있고 법을 미리 준수하여 분쟁을 사전에 예방한다는 것이 얼마나 중요한 지 깨닫게된다.

두 분의 선처에 깊은 감사를 드리며 따뜻한 분들이 거기 그 자리에 있는 것이 참 어울리고 다행스럽다.

K죄를 전송하며,

형법 제241조 (간통) ①배우자있는 자가 간통한 때에는 2년 이하의 징역에 처한다. 그와 상간한 자도 같다. ②전항의 죄는 배우자의 고소가 있어야 논한다. 단 배우자가 간통 을 종용 또는 유서한 때에는 고소할 수 없다.

'종용' 이란 이혼의사의 합치가 있는 등 다른 이성과의 정교관계가 있어도 이를 인정하거나 묵인한다는 사전동의를 말하고,

'유서' 란 배우자의 간통행위를 알고 난 후 혼인관계를 지속시킬 의사로 그에 대한 법적 책임을 묻지 않겠다는 의사의 표시 즉, '사후용서' 를 말한다.

간통죄에 관한 처벌규정은 우리 민족 최초의 법인 고조선의 8조금법에서부터 존재했을 것으로 보는 견해가 통설이며, 그 후 현재까지 그 내용상 다소 변화는 있지만 처벌규정 자체는 계속 존재해 왔다. 1905년 대한제국 법률 제3호로 공포된 형법대전에서 유부녀가 간통한 경우 그와 상간자를 6월 이상 2년 이하의 유기징역에 처했고, 일제시대인 1912년 시행된 제령 11호 조선형사령으로 의용한 일본의 구 형법에서도 부인 및 그 상간자의 간통에 대하여 2년 이하의 징역형으로 처벌하였다. 대한민국 정부수립 후 최초의 형법 제정 시, 간통죄를 존치할 것인지에 대하여 많은 논란이 있었고, 국회의 표결에서 현재와 같이 남녀평등쌍벌주의와 친고죄로 하는 안이 국회의원 출석의원 수 110명의 과반수를 가까스로 넘은 57표로 통과되었다.

간통죄를 비교법적으로 고찰해 보면 첫째 남녀불평등처벌주의가 있고, 둘째 남녀평등처벌주의가 있으며, 셋째 남녀평등불벌주의가 있다. 먼저 남녀불평등처벌주의에는 예컨대 개정 전 프랑스형법이나 이탈리아의 구 형법과 같이 남편과 부인의 간통에 대하여 처벌을 달리하는 경우와, 1947년 폐지되기 전의 일본의 구 형법이나 이를 의용한 우리나라 구 형법과 같이 부인의 간통만을 처벌한 예가 있다. 다음으로 남녀평등처벌주의는 우리나라의 현행 형법과 미국의 몇몇 주에서 이를 채택하고 있다. 마지막으로 남녀평등불벌주의는 간통에 대하

여 형사적 제재를 하지 않는 입법례로서 덴마크는 1930년, 스웨덴은 1937년, 일본은 1947년, 독일은 1969년, 프랑스는 1975년, 스페인은 1978년, 스위스는 1990년, 아르헨티나는 1995년, 오스트리아는 1996년에 각 간통죄 규정을 폐지하였다.

※ 이 후 간통죄를 'K죄', 간통행위를 'K행위' 로 각 표기한다.

앞서 필자는 가상현실로서, 재판관 8 : 1의 비율로 위헌결정이 날 것이라 점쳐 보았다. 실제로는 2008년의 합헌결정까지 포함하여 4번의 결정이 있었는데 모두 형법 제241조는 헌법에 위반되지 않는다는 합헌결정이었다.

언제가 될 런지 모르겠으나 5번째는 대부분의 헌법학자나 법조인 및 일반인들까지도 재판관 6인 이상의 찬성으로 위헌결정이 날 것이라 예상하고 있다. 필자도 같다. 단, 그 정족수에 있어서는 위헌의견이 재판관 8인으로서, 1인의 합헌의견에 비해 압도적 다수일 것으로 보는 것이다. 누구나 짚을 수 있는 일반적 예상은 재미가 없어서다. 필자가 원래 남들이 가는 길을 생각 없이 따라가길 아주 싫어하는 성깔이라서 그렇다.

헌재의 심판은 원칙적으로 재판관 9인으로 구성된 전원재판부에서 관장하고 7인 이상의 출석으로 사건을 심리하며 과반수의 찬성으로 결정을 한다.

그러나 법률의 위헌결정, 탄핵 결정, 정당해산 결정, 또는 헌법소원에 관한 인용결정을 하는 경우와, 종전 헌재가 판시한 헌법 또는 법률의 해석에 관한 의견을 변경하는 경우(기존판례의 변경) 등의 경우에는 재판관 6인 이상의 찬성이 반드시 있어야 한다. K죄가 헌법에 위배되는지의 여부에 관한 결정도 마찬가지이다.

조대현 전 헌법재판관이 2011년 7월 퇴임한 이후 해가 바뀌어도 후임재판관이 국회에서 선출되지 않았다. 1인 재판관의 장기간 공백상태로 임무수행에 큰 지장을 초래하자 이강국소장이 헌재사상 처음으로 재판관을 조속히 선출하여 달라는 공식서한을 국회에 보내기도 하였다.

헌재의 결정은 9인의 재판관으로 구성되는 재판부에서 재판관들의 치열한 논의를 거쳐 도출되는 것이어서, 재판관 한 사람이 9분의 1 이상의 매우 중요한 의미를 가지는데, 재판관 1인의 공석은 단지 1인의 공백이라는 의미를 훨씬 뛰어넘어 심판결과를 왜곡시킬 수도 있어 국민의 기본권을 보장하고 헌법의 이념과 가치를 수호해야 하는 헌재의 임무수행에 막대한 지장을 주고 있으므로, 헌재가 막중한 책무를 충실히 수행할 수 있도록 국회에서 하루빨리 재판관을 선출할 것을 요청하며 국회가 재판관 3인을 선출하는 것은 국회의 권한이자 의무인 동시에 국민에 대한 책무라는 내용이었다.

헌재소장이 국회에 대해 한마디로 언짢고 밥값을 하라는 것이며, 표현과 소통의 시대에 당연한 소치이다.

국회에서 선출한 재판관이 임기 만료할 경우 30일 이내에 후임자를 선출하여야 한다(헌법재판소법 제6조). 매운 회초리까지 하나 딸려 보냈으면 · · ·, 하는 생각이 든다.

오모변호사는 위 재판관 공백사태에 대해, 국회의장을 상대로 헌법소원을 청구하였다. 국회는 전임재판관 임기만료일로부터 30일 이내에 후임자를 선출할 의무를 지는데 이를 방치하고 있는 것은 위헌이고, 국회의 부작위(공권력의 불행사)로 재판관 9명에게 공정한 재판을 받을 권리를 침해당하고 있다는 이유에서다.

이와 같이 헌재는 국민의 기본적 권리를 보장하고 헌법의 이념과 가치를 수호함으로써 개인과 가정 · 사회 · 국가를 조화롭게 통합하는 중차대한 기관인바, 어떤 상황에서도 심판업무가 중단되는 사태 없이 소임을 다할 수 있어야 한다.

번지르르한 사람만 아니고 우리 주변에 새벽을 여는 청소부들, 전업주부, 평생 농사만 지은 농부, 청년 백수, 국적 취득한 이주노동자, 다문화가정, 장애우, 택시나 버스기사(단, 교통법규를 잘 지키는 자에 한 함. 많이 감소했으나 요즘도 횡단보도를 건너다보면 정지선을 침범하고 있는 차는 대부분 택시들이다. 성질 안 좋은 필자는 그냥 지나가는 법 없이 운전자에 다가가 이를 반드시 지적한다. 격투를 하게 되더라도), 책을 손에서 놓지 않는 할머니 · 할아버지들, 그들 중 몇몇을 선발하여 국회로 보내었으면 한다. 이들도 유능한 보좌관의 조력을 받아 얼마든지 의정활동을 모범적으로 잘 수행하리라 믿어 의심치 않는다. 착하고 올곧은 사람이 실은 제일 강한 사람이고 미래는 그들이 지배할 것이며, 또 반드시 그래야 한다.

심판의 심리에는 헌법재판소장도 관여한다. 대법원장이 중요사건 등에 있어 대법원 전원재판부에도 관여하는 것과 같은 이치다.

헌재소장은 4부요인임에도 의전상으로는 3부요인에 미치지 못했나보다. 6년 전에서야 헌재소장도 대통령, 국회의장, 대법원장과 함께 국립묘지에 안장될 수 있게 되었다. '국립묘지의 설치 및 운영에 관한 법률' 이 개정되어 국립현충원 및 국립대전현충원의 안장대상자에 헌재소장의 직에 있었던 사람을 추가하도록 하여 전 · 현직 헌재소장들 모두 국립묘지안장대상자에 포함된다.

K죄의 위헌여부에 대한 결정은 1990년을 시작으로 2008년까지 총 4차례 있었다. 또한 2011년에는 의정부지법에서 소송당사자의 신청 없이 직권으로 제청을 하여 5번째 결정을 기다리고 있다. 이 결정에도 많은 이목이 집중되리라.

- 4차례의 합헌과 위헌의견 정족수를 살펴보면,

1990. 9. 10. 89헌마00 결정 6 : 3
1993. 3. 11. 90헌가00 결정 6 : 3
2001. 10. 25. 2000헌바00 결정 8 : 1
2008. 10. 30. 2007헌가00 결정 4 : 5 (헌법불합치의견 1 포함)

1990년부터 2001년까지 세 차례 결정에 있어 다수의견인 합헌의견은, 'K죄의 규정은 헌법상 개인의 인격권 · 행복추구권의 전제가 되는 자기운명결정권에 포함된 자기결정권을 제한한다. 그러나 선량한 성도덕과 일부일처주의 혼인제도의 유지 및 가족생활의 보장을 위하여서나 부부간의 성적성실의무의 수호를 위하여, 그리고 간통으로 야기되는 사회적 해악의 사전예방을 위하여 K행위를 규제하는 것은 불가피하고, 그러한 행위를 한 자를 2년 이하의 징역에 처하는 것은 성적 자기결정권에 대한 필요최소한의 제한으로서 자유와 권리의 본질적 내용을 침해하는 것은 아니라고' 보았다.

2001년 결정 중 재판관 1인의 반대의견은, 'K행위는 성적 성실의무를 위반하는 계약위반행위이므로 그에 대한 책임추궁은 계약법의 일반원리에 따라야 하고 윤리적 · 도덕적 비난의 대상이 될지언정 형사처벌의 문제는 아니라는 입장에서 K행위의 형사처벌은 인간의 존엄성을 보장하도록 한 헌법 제10조에 위반된다' 하였다.

위 세 번에 걸친 결정은 이미 10년, 20년도 훨씬 지나 한물간 결정이라 할 수 있다. 이 후 강산도 변한 만큼 가장 최근이라 할 수 있는 2008년의 합헌결정문에 집중하여 뜨거웠던 논쟁을 감상해본다.

2008년 합헌결정은 일반인들 머릿속 액정화면에 선명히 입력되어 있는 유명 여배우사건뿐만아니라, 전국 5개 법원관련 사건들이 병합된, 총 6개 사건에 대한 것이다. 즉, 관할법원의 위헌법률심판제청(제41조) 4건과 재판당사자가 직접 헌재에 청구한 헌법소원심판(제68조) 2건에 대해 2008. 10. 30. 한꺼번에 합헌결정을 하였다. 이 중 헌법소원 2건은 법률이 헌법에 위반되는 여부가 재판의 전제가 된 당해 소송당사자가 사건담당법원에 위헌법률심판제청 신청을 하였는데 법원이 이 신청에 대해 위헌이 아니라며 기각하여 위 제68조에 따라 헌재에 직접 청구한 것이다.

이혼소송에 있어서도 소송을 제기당한 피고 배우자가 소장송달을 받은 후 자신도 원고의 귀책사유로 원고를 상대로 별도의 이혼소송('반소' 라 하고 당사자를 '반소 원고', '반소 피고' 라 한다)을 제기하면 이혼소송이 두 건(사건번호도 두 개)이 되나, 같은 재판부에서 '병합' 하여 심리한다.

헌법소원청구인들의 주장과 제청법원의 위헌제청이유, 법원의 기각 이유, 이해관계인들인 여성부장관, 법무부장관과 해당 검찰청검사장의 각 의견들을 따로 구분하여 묶어서(6개 사건번호 기재는 생략) 아래와 같이 살펴보고, 이로써 헌법에 위반되는 지 여부에 대해 독자들도 나름대로 판단해 본 후 마음속으로 한쪽을 선택해보시기 바란다. 필자가 드리는 숙제이다.

헌법소원청구인들의 각 주장은, 'K죄는 개인의 성적 자기결정권을 침해하는 것이자 개인 간의 윤리 및 개인의 사생활 영역에 속하는 내밀한 성적 문제에 법을 개입시키는 것으로서 헌법 제10조(인간의 존엄성과 기본적 인권의 보장), 제36조 제1항(혼인과 가족생활보호) 및 제37조 제2항(국민의 자유와 권리의 제한)에 위반된다. 그리고 징역형만 규정되어 있는 것은 심한 처벌로서 제37조 제2항의 과잉금지원칙에 위반된다',

'K죄 처벌규정은 혼인합의 내용의 불이행을 형벌로서 제재하는 것으로 과잉금지원칙에 위반하여 성적 자기결정권을 침해한다. 한편 혼인계약 당사자가 아닌 상간자까지 형벌권의 제재대상으로 하는 것은 개인 간의 복수를 허용하는 것이 되어 인간의 존엄성을 해치는 것이다. 상간자에게 배우자가 있는 경우 그 고소권 행사 여부는 상간자의 배우자의 자유의사에 맡겨져야 한다. 나아가 이 사건 법률조항을 혼인계약을 체결하지 아니한 자(미혼인 상간자)에게까지 확대 적용하는 것은 부당하다'

제청법원의 위헌제청이유를 살펴보면, 'K행위의 본질은 부부간의 성적 성실의무위반이며 도덕위반이므로 이에 대하여 계약위반 책임 혹은 불법행위 책임을 묻거나, 이혼법정 · 민사법정에서 다루어야 하며, 형사법정에 세울 것은 아니다. 자발적인 성인들의 성행위를 형사처벌하여 공공목적을 달성하려는 것은 법만능주의이며, 형벌과잉이다. 외피만 남은 혼인관계에서 성적성실의무를 형사처벌로 강제한다고 해서 혼인제도가 보호된다고 보기도 어렵다. K죄의 처벌실태를 보더라도 입법목적에 걸맞지 않다',

'**일**부일처주의 혼인제도 유지는 이중혼인 자체를 금지하는 중혼죄 등을 신설하여 처벌함으로써 이루어야 하는 법익이고, 단순히 배우자 중 일방이 타인과 성교하는 행위를 처벌하는 것은 과잉입법이자 과잉처벌이다. K죄는 혼인의 원상회복과는 전혀 무관하게 혼인을 파괴한 점에 대한 응징, 보복으로서의 의미만 가지는 것으로 개인의 성적 자기결정권과 프라이버시권을 현저하게 침해하며, 형법의 보충성 · 탈윤리화 · 비범죄화 요청에도 반한다. 한편 소위 스와핑이나 수간, 근친상간은 처벌하지 않으면서 간통죄만을 처벌한다는 것은 형평에도 맞지 아니 한다',

'인간의 성생활은 가장 은밀하고 원초적인 것이며, 강제하거나 금지할 수 없는 감정에 따른 것이므로 국가가 이에 개입하는 것은 적절하지 않고, 성적 성실의무와 같이 당사자의 의사에 반하여 이행이 곤란한 의무의 이행을 형벌로서 강제하는 것은 타당하지 않다. 한편 혼인제도의 보호를 위하여 기혼자의 성적 자기결정권을 전면적으로 희생시키는 것은 성적 자기결정권의 본질을 침해하는 것은 아닌지, 혼인 외 정사가 만연하고 높은 이혼율을 기록하고 있는 실정에서 K죄가 얼마나 실효성이 있는지, K죄의 법정형으로 벌금형을 규정하지 아니한 것은 과잉금지원칙에 반하는 것이 아닌지 의심스럽다'

관할법원이 소송당사자의 위헌법률심판청구제청을 기각한 이유는, 'K죄에 대하여 합헌론과 위헌론이 대립하고 있고, 이를 폐지해야 한다는 국민적 공감대가 확립되었다고 볼 수 없으며, 이는 국민적 합의를 토대로 한 입법자의 결단에 따라야 할 문제이다. 따라서 현 상태에서 위 법률규정이 위헌이라고 단정하기 어렵다',

'K행위 및 상간행위는 선량한 성도덕이나 일부일처주의의 혼인제도에 반하는 것으로 규제가 불가피하며, 그러한 행위를 한 자를 징역 2년 이하의 징역에 처할 수 있도록 한 것은 성적 자기결정권과 사생활의 비밀과 자유에 대한 필요 최소한의 제한으로 헌법에 위반되지 아니한다'

2008년 당시 여성부장관 의견요지는, '2001년 헌법재판소의 결정 시에도 입법자에게 K죄의 폐지 여부를 검토하도록 요청한 바 있고, 이제 K죄의 폐지를 긍정적으로 검토할 사회적 분위기가 성숙되었다. 다만 여성계 내에서는 찬반의견이 대립하고 있으므로 여성들에게 미칠 영향을 다각도로 검토하여 신중한 결정이 필요하다' 이었다.

2008년 당시 법무부장관 의견요지는, 'K죄 규정은 선량한 성도덕, 혼인제도와 가족생활을 보호하고 K행위에 의해 생기는 사회적 해악을 막기 위한 것으로 정당한 입법목적의 달성을 위한 적절한 수단이다. 한편, K죄가 보호하려는 보호법익의 중요성, K죄로 인한 사회적 폐해 등에 비추어 법정형으로 2년 이하의 징역형만을 규정한 것이 지나치게 가혹한 것은 아니고, 우리 사회에서 성도덕이 가지는 의미와 국민의 법의식 등을 고려할 때, K죄 규정에 의해 달성하려고 하는 공익이 제한되는 개인의 성적 자기결정권보다 더 크다고 판단되므로 법익의 균형성도 갖추었다. 한편 K행위의 처벌 여부 및 그 법정형은 기본적으로 입법정책의 문제이며, 외국의 K죄 폐지가 곧바로 위헌론으로 연결되는 것은 아니다' 이었다.

당시 사건관련 북부지검 검사장 · 고양지청장 · 성남지청장 · 경주지청장의 각 의견요지는, '선량한 성도덕과 일부일처주의의 혼인제도의 유지 및 배우자와 가족의 유기, 혼외자녀문제 등 사회적 해악의 사전예방을 위하여 배우자 있는 자의 K행위를 규제하는 것은 불가피하다고 할 것이므로 이 사건 법률조항이 개인의 성적 자기결정권의 본질적 내용을 침해한다고 보기 어렵다. 또한 특정의 인간행위에 대하여 국가가 형벌권을 행사할 것인지 여부는 기본적으로 입법정책의 문제이고, K죄에 대하여 여러 가지 문제가 있더라도 그 존폐는 입법자들이 신중하게 판단하여야 할 문제이지 위헌의 문제는 아니며, 3회에 걸친 합헌결정을 변경할 사정변경이 있다고 보기 어렵다',

'**이** 사건 법률조항은 선량한 성도덕과 혼인제도의 유지, 가족생활의 보장, 부부간 성적 성실의무의 수호 등을 위한 적절한 수단이고, K행위는 단순히 사적 영역에만 국한되는 문제가 아니라 혼인 및 가정생활을 중대하게 침해하는 것이라는 점에서 그 처벌이 비범죄화의 요청에 반한다고 볼 수 없으며, 스스로 혼인이라는 법제도의 구속을 받기로 한 자가 혼인제도가 내포하는 성적 성실의무를 지키지 못한 경우 필요최소한의 형벌을 가하는 것을 부당하다고 볼 수 없다. 한편 K죄의 운용실태와 관련한 악용사례들은 다른 친고죄 또는 반의사불벌죄에 있어서도 발생하는 현상에 불과하고, 우리 사회의 성의식이 얼마나 개방되었는지 여부는 실증적 증명이 어려운 것이다' 라고 하였다.

위 의견들을 종합하면 헌법소원청구인들의 주장과 제청법원의 위헌제청이유는 당연히 K죄가 헌법에 위반된다는 것이고,

국가형벌권을 행사하는 기관인 법무부와 검찰은 모두 합헌이라는 의견이다.

위 의견들에 대한 헌재의 최종 '합헌결정요지' 는, '이 사건 법률조항은 혼인관계를 보호하고, 사회질서를 유지하기 위하여 K행위 및 상간행위를 제재하는 것으로 정당한 입법목적 달성을 위한 적절한 수단이다. 다만 '형벌' 의 제재 규정이 지나친 것인지 문제되나, 이는 기본적으로 입법형성의 자유에 속한다. K행위가 사회질서를 해치고 타인의 권리를 침해하는 경우에 해당한다고 보는 우리의 법의식 및 K행위 및 상간행위에 대한 사전예방의 강한 요청에 비추어 K행위 및 상간행위를 형사처벌하기로 한 입법자의 판단이 자의적인 것이라 할 수 없고, 이 사건 법률조항으로 인하여 침해되는 사익은 특정한 관계에서의 성행위 제한으로 경미함에 비하여 달성되는 공익은 높은 중요성이 있어 법익균형성 역시 인정되므로 이 사건 법률조항이 과잉금지원칙에 위배하여 개인의 성적 자기결정권, 사생활의 비밀과 자유를 침해한다고 볼 수 없다. 한편 이 사건 법률조항은 법정형으로 징역형만을 규정하고 있으나 지나치게 과중한 형벌을 규정하고 있다고 보기 어렵다' ,

'**형**법이 K죄를 범죄로 처벌하는 것 자체는 헌법에 위반되지 않으나, 이 사건 법률조항이 구체적인 행위 태양을 고려하지 않은 채 K행위라는 하나의 개념으로 일률적으로 형벌을 부과하는 것은 부당한 결과를 초래할 우려가 있으므로 입법자로서는 이를 입법적으로 개선할 수 있도록 정책적인 노력을 기울여야 한다'

이에 대한 '위헌결정요지' 는, 앞장 초반부 '주문' 과 '이유 or 결정요지' 에서 인용하였다.

소관부처인 법무부에서도 형법개정소위원회를 두어 꾸준히 이 법률조항에 대한 논의를 해 왔는데 이를 살펴보면,

⚑. **형**법개정소위원회는 이미 1989년 8대2의 찬성으로 K죄 폐지를 결정하였다. 법무부는 그 의견을 수용하여 형법개정 요강에서 이를 폐지하기로 하였으나, 헌법재판소의 1990년 합헌결정이 있자 K죄를 존치시키되 징역형만으로 되어 있는 처벌규정에 벌금형을 추가 · 보완키로 변경하였다.

그러나 1992년 입법예고된 형법개정법률안에서는 K죄가 삭제되어 있었는데, 법무부는 그 이유로,

1. 첫째 기본적으로 개인 간의 윤리적 문제에 속하는 K죄는 세계적으로 폐지추세에 있고,
2. 둘째 개인의 사생활 영역에 속하는 내밀한 성적 문제에 법이 개입함은 부적절하며,
3. 셋째 협박이나 위자료를 받기 위한 수단으로 악용되는 경우가 많고,
4. 넷째 수사나 재판과정에서 대부분 고소취소되어 국가 형벌로서의 처단기능이 약화되었으며,
5. 다섯째 형사정책적으로 보더라도 형벌의 억지효나 재사회화의 효과는 거의없고,
6. 여섯째 가정이나 여성보호를 위한 실효성도 의문이라는 점 등을 들었다.

위 입법예고 후인 1992년 법무부는 형법개정안을 최종 확정하였고 2년 이하의 징역형만으로 규정되어 있던 법정형을 1년 이하의 징역형으로 낮추고 50만 원 이하의 벌금형을 선택적으로 추가하였다. 이와 같이 K죄가 다시 부활된 것은 위 입법예고 후 K죄의 폐지가 아직은 시기상조라는 의견이 대두하자 존치론과 폐지론의 조화점을 모색한 것으로 보인다.

2012년 현재 법무부장관 자문기구인 '형사법 개정 특별분과위원회' 는 K죄 폐지로 의견을 모은 상태에서 헌재의 결정을 예의주시하고 있다.

한편 2011년에도 의정부지법 형사합의1부에서 소송당사자 신청 없이 재판부 직권으로 위헌법률심판제청을 하였는데, 헌재에서 이에 대한 위헌여부를 결정할 경우 5번째가 될 것이고 위헌결정이 될 런 지 초미의 관심사다.

제청 취지를 보면, 'K죄는 성도덕에 맡겨 사회 스스로 자율적으로 질서를 잡아야 할 성생활의 영역을 국가가 사생활의 비밀과 자유를 침해하는 것이고 성적 자기결정권을 지나치게 제한하는 것이다. 일부일처제에 터 잡은 혼인제도와 부부 간 성적 성실의무 보호라는 공익이 더는 법률을 통해 달성되기 어려운 반면 개인 성생활의 영역을 형사처벌 대상으로 삼아 제한하는 것이므로

법익의 균형성을 상실했다’ 이다.

다수결의 원리가 지배하는 민주주의 방식대로 한다면 이미 2008년에 위헌결정이 났을 것이다. 즉 헌법불합치의견 한 분 재판관 포함하여 5대4로.

그러나 헌법재판소법 제23조(의결정족수)에 정한대로 전체 재판관 9인 중 그 2/3인 6인의 찬성이 있어야 한다. 법규정이 아니더라도 각계각층의 다양한 공감과 폐지반대여론의 항복까지 얻기 위해서는 과반수 찬성으로는 부족한 것이다.

독자들도 이쯤에서 남편이든 부인이든 혼인을 앞둔 약혼녀이든 재혼을 고민하는 이혼남이든 ‘나는 합헌이다’, 아니면 ‘나는 위헌이다’ 중에서 하나 선택해 보시기 바란다.

폐지에 관한 필자의 견해도 밝힌다. 당연히 예스다. 논의가 시작된 지 20여년이 지났다. 이제 논란을 잠재우고 새로운 결정을 해야 할 시점이며, 최근의 분위기도 그러한 색깔로 물들어 가는 듯하다. 합헌의견을 냈던 헌법재판관의 일부가 교체되어 다음 결정에서 위헌결정이 날 가능성이 더욱 높아진 사정과는 무관하게, 시대적 조류가 맘먹고 가고자하는 길을 헌재는 물론 어느 누구도 막을 수 없는 것과 같이.

또 합헌의견을 냈던 재판관일지라도 이 흐름에 동참하기로 마음정하고 다음 결정에서는 위헌의견을 낼 수도 있으므로.

그러나 필자는 위와 같은 결혼제도의 틀에서 벗어나 시각을 좀 더 넓혀, 결혼을 포함한 인간관계 전반을 무대 위에 올려놓은 후, 결혼과는 또 다른 삶과 관계형태들을 예의 주시하면서 위에서 전혀 언급되지 않은 시각으로 접근하고 싶다.

형법상 범죄구성요건은 상이하나 K죄와 본질에 있어서는 이웃사촌 격이라 할 수 있는 형법 제304조 ‘혼인빙자 등에 의한 간음죄(형법 제304조)’ 에 대해 헌재의 전원재판부에서 2009. 11. 26. 위헌결정(형법 제304조 중 ‘혼인을 빙자하여 음행의 상습 없는 부녀를 기망하여 간음한 자’ 부분은 목적의 정당성, 수단의 적절성 및 피해 최소성을 갖추지 못하였고 법익의 균형성도 이루지 못하였으므로, 헌법 제37조 제2항의 과잉금지원칙을 위반하여 남성의 성적자기결정권 및 사생활의 비밀과 자유를 침해한다)도 있었다. 이 결정을 필자는 K죄에 대한 장래 위헌결정의 전조라 보는 것이다. 이 결정의 이유가 K죄가 위헌이라는 이유와 그 맥락을 같이 하고 있기 때문이다.

사람이 태어나 미성년의 수업시간까지는 학습의 기간을 보내다가 성년이 되어 혼인하고 자녀를 낳아 건강하게 법률상 배우자와 백년해로하는 것이 모두가 지향하는 보편적 행복의 모습이라 할 수 있다. 사랑스런 배우자를 만나 혼인을 하는 기쁨, 가정을 이룬다는 설렘, 거기다 자신의 2세인 자녀를 얻고 재롱을 피우는 모습 속에서 솟아오르는 벅찬 감격 등은 체험하지 않고는 맛 볼 수 없는 보석들이다.

한 번 뿐인 인생 항로(그래서 '일기' 라 한다)에서 이러한 보석 같은 체험을 하지 않으면 큰 손해다. 그러나 이와 같은 행복등식은 현재와 미래에 있어 시험대위에 올려지고 있다.

이제 독신주의, 혼인의사의 합치가 존재하지 않는 단순동거, 사실혼적 동거, 동성 간의 사랑 등 법률상 혼인이 아닌 삶의 형태가 별 난관 없이 날로 증가하는 반면 결혼율과 출생률은 지속적으로 떨어지고 있고 국가는 이 점에 애를 태우고 있다. 그 중 독신이나 동거를 택하는 이유야 여럿 있겠지만 대체로 경제상황, 한국적 병폐인 혼인에 대한 여러 부담(시댁과의 갈등 등), 자신의 사회적 성취욕구 등일 것이다. 결혼율을 높이고 그에 따른 출생율도 높이고자하는 국가적 과제를 달성하려면 K죄를 폐지함으로써 법률상 혼인이라는 신분관계에서만 성립하는 'K행위와 그 처벌' 이라는 짐도 덜어주어 결혼제도에 따른 법적 굴레를 덜어주어야 한다.

점점 뚜렷해지는 성개방시대('SNS' 가 이런 풍조에 더욱 일조할 것이다)임에도 불구하고 독신이나 단순한 동거보다는 기꺼이 법률상 혼인을 선택하도록 '결혼의 경쟁력' 을 높여 주어야 한다.

현재 법적 보호영역 밖에 존재하는 '혼인의사의 합치가 부존재하는 단순동거' 가 더욱 증가하여 일반화 되어 간다면, 머지않은 미래에 이를 제도화하여 법의 보호영역 내에 두도록 해야 할 것이고, 그즈음 법률상 혼인제도에 대해서도 전면 재검토해야 할 것이다.

새로움과 변화됨의 속도가 빨라지고 있는 이즈음 법조계도 이를 얼른 수용하고, 미래에 대한 예지력과 통찰력까지도 법영역에 순발력 있게 접목시켜야 할 때가 아닐지.

K죄를 버리게 된 배경은?

헌법재판관은 사법부의 대법관에 준하는 예우를 받는데 법률의 위헌여부 · 탄핵 · 정당해산 · 권한쟁의 · 헌법소원 등에 관한 심판청구사건을 심리하고 심판함에 있어 헌법연구관들의 조력을 받고 있다. 사법부의 대법관을 지방법원 부장판사 승진 직전의 고참 판사들인 재판연구관들이 조력하고 있는 것과 같다.

위 5가지 심판사건은 하나같이 중차대한 사건이라 할 수 있는데 이를 대체로 50대 중 후반 이상과 60대의 연로한(?) 재판관 혼자 밥하고 설거지와 분리수거까지 하긴 어렵듯이, 아무런 조력 없이 사건기록과 씨름하고 의견을 내며 심판하기는 현실적으로 불가능하다.

이에 재판관의 명을 받아 헌법연구관들이 사건의 심리와 심판에 관한 조사 · 연구에 종사하며 조력을 하고 있는 것이다(헌법재판소법 제19조). 결정문의 글 사이사이마다 젊은 연구관들의 땀과 열정이 배어있다. 또 결정문에는 재판관들이 서명날인하고 담당 연구관들의 성명기재는 없이 그림자 조력을 하고 있는 것이다.

재판관들이 피아노곡의 핵심인 멜로디를 연주한다면, 연구관들은 감칠 맛나는 반주로써 이를 뒷받침하여 함께 환상적 하모니로 청중들의 졸음을 깨우는 것과 이치가 같다.

사법부의 대법원판결도 마찬가지이다. 민 · 형사 · 가사 · 행정 등 여러 사건의 항소심(2심)판결에 대한 상고(3심, 최종심)가 폭주하고 이를 가능한 신속히 판단해야 하기 때문이다.

헌재가 위 각종의 심판절차에서 심리를 마치면 각하 · 기각 · 합헌 · 위헌 · 헌법불합치 등의 결정을 하게 된다. 이 때 재판관은 결정서에 개별의견을 반드시 표시하여야 한다(제36조).

이렇게 탄생되는 2008년 당시의 헌재결정에 대한 위헌 · 헌법불합치 · 합헌의 각 의견들을 K죄에 초점을 맞추어 돋보기로 탐색하면서 한국의 법률상 부부관계의 현주소를 짚어 본다. 이를 토대로 K죄의 제약에서 벗어난 장래 법률상 부부 · 사실혼 부부 또는 일반 단순동거 커플들까지 성적자기결정권의 적절한 권리행사 방향을 어떻게 잡아야할지도 모색해 본다.

대법관에 버금가는 한국 최고의 헌법과 법률적 지식 · 덕망을 갖춘 재판관들의 개별의견은 법과 도덕과의 기본관계부터 출발하여 선진 외국의 입법례와 국내외 헌법학자들 견해 및 각계 여론, 과거로부터 현재에 이르는 국민의 법의식과 성문화의 확실한 변천들을 모두 다 녹여낸다. 따라서 재판관들의 의견이 곧 국민과 역사의 의견이다. 논리정연하게 얼음위를 미끄러지듯 각자 의견을 개진하고 그에 따른 결론을 매끄럽게 도출하는 일련의 과정은 위헌의견이든 합헌의견이든 예술적이기까지 하다. 각 의견들은 하나의 예술품에 못지않고 필자는 감히 예술성과 역사성을 고루 갖춘 법률적 창작물로 인정하고 싶다(저작권과는 다른). 특히 중요 사안에 대한 전원재판부의 판단은 그 자체가 한국의 역사이다. 따라서 원결정을 손상하지 않고 목차와 내용을 올린다.

하지만 이 결정도 실은 4년 전 것이라 이미 구시대적 결정의 범주에 포함되지 않을까 생각한다. 2012년 현재 '스마트' 라는 4차원적 생물체가 나타나 부부나 가족관계 뿐 아니라 온 지구상을 소통하고 통합시키고 있어, 앞으로 있을 2011년 의정부지법 제청의 위헌법률심판사건에 대해 헌법재판소가 미래에 대한 예지력까지 발휘하여 어떤 결정을 할 지, 그 이유는 또 어떻게 설시될 것인지 무척 궁금하다. 의정부지법 제청사건 뿐 아니라 헌재의 결정이 있을 때까지 다른 법원의 위헌법률심판제청과 헌법소원심판청구도 얼마든지 있을 수 있고 그럴 경우 2008년의 결정과 같이 모두 병합하여 위헌 또는 합헌의 결정을 할 것이다.

필자가 서두에서 가상의 위헌결정을 설정하였으나 털어 낼 것은 어서 털어내고 스마트하게 다듬어진 최상위법인 헌법과 그 하위법률들을 입법기관과 함께 국민들에게 제시하여야 한다.

* 위헌의견 탐색 --- 재판관 김종대 · 이동흡 · 목영준의 위헌의견

우리는 형법 제241조가 K행위를 형사처벌함으로써 개인의 성적 자기결정권과 사생활의 비밀과 자유를 제한하는 것은 헌법상 과잉금지 원칙에 위반하여

위헌이라고 판단하므로 다음과 같이 견해를 밝힌다.

❖ 이 사건 법률조항의 과잉금지원칙 위반 여부

◆ 심사기준

국민의 성적 자기결정권과 사생활의 비밀과 자유는 우리 헌법상 인정되는 기본적 권리이므로 그 제한에 대한 위헌 여부는 엄격한 비례심사를 거쳐야 한다.

◆ 목적의 정당성

이 사건 법률조항의 입법목적이 일부일처제에 터 잡은 혼인제도를 보호하고 부부간 성적 성실의무를 지키게 하기 위하는데 있다면, 이를 위하여 그 위반자를 형사처벌하는 것에는 목적의 정당성이 인정된다.

◆ 수단의 적절성 및 피해최소성

그러나 이러한 입법목적을 달성하기 위하여 K행위를 형사처벌하는 것이 그 수단에 있어서 적절한지 및 그로 인한 기본권의 제한이 필요최소한도에 그친 것인지에 대하여는 아래에서 보는 바와 같이 동의하기 어렵다.

◆ 국민 일반의 법감정의 변화

최근의 우리 사회는 급속한 개인주의적·성개방적인 사고의 확산에 따라 성과 사랑은 법으로 통제할 사항이 아닌 사적인 문제라는 인식이 커지고 있다. 또한 오늘날 성도덕과 가족이라는 사회적 법익보다 성적 자기결정권이라는 개인적 법익이 더 중요시 되는 사회로 변해가고 있다. 성의 개방풍조는 막을 수 없는 사회변화이고 이젠 그것을 용인할 수밖에 없게 된 것이다.

이러한 사회환경의 변화로 간통죄의 존립기반이 이제 완전히 붕괴되었다고까지 단언하기는 어렵다고 할지라도, 적어도 그 존립기반이 더 이상 지탱할 수 없을 정도로 근본적인 동요를 하고 있음은 부인하기 어렵다.

❖ 형사처벌의 적정성

▶ 형사처벌에 관한 입법권의 범위와 한계

특정의 인간행위에 대하여 그것이 불법이며 범죄라 하여 국가가 형벌권을 행사하여 이를 규제할 것인지, 아니면 단순히 도덕율에 맡길 것인지의 문제는 인간과 인간, 인간과 사회와의 상호관계를 함수로 하여 시간과 공간에 따라 그 결과를 달리할 수밖에 없는 것이고, 결국은 그 사회의 시대적인 상황·사회구성원들의 의식 등에 의하여 결정될 수밖에 없다(헌재 2001. 10. 25. 2000헌바60).

우리의 생활영역에는 법률이 직접 규율할 영역도 있지만 도덕율에 맡겨두어야 할 영역도 있다. 법률을 도덕의 최소한이라 하듯이 법률규범은 그보다 상층규범에 속하는 도덕규범에 맡겨두어야 할 영역까지 함부로 침범해서는 안된다. 법률이 도덕의 영역을 침범하면 그 사회는 법률만능에 빠져서 품격있는 사회발전을 기약할 수 없게 되는 것이다.

불효, 악질적인 채무불이행, 구걸, 자살, 지나친 낭비 등은 모두 비도덕적이고 반사회적인 행위지만, 그렇다고 이러한 행위를 모두 범죄로 처벌할 수는 없다. 도덕적으로 비난받을 만한 행위 모두를 형사처벌의 대상으로 삼는 사회가 반드시 정의로운 사회라고 할 수 없고, 국가가 형벌로써만 국민을 도덕적으로 개선시키려는 시도는 성공하기도 어려울 뿐 아니라 결코 바람직하지도 않기 때문이다.

▶ 성생활에 대한 형사처벌

성인이 쌍방의 동의 아래 어떤 종류의 성행위와 사랑을 하건, 그것은 개인의 자유 영역에 속하고, 다만 그것이 외부에 표출되어 사회의 건전한 성풍속을 해칠 때에만 비로소 법률의 규제를 필요로 한다. 성도덕에 맡겨 사회 스스로 자율적으로 질서를 잡아야 할 내밀한 성생활의 영역을 형사처벌의 대상으로 삼아 국가가 간섭하는 것은, 국가가 사생활의 비밀과 자유를 침해하는 것이고, 성적 자기결정권의 내용인 성행위 여부와 상대방 결정권을 지나치게 제한하는 것이다.

또한 K죄보다 선량한 풍속을 더 크게 해치고 비도덕적이며 혐오감이 더 크다고 할 수 있는 근친상간·수간·혼음 등에 대하여 우리 법률은 별도의 처벌규정을 두고 있지 않으면서도, K행위에 대해서만 형벌로 다스리는 것은 입법체계상 균형이 맞지 않는다.

▶ 입법과 판례의 추세

비록 도덕율에 반하더라도 본질적으로 개인의 사생활에 속하고 사회유해성이 없거나 법익에 대한 명백한 침해가 없는 경우에는 국가권력이 개입해서는 안된다는 비범죄화 경향이 현대 형법의 추세이다. 세계적으로도 K죄를 폐지해가는 추세에 있어 대부분의 국가들이 1970년대 이전에 K죄를 폐지하였다.

K죄 처벌에 관한 검찰과 법원의 처리경향도 과거에 비해 많이 완화되었다. K죄고소가 취소되지 않으면 원칙적으로 구속되고 실형을 선고받았던 종래의 관례는 불구속되고 집행유예를 선고받는 쪽으로 변해가고 있다.

또한 최근 대법원은, '당사자가 더 이상 혼인관계를 지속할 의사가 없고 이혼의사의 명백한 합치가 있는 경우에는 비록 법률적으로는 혼인관계가 존속한다 하더라도 상대방의 간통에 대한 사전 동의라고 할 수 있는 종용에 관한 의사표시가 그 합의 속에 포함되어 있는 것으로 보아야 한다(대법원 2008. 7. 10. 선고 2008도3599 판결).' 고 판시함으로써 K행위로 인한 처벌을 완화하려는 경향을 보이고 있다.

❖ 형사처벌의 실효성

▶ 일부일처제 및 가정질서 보호

이 사건 법률조항의 보호법익이 일부일처제에 터잡은 혼인제도임은 합헌론에서도 지적하고 있는 바와 같다.

그러나 일단 K행위가 발생한 이후에는 이 사건 법률조항이 혼인생활 유지에 전혀 도움을 주지 못한다. 우리 형사법상 K죄는 친고죄로 되어 있고(형법 제241조 제2항) 고소권의 행사는 혼인이 해소되거나 이혼소송을 제기한 후에라야 가능하기 때문에(형사소송법 제229조 제1항), 고소권의 발동으로 기존의 가정은 이미 파탄을 맞게 되고, 설사 나중에 고소가 취소된다고 하더라도 부부감정이 원상태로 회복되기를 기대하기 어려우므로, K죄는 더 이상 혼인제도 내지 가정질서의 보호에 기여할 수 없게 된다. 더구나 우리 사회에서 형벌을 받는다는 것은 사회적인 파멸을 초래하므로 K죄로 처벌받은 사람이 고소를 한 배우자와 재결합할 가능성은 거의 없다. 또한 K행위에 대한 형사처벌과정에서 부부갈등이 심화되면서 자녀들의 상처도 더욱 커질 수 있어 원만한 가정질서를 보호할 수도 없다.

오히려 실제로는 K행위가 없었음에도, 배우자가 상대방 배우자의 간통을 의심 또는 확신하고 이에 대한 증거를 확보하기 위하여 치밀한 뒷조사와 증거 수집행위를 시도하게 되는데, 이러한 과정에서 발생하는 상호 불신이 가정을 파탄으로 이끄는 경우도 빈번히 발생하게 된다.

결국 K행위를 형사처벌함으로써 혼인제도를 보호한다는 것은, 일방 배우자가 K행위를 하기 이전에, 만일 K행위를 하면 형사적으로 처벌된다는 두려움 때문에 K행위에 이르지 못하게 한다는 것뿐이다. 그러나 이러한 심리적 사전 억제수단에 실효성이 있는지 의문일 뿐 아니라, 혼인과 가정의 유지는 당사자의 자유로운 의지와 애정에 맡겨야지, 형벌을 통하여 타율적으로 강제될 수는 없는 것이므로, 이 사건 법률조항이 일부일처제의 혼인제도와 가정질서를 보호한다는 목적을 달성하는데 적절하고 실효성 있는 수단이라고 할 수 없다.

▶ 부부간의 성적 성실의무 보호

부부는 동거하며 서로 부양하고 협조하여야 하는바(민법 제826조 제1항 전단), 그 당연한 결과로서 부정한 행위, 즉 K행위를 하지 않을 의무가 있다. 그러므로 일방 배우자가 K행위를 한 경우, 이는 재판상 이혼사유가 되고(민법 제840조 제1호), 그로 인한 재산상 및 정신적 손해를 배상할 의무를 진다(민법 제843조, 제806조). 또한 법원이 자의 양육에 관한 사항과 자에 대한 면접교섭권의 제한·배제에 관하여 자의 복리를 고려하도록 함으로써(민법 제843조, 제837조 제3항, 제4항, 제837조의2 제2항), 부정한 행위를 한 배우자에게 이에 관한 불이익을 줄 수 있도록 하였다.

물론 이러한 부부간 성적 성실의무위반행위가 부도덕하다는 데에는 이견이 있을 수 없다. 그러나 그러한 위반행위에 대하여 위와 같은 민사법상 책임 이외에 형사적으로 처벌함으로써 부부간 성적 성실의무가 보호될 수 있는지는 의문이다. 왜냐하면 이러한 성실의무는 개인과 사회의 자율적인 윤리의식, 그리고 배우자의 애정과 신의에 의하여 준수되어야 하지, 형벌로 그 생성과 유지를 강요해 봐야 아무 실효성이 없다. 불효를 형벌로써 다스려 효도를 강요할 때 그 효도는 이미 참의미의 효도가 아닌 것과 같이 형벌로써 강요될 정절은 이미 정절이 아닌 것이다.

▶ 여성의 보호

과거 우리 사회에서 K죄의 존재가 여성을 보호하는 역할을 수행하였던 것은 사실이다. 즉, 우리 사회에서 여성은 사회적·경제적 약자였고 K행위는 주로 남성에 의하여 이루어졌으므로, K죄의 존재가 남성들로 하여금 K행위에 이르지 않도록 심리적 억제작용을 하였고, 나아가 여성 배우자가 K죄고소를 취소하여 주는 조건으로 남성 배우자로부터 위자료나 재산분할을 받을 수 있었다.

그러나 오늘날 우리 시대의 법적, 사회적, 경제적 변화는 K죄의 위와 같은 존재이유를 상당 부분 상실하도록 하였다.

우선 여성의 사회적·경제적 활동이 활발하여 짐에 따라 여성의 생활능력과 경제적 능력이 향상됨으로써, 여성이 경제적 약자라는 전제가 모든 부부에 적용되지는 않는다. 또한 1990. 1. 13. 민법의 개정에 따라, 부부가 이혼을 하는 경우 각 당사자에게 재산분할청구권이 부여되는 한편, 자녀에 대한 친권도 남녀 간에 차별 없이 평등하게 보장되었다. 즉, 민법상 처의 재산분할청구권이 인정되고 주부의 가사노동도 재산형성에 대한 기여로 인정되어 이혼 후의 생활토대를 마련할 수 있는 제도가 마련되었고, 부부의 이혼 시에 위자료를 통한 손해배상청구권이 현실화되었으며, 양육비의 청구 등으로 자녀의 양육이 가능하게 된 것이다.

물론 남성 배우자가 재산명의를 제3자로 돌려놓은 경우 여성의 위자료 및 재산분할 판결의 실효성 있는 집행방안이 필요하지만, 이는 입법적으로 보완할 문제이지 K죄를 존속시킬 명분은 될 수 없다.

설사 여성 배우자의 경제적 지위가 아직 남성 배우자에 비하여 열악하다는 전제에 서더라도, K죄의 존재가 여성 배우자를 반드시 보호한다고 보기도 어렵다. K죄 고소를 위하여는 이혼이 전제되어야 하므로 경제적 및 생활능력이 없는 여성 배우자는 오히려 고소를 꺼릴 수도 있다. 2006년 한 해 동안의 K죄 사건에서 남성 고소인과 여성 고소인의 수가 거의 동일하였는데, K행위의 빈도수에서 남녀 간에 현격한 차이가 있는 현실을 고려하여 보면, K죄가 실제로는 여성에게 상대적으로 더 불리하게 작용되는 파행성을 띠고 있음을 알 수 있다.

이와 같이 오늘날 K죄의 존재가 여성 배우자를 보호하는 기능은 상당 부분 상실되었다고 할 것이다.

▷ 소결어

결국 오늘날 K죄는 K행위자 중 극히 일부만 처벌받는 암장범죄화 되었기 때문에 다수의 잠재적 범죄자를 양산하고 그들의 기본권만을 제한할 뿐, 혼인제도 및 성적 성실의무를 보호하기 위한 실효성은 잃게 되었다.

▶ 형사처벌의 예방적 기능

K행위의 유형을 보면 애정에서 비롯되는 경우와 그렇지 않은 경우로 대별할 수 있는데, 애정에서 비롯된 경우에는 어떤 의미에서 확신범 내지 양심범적인 측면이 없지 않아서 통제가 어려운 성격을 가지고 있고, 애정에서 비롯된 경우가 아닌 때에는 온갖 형태로 무수히 저질러지고 있는 남성들의 성매수에서 보듯이 그 역시 현실적으로 범죄의식이 크지 아니하므로, 이를 형사적으로 처벌한다고 하여 K행위를 억지하는 효과를 기대하기 어렵다.

한편 과거에 비하여 K행위가 적발되고 또 처벌까지 되는 비율이 매우 낮아졌다. K행위 중 형사사건화되는 수는 1년에 3000 ~ 4000건에 불과한 점에 비추어 볼 때, 대부분의 K행위는 배우자에게 발각되지 않았고, 설사 발각되더라도 배우자가 고소하지 않았다고 보아야 한다. 더구나 K죄로 구속기소되는 경우는 고소 사건의 10%에도 못 미치고, 고소 이후에도 수사나 재판과정에서 고소 취소되어 공소권없음 또는 공소기각으로 종결되는 사건이 상당수에 이름으로써 형벌로서의 처단기능이 현저히 약화되었다.

K죄를 폐지할 경우 성도덕이 문란해지거나 K행위로 인한 이혼이 더욱 빈발해 질 것이라고 우려하는 견해도 있으나, 이미 K죄를 폐지한 여러 나라에서 K죄의 폐지 이전보다 성도덕이 문란하게 되었다는 통계는 없다.

결국 K죄는 행위규제규범으로서의 기능을 잃어가고 있어 형사정책상 일반예방 및 특별예방의 효과를 모두 거두기 어렵게 되었다.

▶ 형사처벌로 인한 부작용

K죄가 건전한 혼인제도 및 부부간 성적 성실의무보호와는 다른 목적을 위하여 악용될 가능성도 배제할 수 없다. K행위자 및 상간자에 대한 고소 및 고소취소는 K행위자의 배우자만이 할 수 있고, K죄는 친고죄로서 고소취소 여부

에 따라 검사의 소추 여부 및 법원의 공소기각 여부가 결정되므로, 결국 K행위자 및 상간자의 법적 운명은 K행위자의 배우자의 손에 전적으로 달려 있게 된다.

그 결과, 이러한 K죄 고소 및 그 취소가, 사실상 파탄상태에 있는 부부간에 이혼을 용이하게 하려는 수단으로, 사회적으로 명망 있는 사람이나 일시적으로 탈선한 가정주부를 공갈하는 수단으로, 상간자로부터 재산을 편취하는 수단으로 악용되는 폐해도 종종 발생한다.

▷ 소결어

이와 같이 K행위를 형사처벌하는 것은 수단의 적절성과 피해최소성을 갖추지 못하였다고 할 것이다.

▶ 법익의 균형성

앞에서 본 바와 같이, 이 사건 법률조항으로 달성하려는 일부일처제에 터 잡은 혼인제도 및 부부간 성적 성실의무 보호라는 공익이 더 이상 이 사건 법률조항을 통하여 달성될 것으로 보기 어려운 반면, 이 사건 법률조항은 개인의 내밀한 성생활의 영역을 형사처벌의 대상으로 삼음으로써 국민의 성적 자기결정권과 사생활의 비밀과 자유라는 기본권을 지나치게 제한하는 것이므로, 결국 이 사건 법률조항은 법익의 균형성을 상실하였다고 할 것이다.

▷ 소 결

결국 이 사건 법률조항은 수단의 적절성 및 피해최소성을 갖추지 못하였고, 법익의 균형성도 이루지 못하였으므로 헌법 제37조 제2항의 과잉금지원칙을 위반하여 국민의 성적 자기결정권 및 사생활의 비밀과 자유를 침해하는 것으로 헌법에 위반된다 할 것이다.

※. 위헌의견 탐색 --- 재판관 송두환의 위헌의견

나는 K행위에 대한 형사처벌제도 자체의 위헌 여부에 관하여는 합헌의견에 찬동하면서, 다만 이 사건 법률조항이 법정형으로 징역형만을 규정한 것은 책임과 형벌 간 비례원칙에 합치되지 아니하여 헌법에 위반된다고 보므로, 아래와 같이 반대의견을 밝힌다.

▶ K행위의 금지 및 형사처벌 자체의 위헌 여부

이 사건 법률조항이 K행위를 금지하고 그에 대하여 일정한 형벌을 과하도록 규정한 것 자체의 위헌 여부에 대하여는 합헌의견과 결론을 같이 한다.

다만 합헌의견이 설시하는 바, 이 사건 법률조항에 의하여 제한되는 주된 기본권으로 '개인의 성적자기결정권' 을 들고 이를 전제로 과잉금지원칙 위배여부를 심사하는 것에 대하여는 의문을 표해 두고자 한다.

헌법 제10조가 규정하는 개인의 인격권과 행복추구권에는 개인의 자기운명결정권이 내포되어 있고, 이 자기운명결정권에는 성행위의 여부 및 그 상대방을 선택할 수 있는 성적자기결정권이 포함되어 있음은 틀림없다(헌재 1990. 9. 10. 89헌마82, 판례집 2, 306, 310 참조). 그러나 개인의 성적자기결정권이 배우자 있는 자의 K행위 및 그 상대방의 상간행위까지 보호하는 것인지는 의문이다.

개인의 '자기결정권' 은 원하는 것은 언제든, 무엇이든 할 수 있다는 의미에서의 무제한적 자유를 포함하는 것은 아니다. 개인의 자기결정이 타인과의 관계를 결정하거나 타인에 대하여, 또는 사회에 대하여 영향을 미치게 되는 때에 타인과의 공존을 부정하는 자기결정은 사회적 존재로서 자신의 인격을 발현시키고 자아를 실현하기 위한 자기결정권의 순수한 보호영역을 벗어나게 된다.

이는 성적자기결정권에 있어서도 마찬가지로, 성적 공동생활을 포함한 공동의 삶의 목적과 가치를 실현하기 위하여 일부일처제에 기초한 혼인이라는 사회적 제도를 선택하는 자기결단을 한 자가 배우자에 대한 성적 성실의무에 위배하여 K행위로 나아가거나 또는 그러한 점을 알면서 상간하는 것은 K행위자의 배우자 및 사회적·법적 제도로서의 혼인을 보호하는 공동체에 대한 관계에서 타인과의 공존을 부정하는 것이라는 점에서 '성적 자기결정권' 의 보호영역에 포섭될 수 없다고 볼 것이다.

따라서 개인의 성적자기결정권이라는 개념은 일반적인 성폭력범죄, 성희롱 등의 문제 및 배우자 상호간에 있어서도 일방통행적인 성관계는 허용될 수 없다는 등의 문제에 관련하여서는 핵심적 개념이 될 것이지만, 배우자의 고소를 전제로 K행위를 처벌함으로 인하여 침해되는 주된 기본권으로 삼는 것은 적절하다고 보기 어렵다.

한편, 위헌의견에서 지적하는 바 K죄의 처벌이 협박이나 위자료를 받기 위한 수단으로 악용되는 사례가 많고 사실상 국가 형벌로서의 처단기능이 약화되었으며 형벌로서의 억지효나 가정보호의 실효성도 거의 없게 되었고 세계적으로 K죄 폐지의 추세에 있다는 등은 마땅히 경청하여야 할 것이다.

그러나 위와 같은 현실적 악용 사례는 이 사건 법률조항의 제도외적 남용에 따른 사실적이고 결과적인 부작용일 뿐 이 사건 법률조항에 내포된 규범적 결함이라고는 볼 수 없고, 나머지 점들은 입법정책적으로 적절한지 여부 또는 향후 입법적 해결을 함에 있어서 고려하여야 할 사정들일 뿐, 이 사건 법률규정의 위헌 여부를 직접 결정할 요소는 아니라고 볼 것이다.

물론 현재 진행하고 있는 것으로 보이는 성적 도덕관념의 변화가 좀 더 진행되고 그리하여 혼인제도가 지니는 사회적 의미조차도 지금과는 다른 양상으로 변화하여 이 사건 법률조항이 사회일반의 법의식과 너무나 현저하게 괴리되었다고 판단되는 상황이 된다면, 그때는 입법자의 법조항 폐지 조처를 기다릴 필요 없이 위헌선언으로써 문제를 해결해야 할 것이나, 현재로서는 그와 같은 상황에까지 이르렀다고 보이지 아니한다.

부연하건대, 이 사건 법률조항은 혼인제도 및 배우자간의 성적 성실의무를 보호, 보장하는 한편, K행위 및 상간행위자에 대한 자연적 응보관념을 인정하면서도 사적 보복을 금지하는 법체계 등을 구조적으로 조화시키기 위한 입법자의 노력이 구체화된 것으로 볼 것이고, 입법자의 입법형성권의 범위를 일탈하여 현저히 자의적인 것이라고는 볼 수 없다.

▶ 법정형 설정의 위헌 여부

위와 같이 이 사건 법률조항이 K행위를 금지하고 그에 대하여 일정한 형벌을 과하도록 규정한 것 자체에 대하여는 합헌의견과 결론을 같이 하나, 이 사건 법률조항의 법정형 규정 부분, 즉 '2년 이하의 징역에 처한다' 고 하여 자유형 일원주의를 취하고 있는 것에 대하여는 별도로 위헌 여부를 검토할 필요가 있다.

법치국가의 개념은 범죄에 대한 법정형을 정함에 있어 죄질과 그에 따른 행위자의 책임 사이에 적절한 비례관계가 지켜질 것을 요구하는 실질적 법치국가의 이념을 포함(헌재 1992. 4. 8. 90헌바24, 판례집 4, 225, 230)하고 있다. 따라서 어떤 행위를 범죄로 규정하고 어떠한 형벌을 과할 것인가 하는 데 대한 입법자의 입법형성권이 무제한한 것이 될 수는 없다. 형벌 위협으로부터 인간의 존엄과 가치를 존중하고 보호하여야 한다는 헌법 제10조의 요구에 따라야 하고, 헌법 제37조 제2항이 규정하고 있는 과잉입법금지의 정신에 따라 형벌 개별화의 원칙이 적용될 수 있는 범위의 법정형을 설정하여 실질적 법치국가의 원리를 구현하도록 하여야 하며, 형벌이 죄질과 책임에 상응하도록 적절한 비례성을 지켜야 한다(헌재 2003. 11. 27. 2002헌바24, 판례집 15-2, 242).

이 사건 법률조항은 법정형으로 단일한 '징역형' 만을 규정하여 법정형의 하한을 비교적 높게 설정하고 있다.

이와 같이 법정형의 하한을 높게 설정하는 것이 정당화되기 위하여는 그 처벌되는 행위의 죄질, 불법성이 일반적으로 중하여 법정형의 하한을 높게 설정하더라도 실제 사례에서 행위자가 책임을 초과하여 형벌을 선고받지 않으리라는 점이 합리적으로 예측될 수 있어야 한다.

그런데 K행위 및 상간행위에는 행위의 태양에 따라 죄질이 현저하게 다른 수많은 경우가 존재한다. 예컨대 우연한 기회의 일회적, 찰나적 일탈이 있을 수 있는 반면, 상당한 기간에 걸쳐 배우자에 대한 유기를 수반하는 지속적, 반복적인 범행도 있을 수 있다. 또한 법적으로나 사실상으로나 혼인관계를 유지하는 가운데 K행위를 저지른 자와 상대방의 혼인관계가 사실상 파탄에 이른 것으로 믿고 상간한 미혼인 행위자의 경우는 그 법적 책임성이 질적으로 다르다고 평가하여야 할 것이다. 이렇듯 구체적 사례 여하에 따라 책임의 편차가 매우 넓을 것이라는 것은 일반적으로 충분히 예측 가능한 것이다.

그럼에도 불구하고 이 사건 법률조항이 K행위 및 상간행위에 대하여 선택의 여지없이 반드시 징역형으로만 응징하도록 규정하고 있는 것은, 형벌의 본질상 인정되는 응보적 성격을 지나치게 과장하여 행위자의 책임에 상응하는 형벌을 부과하기 어렵게 하는 것으로 균형감각을 잃은 것이다.

이와 같이 이 사건 법률조항이 법정형을 징역형만으로 한정하고 있는 것은 실무상 수사 및 재판의 과정에서 구체적 사례 여하에 따른 적절한 법운용을 어렵게 하고, 판결 선고 단계에서 법관의 양형재량권을 제한하고 있다.

또한, 현실적으로 구속에 대한 공포감을 이용하여 협박 또는 과도한 위자료를 지급받는 수단으로 악용하는 등 제도의 본지를 벗어난 남용 사례가 발생하는 것도 이와 같이 법정형을 오로지 징역형만으로 한정하고 있는 것에서 기인하는 바가 크다고 보인다.

물론 어떠한 종류의 범죄에 대하여는 행위태양 여하를 묻지 않고 단지 징역형만으로 무겁게 처벌하여야 할 필요성이 있을 수도 있을 것이나, K죄 처벌규정의 존폐를 둘러싼 형사정책적·입법적 논쟁이 계속되고 있는 현실에서 K행위 및 상간행위가 사회적으로 매우 중대한 불법성을 가진다거나 범죄예방의 필요가 긴절하여 일률적으로 엄중하게 처벌하여야 한다고까지 보기는 어렵고, 따라서 이 사건 법률조항의 자유형일원주의의 규율은 정당화되지 아니한다.

결국, 이 사건 법률조항 중 법정형에 관한 부분은 구체적 사안의 개별성과 특수성을 고려할 수 있는 가능성을 배제 또는 제한하고 있으므로, 책임과 형벌 사이의 비례원칙에 위배된다.

※. 헌법불합치의견 탐색 --- 재판관 김희옥의 의견

나는 이 사건 법률조항이 단순히 도덕적 비난에 그쳐야 할 행위 또는 비난 가능성이 없거나 근소한 행위 등 국가형벌권 행사의 요건을 갖추지 못한 행위에까지 형벌을 부과하는 등 국가형벌권을 과잉행사하여 헌법에 합치되지 아니한다고 보므로 아래와 같이 의견을 밝힌다.

◆ 국가형벌권의 근거와 한계

개인에 대한 형사처벌은 헌법상 보장된 그의 자유영역에 대한 심각한 침해를 가져온다. 형벌은 원칙적으로 각 개인의 지위, 명성, 사회 기여도 등을 가리지 아니하고 국가가 범죄로 규정한 행위를 범한 사람 누구에게나 틀림없이 가해진다. 우리 사회에서 아무리 저명하고 명성이 있던 인사라고 할지라도 형사제재를 받게 되는 순간 회복할 수 없는 불명예와 치욕이 그에게 새겨지게 되는 것이다.

'국가형벌권의 근거는 어디에 있고, 범죄에 대한 정당한 형벌은 무엇인가', '국가는 무엇을 범죄로 규정하여 법익보호와 평화로운 공동생활의 조건을 확보할 것인가' 라는 문제에 대해서는 역사적으로, 각 국가사회에 따라 다양하고 광범위한 논의와 입법이 있어왔지만, 이는 매우 난해한 문제로서 일의

적으로 정립될 수는 없는 것이다.

국가형벌권의 정당성과 관련해서, 어떠한 행위가 범죄로 규정되어 형벌을 통해 금지되어야 하는가 하는 문제는 형사처벌의 범위를 어디까지로 할 것인가 하는 판단과 관련되어 있다.

국민의 어떠한 행위를 범죄로 규정하고 형사처벌을 할 것인가의 문제는 첫째, 그 행위에 대하여 과연 공적 제재를 가해야 하는가 하는 제재당위성에 대한 판단과 둘째, 이러한 공적 제재의 내용이 반드시 형벌이어야 하는가 라는 형벌필요성에 대한 판단의 두 단계로 나누어진다.

먼저, 공적 제재의 당위성은 어떠한 종류의 제재이든 관계없이 공적 제재의 대상이 되어야 하는 행위인가를 판단하는 소위 당벌성이 있는 행위인가의 여부로 판단하는 것이다. 당벌성의 판단기준은 '반사회성' 이라는 기본적 속성이다. 즉 특정 행위가 형사처벌 대상이 되기 위해서 기본적으로 갖추어야 하는 것은 행위의 반사회적 유해성이다. 이는 형벌이 부과되기 위한 필요조건이지만 이것을 갖추었다고 해서 바로 형사처벌의 대상이 된다는 결론을 내릴 수는 없다.

다음, 이러한 제재당위성을 갖추어서 마땅히 제재 받아야 할 행위이기는 하지만, 그 제재가 반드시 형벌이어야 할 필요성까지 있느냐에 대하여 판단해야 한다. 이러한 형벌필요성 측면에서 보면, 법익보호는 형사처벌을 통해서만 이루어지는 것이 아니고, 그 밖의 다른 수단을 통해서도 가능하다. 법익침해라는 속성은 형벌이 부과되기 위한 필요조건이기는 하지만 충분조건은 아닌 것이다. 비록 법익침해행위가 있었다고 하더라도 민사적 제재, 행정제재, 사회법적 제재 등에 의해서도 법익보호가 가능하면 형사처벌을 가하지 않아도 되기 때문이다.

일반적으로 법익침해 행위 중 형사처벌의 대상이 되는 것은 '법익침해가 매우 심한 행위' , 즉 '사회적으로 매우 유해한 것으로 평가되는 행위' 라고 할 수 있고, 이러한 범위 내에서 범죄의 구성요건이 규정되어야 한다. 형벌은 제재당위성을 갖춘 행위 가운데 다른 제재수단을 통해서는 도저히 형벌에 의한 것과 같은 수준의 일반예방과 특별예방 효과를 볼 수 없는 경우에 한해서 부과되어야 하는 것이다. 법률은 절대로 필요한 형벌만을 규정해야 한다(프랑스 인권선언 제8조). 국가는 형벌필요성의 요건을 갖추지 못한 행위를 범죄로 규정하여 처벌해서는 안된다. 이는 법치주의와 죄형법정주의 등 헌법상의 원리와 바로 관련되는 사항이다.

우리 헌법은 국가권력의 남용으로부터 국민의 기본권을 보호하려는 실질적 법치국가의 실현을 기본이념으로 하고 있고, 따라서 어떤 행위를 범죄로 규정하고 어떠한 형벌을 과할 것인가 하는데 대한 입법자의 입법형성권이 무제한으로 인정될 수는 없다(헌재 2004. 12. 16. 2003헌가12, 판례집 16-2하, 446, 457).

입법자는 어떠한 행위가 공적 제재의 당위성과 형벌필요성을 갖추어 국가형벌권 행사의 대상이 되는가의 여부에 관하여 시대의 문화와 사회의 가치관 등을 고려하여 판단할 일차적 권한이 있으나, 법치국가원리에 비추어 불필요하거나 과도한 형벌의 위협으로부터 인간의 존엄과 가치를 보호하기 위하여 처벌의 대상이 되는 행위를 입법기술상 가능한 범위에서 명확하게, 또한 상세하게 규율하도록 주의를 기울여야 한다.

K행위 태양의 다양성에 따른 형벌권 행사의 요건 및 형벌의 대상이 될 수 없는 행위에 대한 제재

K죄의 보호법익은 성적 풍속으로서의 성도덕 또는 가정의 기초가 되는 제도로서의 혼인이다. 이 사건 법률조항에 의하여 제한되는 기본권은 개인의 인격권·행복추구권에서 나오는 성적 자기결정권과 사생활의 비밀과 자유로 보인다.

그런데 형법 제241조가 규정하는 K행위의 태양은 매우 광범위하고 다양하여 이들 모든 행위에 대하여 위 기본권이 제한되어 위헌이거나 또는 합헌이라고 할 수는 없다고 본다. 즉 이 사건 법률조항이 처벌하는 K행위 및 상간행위에는 부부관계가 법률상·사실상 유지되고 있음에도 불구하고 부부간의 성적 성실의무나 신의를 저버린 채 가족 등의 만류에도 불구하고 행하는 K행위에서부터 사실상 혼인관계가 파탄에 이르렀으나 미처 법률상 이혼이 이루어지지 아니한 상태에서 새로운 정인을 만나게 됨에 따라 이루어지는 K행위, 지속적으로 단일한 사람을 상대로 이루어짐으로써 반문화적인 첩제도와 같은 사실상의 중혼적 K행위에서부터 행위자가 일부일처의 법적 혼인상태의 유지를 원하는 상태에서 일시적으로 행하여지는 1회적 K행위, 상간자가 기혼인 경우에서부터 상간자가 미혼인 경우 등에 이르기까지 행위자의 의사나 가정생활의 상태, 행위의 상대방, 행위의 횟수 및 방법 등에 따라 매우 다양한 유형이 포함되며, 개별적 행위유형에 따라 그 반사회성의 유무, 비난 가능성의 유무·정도가 현

저하게 다르다.

위와 같은 K행위 및 상간행위의 유형 중에는 현재 우리 사회가 요구하는 선량한 성도덕과 가정의 기초가 되는 제도로서의 일부일처주의 혼인제도의 유지 및 가족생활의 보장, 부부간의 성적 성실의무의 수호라는 관점에서 단순히 도덕률이나 민사적 제재 등 다른 제재의 영역에 맡기기 어려운 부분이 존재하고, 그와 같은 행위의 처벌은 국가형벌권의 행사에 관한 입법재량의 범위 내에 있다고 할 것이지만, 장기간 생활을 공동으로 영위하지 아니하는 등 사실상 혼인이 파탄되고 부부간 성적 성실의무가 더 이상 존재한다고 보기 어려운 상태에서 행한 K행위나 단순한 1회성 행위 등과 같이 일부일처주의 혼인제도나 가족생활을 저해하는 바 없고 선량한 성도덕에 반한다고 보기 어려워 반사회성이 극히 약한 경우까지 처벌하는 것은 불필요하거나 과도한 형벌로서 국가형벌권의 과잉행사에 해당하며, 개인의 성적 자기결정과 사생활의 비밀·자유에 관한 지나친 국가의 형벌권 개입에 해당한다고 본다. 즉 이러한 경우는 형벌의 필요성 요건을 갖추지 못하여 민사적 제재 등 다른 수단으로도 충분히 그 제재가 가능하다고 할 것이다.

이 사건 법률조항이 형벌부과의 목적 달성을 위하여 구체적 행위태양의 개별성과 특수성을 고려할 수 있는 가능성을 일체 배제한 상태에서 이를 전혀 고려하지 아니한 채, K행위 및 상간행위의 위와 같은 모든 태양의 행위에 대하여 일률적으로 처벌하도록 규정한 것은 법치국가적 한계를 넘어 국가형벌권을 행사토록 한 것으로 헌법에 합치되지 아니한다.

◆ 잠정적용을 명하는 헌법불합치

이 사건 법률조항의 위헌성은 K행위의 처벌을 규정한 것 자체에 있는 것이 아니라, 반사회성이 약하여 형벌에까지 이르지 않아도 될 행위까지 국가형벌권 행사의 대상행위로 형사벌의 처벌범위에 포함되도록 규정한 점에 있으며, 이와 같은 법적 비난가능성이 없거나 근소하여 민사적 제재 등 다른 수단으로도 그 제재가 충분하다고 평가될 수 있는 행위의 범위는 시대와 사회의 변화 및 국민의 법감정 등을 고려하여 입법자가 확정하는 것이 상당하므로 헌법불합치결정을 하되, 이 사건 법률조항의 적용을 중지하는 경우 처벌이 요청되는 K행위의 처벌마저 불가능해짐에 따라 이 사건 법률조항을 그대로 존속시킬 때보다 더욱 헌법적 질서와 멀어지는 법적상태가 초래될 우려가 있으므로 입법자가 합헌적 법률을 입법할 때까지 잠정적으로 적용하게 할 필요가 있다.

*** 합헌의견 탐색 --- 재판관 이강국 · 이공현 · 조대현의 의견**

● 이 사건 법률조항에 의하여 제한되는 기본권

헌법 제10조는 '모든 국민은 인간으로서의 존엄과 가치를 가지며, 행복을 추구할 권리를 가진다. 국가는 개인이 가지는 불가침의 기본적 인권을 확인하고 이를 보장할 의무를 진다' 라고 규정하여 개인의 인격권과 행복추구권을 보장하고 있다. 개인의 인격권·행복추구권에는 개인의 자기운명결정권이 전제되는 것이고, 이 자기운명결정권에는 성행위 여부 및 그 상대방을 결정할 수 있는 성적자기결정권이 또한 포함되어 있으며 K죄의 규정이 개인의 성적자기결정권을 제한하는 것임은 틀림없다(헌재 1990. 9. 10. 89헌마82, 판례집 2, 306, 310 참조). 나아가 이 사건 법률조항은 개인의 성생활이라는 내밀한 사적 생활영역에서의 행위를 제한하므로 우리 헌법 제17조가 보장하는 사생활의 비밀과 자유 역시 제한하는 것으로 보인다(헌재 1990. 9. 10. 89헌마82, 판례집 2, 306, 321-322 참조).

그러나 위와 같은 기본권도 절대적으로 보장되는 것은 아니며, 헌법 제37조 제2항에 따라 국가안전보장, 질서유지 또는 공공복리를 위하여 필요한 경우에는 그 본질적 내용을 침해하지 않는 한도에서 법률로써 제한할 수 있는 것이다(헌재 1990. 9. 10. 89헌마82, 판례집 2, 306, 310 참조).

● 과잉금지원칙 위배 여부

국가와 사회의 기초가 되는 가족생활의 초석을 이루고 있는 혼인관계는 개인의 의사나 욕구만으로 형성되는 것은 아니고, 전통과 문화에 기반을 둔 하나의 소중한 사회제도로서의 성격 역시 가진다. 그런데 배우자 있는 자의 K행위는 자유로운 의사에 기하여 스스로 형성한 혼인관계에서 비롯된 성적 성실의무를 위배하는 행위로서 단순한 혼인계약의 위배를 넘어 부부사이의 근본적인 신뢰를 무너뜨린다. K행위 및 상간행위는 혼인관계의 파탄을 야기하고, 혼인관계를 파탄시키는 정도에 이르지 아니하는 때에도 근대 혼인제도의 근간을 이루는 일부일처주의에 대한 중대한 위협이 되며, 배우자와 가족구성원의 유기 등 사회문제를 야기한다. K행위 및 상간행위가 우리 사회가 요구하는 건전한 성도덕에 반함은 두말할 필요가 없다.

사회질서를 유지하고, 개인의 존엄과 양성평등에 기초한 혼인과 가족생활이 유지될 수 있도록 보장할 국가의 의무(헌법 제36조 제1항 참조)에 비추어 위와 같은 k행위 및 상간행위에 대한 규제의 필요성은 충분히 수긍 가능하고, 바로 이 점에서 이 사건 법률조항의 입법목적의 정당성이 인정된다.

나아가 K행위 및 상간행위가 개인의 성적 자기결정으로서 내밀한 사생활의 영역에 속하는 것이라 하더라도 성적 욕구나 사랑의 감정이 내심에 머무른 단계를 떠나 외부에 행위로 표출되어 혼인관계에 파괴적인 영향을 미치게 된 때에는 법이 개입할 수 없거나, 법적 규제가 효과를 발휘할 수 없는 순수한 윤리와 도덕적 차원의 문제만은 아니다. 따라서 이 사건 법률조항이 개인과 사회의 자율적 윤리의식의 제고를 촉구하는데 그치지 아니하고 형벌의 제재를 동원한 행위금지를 선택한 것은 입법목적 달성에 기여할 수 있는 수단으로서 적절하다.

다만 비형벌적 제재나 가족법적 규율이 아닌 '형벌'의 제재를 규정한 것이 지나친 것인지 문제될 수 있으나, 어떠한 행위를 불법이며 범죄라 하여 국가가 형벌권을 행사하여 이를 규제할 것인지의 문제는 인간과 인간, 인간과 사회와의 상호관계를 함수로 하여 시간과 공간에 따라 그 결과를 달리할 수밖에 없는 것이고, 결국은 그 사회의 시대적인 상황·사회구성원들의 의식 등에 의하여 결정될 수밖에 없으며, 기본적으로 입법권자의 의지 즉 입법정책의 문제로서 입법권자의 입법형성의 자유에 속한다(헌재 2001. 10. 25. 2000헌바60, 판례집 13-2, 480, 486 참조).

우리 사회의 구조와 국민의식의 커다란 변화에도 불구하고 우리 사회에서 고유의 정절관념 특히 혼인한 남녀의 정절관념은 전래적 전통윤리로서 여전히 뿌리깊게 자리잡고 있으며, 일부일처제의 유지와 부부간의 성에 대한 성실의무는 우리 사회의 도덕기준으로 정립되어 있어서, K행위는 결국 현재의 상황에서는 사회의 질서를 해치고 타인의 권리를 침해하는 경우에 해당한다고 보는 우리의 법의식은 여전히 유효하다(헌재 2001. 10. 25. 2000헌바60, 판례집 13-2, 480, 486).

다시 말하면, k행위자가 속한 가정의 고유한 사정이나 K행위 및 상간에 이르게 된 배경, 행위자의 의사에 비추어 배우자에 대한 가해의사나 혼인관계 및 가족생활을 파탄에 이르게 하려는 목적, 경향성이 없는 경우에도 법률상 배우자 있는 자라는 객관적인 행위자의 지위, 배우자 아닌 자와 성교한다는 고의가 인정되는 한 그러한 행위가 사회적 윤리의 상당성을 일탈한 것으로 보며, 그에 동조한 상간자의 행위 역시 유사한 정도의 비난가능성이 존재한다고 보는 것이 현재 우리의 법의식에 부합한다는 것이다. 이에 더하여 k행위 및 상간행위는 그 행위태양에 관계없이 혼인과 가족생활의 해체를 초래하거나 초래할 위험성이 높다는 점에서 사전예방에 대한 강한 요청 역시 부인하기 어렵다고 할 것이다.

따라서 이러한 법의식, 그리고 K행위 및 상간행위의 예방에 대한 사회의 강한 요청에 기초하여 혼인과 가정의 해체를 야기한 K행위 및 상간행위자에 대하여는 그것이 단순한 성적 욕구에서 비롯된 1회적인 것이든, 진정한 사랑의 감정에서 비롯된 것이든, 사전에 이혼의사의 합치 등으로 인한 동의가 있었거나 사후에 혼인과 가정생활을 유지하기로 하는 합의가 있었다는 등의 특별한 사정이 없는 한 엄정한 책임을 부과할 필요가 있다고 본 입법자의 판단이 현저히 자의적인 것이라 보기는 어렵다. 또한 입법자는 고소권자인 배우자의 고소요건으로서 혼인의 해소나 이혼소송의 제기를 규정하여 K행위 및 상간행위의 결과로 혼인과 가족생활이 사실상 파탄에 이른 경우에 한하여만 법적 규제가 미치도록 하여 이 사건 법률조항에 의한 자유의 제한범위를 최소화하고 있고, K행위의 종용이나 유서가 있는 경우의 고소권의 제한(형법 제241조 제2항) 및 일정한 경우의 고소 취하간주(형사소송법 제229조)와 재고소 금지(형사소송법 제232조)를 규정하여 고소권의 남용을 방지하고 있으므로 개인의 성적 자기결정의 자유 등에 대한 과도한 제한을 인정하기 어렵다.

오늘날 세계입법의 추세가 K행위 및 상간행위에 대하여 형벌을 부과하지 아니하는 것이라거나 K행위가 이혼사유와 위자료지급사유가 된다는 점을 고려하더라도, 가족법적 법률관계의 조정에 따라 K행위의 반사회성이 없어져 형사처벌의 필요성이 해소된다고 보기 어렵고, 각국의 시대적 상황이나 국민의 성의식 등 가치관, 평등에 기초한 가족법제도의 완비 여부 등은 현저한 차이가 있으므로 위와 같은 판단이 달라지는 것은 아니다.

나아가 이 사건 법률조항의 행위규제는 법률혼관계가 유지되고 있는 동안

K행위를 할 수 없고, 법률상 배우자 있는 자라는 사실을 알면서 상간할 수 없다는 특정한 관계에서의 성행위 제한이다. 이는 K행위자에 대하여는 스스로의 자유로운 의사에 따라 형성한 혼인관계에 따르는 당연한 의무·책임의 내용에 불과하고, 미혼인 상간자에 대하여도 타인의 법적·도덕적 의무위반을 알면서 적극적으로 동참하여서는 아니된다는 것으로 이성과의 정신적인 교감이나, 우발적으로 일어날 수 있는 경미한 성적 접촉까지 금지하는 것은 아니므로 일반적으로 이 사건 법률조항으로 인하여 침해되는 사익은 매우 경미하다. 그에 비하여 이 사건 법률조항으로 인하여 달성되는 공익은 선량한 성도덕을 수호하고, 혼인과 가족제도를 보장한다는 것으로 높은 중요성이 인정되므로 법익균형성 역시 인정할 수 있다.

결국 이 사건 법률조항이 과잉금지원칙에 위배하여 개인의 성적 자기결정권, 사생활의 비밀과 자유를 침해한다고 보기 어렵다.

● 헌법 제36조 제1항 위배 여부

'혼인과 가족생활은 개인의 존엄과 양성의 평등을 기초로 성립되고 유지되어야 하며, 국가는 이를 보장한다.'고 규정하고 있는 헌법 제36조 제1항은, 인간의 존엄과 양성의 평등이 가족생활에 있어서도 보장되어야 함을 규정함과 동시에 혼인과 가족생활에 관한 제도적 보장 역시 규정한다(헌재 2002. 3. 28. 2000헌바53, 판례집 14-1, 159, 165 참조).

이 사건 법률조항에 의한 K행위 및 상간행위의 처벌이 개인의 성적 자기결정권 등에 대한 과도한 제한으로 볼 수 없음은 앞서 살펴 본 바와 같고, 이 사건 법률조항은 남녀평등처벌주의를 취하고 있으므로 양성의 평등이 훼손될 여지도 없다. 오히려 일부일처제를 보장하고, 건전한 성도덕을 형법상 보호함으로써 혼인과 가족생활의 유지·보장 의무이행에 부합한다고 할 것이다(헌재 1990. 9. 10. 89헌마82, 판례집 2, 306, 312 참조).

● 책임과 형벌 간 비례원칙 위배 여부

법정형의 종류와 범위의 선택의 문제는 그 범죄의 죄질과 보호법익에 대한 고려뿐만 아니라 우리의 역사와 문화, 입법당시의 시대적 상황, 국민일반의 가치관 내지 법감정 그리고 범죄예방을 위한 형사정책적 측면 등 여러 가지 요소를 종합적으로 고려하여 입법자가 결정할 사항으로서 역시 입법재량 내지 형성의 자유가 인정되어야 할 분야이다(헌재 1992. 4. 28. 90헌바24, 판례집 4, 225, 229 ; 1995. 4. 20. 91헌바11, 판례집 7-1, 478, 487).

이 사건 법률조항은 징역형만을 규정하고 있으나, 2년 이하의 징역에 처하도록 하여 법정형의 상한 자체가 높지 않을 뿐만 아니라, 비교적 죄질이 가벼운 K행위에 대하여는 선고유예까지 선고할 수 있으므로 행위의 개별성에 맞추어 책임에 알맞은 형벌을 선고할 수 없도록 하는 지나치게 과중한 형벌을 규정하고 있다고 볼 수 없다.

또한 K행위 및 상간행위는 일단 소추가 된 때에는 행위태양에 관계없이 필연적으로 가족의 해체로 인한 사회적 문제를 야기한다는 점에서 다른 성풍속에 관한 죄와는 다른 법익침해가 문제되고, 경미한 벌금형은 기존의 혼인관계의 해소에 따른 부양이나 손해배상의 책임을 피하고자 하는 K행위자에 대하여는 위하력을 가지기 어렵다는 점 등을 고려할 때 입법자가 이 사건 법률조항에 대하여 형법상 다른 성풍속에 관한 죄와 달리 벌금형을 규정하지 아니한 것이 형벌체계상의 균형에 반하는 것이라 할 수도 없다.

▶ 소 결

그러므로 이 사건 법률조항은 헌법에 위반되지 아니한다.

※. 합헌의견 탐색 --- 재판관 민형기의 별개의 합헌의견

나는 다수의 합헌의견이 앞서 설시한 바와 같이, 개인의 성적 자기결정권이나 사생활의 비밀과 자유도 헌법상 기본권의 제한에 관한 일반적인 원칙에 따라 규제의 대상이 될 수 있으므로, 형법이 K죄를 범죄로서 처벌하는 것 자체는 입법재량의 범위를 벗어난 것이라고 보기 어려워 헌법에 위반되지 않는다고 보나, 다만 이 사건 법률조항이 그 행위의 태양과 관련하여 일부 문제점을 안고 있으므로 이를 해소하기 위하여는 국민적인 합의를 바탕으로 하는 입법적인 개선이 필요하다고 보아 다음과 같은 견해를 밝히고자 한다.

헌법불합치의견이 적절히 지적하는 바와 같이, K행위는 그 행위의 태양이 매우 광범위하고 다양하여 사안에 따라 반사회적 성격이나 비난가능성의 유무 및 정도가 현저히 다른데도, 구체적인 행위 태양의 개별성이나 특수성을 고려하지 않은 채 이들을 K죄라는 한 가지 개념으로 일률적으로 처벌하여 형벌을 부과하는 것은 사실상 부당하거나, 규범적인 의미를 벗어난다는 평가를 받을 수 있다.

물론 이 가운데 상당 부분은 법원이 재판과정에서 법의 해석이나 형의 양정 등을 통하여 문제를 해결할 수 있으리라 여겨지지만, 그럼에도 불구하고 이 사건 법률조항의 부당성에 관한 의혹이 완전히 해소되는 것은 아니라 할 것이다.

이렇듯 성문의 규범이 스스로 예정하거나 의도하지 아니한 사실상의 요인으로 인하여 발생하는 사회적인 문제나 법률적인 평가 등으로 규율의 당부에 관하여 의심이 있는 경우 이를 개선하는 것은 입법재량에 속하는 것으로서 이는 원칙적으로 현실정치의 영역에서 국민을 대표하고 의사를 형성하는 입법기관의 책무이고, 사법기관인 헌법재판소가 적극적으로 개입하여 합헌이나 위헌 여부의 헌법적인 판단을 하여야 할 몫은 아니라 할 것이다.

이 사건 법률조항 중 행위의 태양과 관련하여 헌법불합치의견이 뒤에서 상술하는 바와 같이 반사회적 성격이 미약한 부분의 사례에 이르기까지 이를 처벌하는 것은 사실상으로나 정책적으로 부당한 결과를 초래할 우려가 있으므로, 입법자로서는 여기에 지적되는 문제점에 대하여 우리의 인습과 사회적인 합의, 국민의 법의식 등을 실증적, 종합적으로 고려하여 이를 입법적으로 개선할 수 있도록 정책적인 노력을 기울여야 할 것임을 지적해 두고자 한다.

‘혼인빙자간음죄’ 위헌결정(2009. 11. 26.) 탐색

> 형법 제304조 [혼인빙자등에 의한 간음] 혼인을 빙자하거나 기타 위계로써 음행의 상습 없는 부녀를 기망하여 간음한 자는 2년 이하의 징역 또는 500만원 이하의 벌금에 처한다.

앞서 살핀 바와 같이 2008년 K죄에 대한 헌재의 합헌결정이 있었고, 2009. 11. 26. 에는 헌재 전원재판부에서 “형법 제304조 혼인빙자간음죄 중 ‘혼인을 빙자하여 음행의 상습 없는 부녀를 기망하여 간음한 자’ 부분은 목적의 정당성, 수단의 적절성 및 피해 최소성을 갖추지 못하였고 법익의 균형성도 이루지 못하였으므로, 헌법 제37조 제2항의 과잉금지원칙을 위반하여 남성의 성적자기결정권 및 사생활의 비밀과 자유를 침해한다.” 는 이유로 위헌결정을 하였다.

이 죄는 1953년 형법 제정 시부터 처벌규정을 두었다가 1992년 형법 개정 법률안에서 폐지하기로 한 때 논의된 바 있었으나 결국 1995년의 형법개정에는 반영되지 못하였다.

위 2009년의 위헌결정 이전에 헌재에서 합헌결정을 한 번 한 적이 있었는데, 2002. 10. 31. 99헌바40, 2002헌바50 병합사건에서 이다. 따라서 한 번의 의견수렴과정을 거친 후 7년만에 재판관 6대3의 의견으로 같은 조항에 대해 두 번 만에 선례를 변경하고 위헌결정을 한 것이다.

K죄와 형법상 범죄구성요건은 상이하나 헌법상의 인격권, 행복추구권, 성적자기결정권 등과 밀접한 연관성이 있는 공통점으로 보아 이웃사촌 격이라 할 수 있는 혼인빙자 등에 의한 간음죄 에 대한 헌재의 2009년 위헌결정이야말로 K죄에 대한 장래 위헌결정의 확실한 전조라고 보는 것이다.

2009년 위헌결정 당시 재판관 6대3 즉, 6인의 위헌의견과 3인의 합헌의견이 있었으므로 의결정족수 6인을 채우게 된 것이다. 혼인빙자간음죄의 위헌결정 이유와 K죄가 위헌이라는 2008년의 다수의견(헌법불합치 1인 포함하여 위헌의견이 5인으로 다수의견이었지만 재판관 6인의 정족수를 채우지 못해 4인의 소수의견이 ‘합헌결정’ 됨)과 대체로 그 맥락을 같이 하고 있다.

그러나 국회의 법률개정 · 폐지 등 입법작용이 따르지 못해 2012. 현재 형법 제304조는 사문화된 채로 남아있다. 국민의 준법생활에 지장을 초래하지 않도록 어서 폐기해야 한다.

혼인빙자간음죄에 대한 헌재 전원재판부의 위헌결정전문(2008헌바58호와 2009헌바191호의 두개 헌법소원사건이 병합됨)은 약20페이지에 달하므로 판시사항, 주문, 결정요지 등을 살펴보면서, 장래 K죄에 대한 헌재의 위헌여부를 내다본다. '주문' 이 바로 핵심인 '결정' 에 해당한다.

1. 주 문

형법 제304조(1953. 9. 18. 법률 제293호로 제정되고, 1995. 12. 29. 법률 제5057호로 개정된 것) 중 '혼인을 빙자하여 음행의 상습없는 부녀를 기망하여 간음한 자' 부분은 헌법에 위반된다.

2. 판시사항

형법 제304조 중 '혼인을 빙자하여 음행의 상습 없는 부녀를 기망하여 간음한 자' 부분이 헌법 제37조 제2항의 과잉금지원칙을 위반하여 남성의 성적자기결정권 및 사생활의 비밀과 자유를 침해하는지 여부(적극)

3. 결정요지

이 사건 법률조항의 경우 입법목적에 정당성이 인정되지 않는다. 첫째, 남성이 위력이나 폭력 등 해악적 방법을 수반하지 않고서 여성을 애정행위의 상대방으로 선택하는 문제는 그 행위의 성질상 국가의 개입이 자제되어야 할 사적인 내밀한 영역인데다 또 그 속성상 과장이 수반되게 마련이어서 우리 형법이 혼전 성관계를 처벌대상으로 하지 않고 있으므로 혼전 성관계의 과정에서 이루어지는 통상적 유도행위 또한 처벌해야 할 이유가 없다. 다음 여성이 혼전 성관계를 요구하는 상대방 남자와 성관계를 가질 것인가의 여부를 스스로 결정한 후 자신의 결정이 착오에 의한 것이라고 주장하면서 상대방 남성의 처벌을 요구하는 것은 여성 스스로가 자신의 성적자기결정권을 부인하는 행위이다. 또한 혼인빙자간음죄가 다수의 남성과 성관계를 맺는 여성 일체를 '음행의 상습 있는 부녀'로 낙인찍어 보호의 대상에서 제외시키고 보호대상을 '음행의 상습 없는 부녀'로 한정함으로써 여성에 대한 남성 우월적 정조관념에 기초한 가부장적·도덕주의적 성 이데올로기를 강요하는 셈이 된다. 결국 이 사건 법률조항은 남.녀 평등의 사회를 지향하고 실현해야 할 국가의 헌법적 의무(헌법 제36조 제1항)에 반하는 것이자, 여성을 유아시(幼兒視)함으로써 여성을 보호한다는 미명 아래 사실상 국가 스스로가 여성의 성적자기결정권을 부인하는 것이 되므로, 이 사건 법률조항이 보호하고자 하는 여성의 성적자기결정권은 여성의 존엄과 가치에 역행하는 것이다.

결혼과 성에 관한 국민의 법의식에 많은 변화가 생겨나 여성의 착오에 의한 혼전 성관계를 형사법률이 적극적으로 보호해야 할 필요성은 이미 미미해졌고, 성인이 어떤 종류의 성행위와 사랑을 하건, 그것은 원칙적으로 개인의 자유 영역에 속하고, 다만 그것이 외부에 표출되어 명백히 사회에 해악을 끼칠 때에만 법률이 이를 규제하면 충분하며, 사생활에 대한 비범죄화 경향이 현대 형법의 추세이고, 세계적으로도 혼인빙자간음죄를 폐지해 가는 추세이며 일본, 독일, 프랑스 등에도 혼인빙자간음죄에 대한 처벌규정이 없는 점, 기타 국가 형벌로서의 처단기능의 약화, 형사처벌로 인한 부작용 대두의 점 등을 고려하면, 그 목적을 달성하기 위하여 혼인빙자간음행위를 형사처벌하는 것은 수단의 적절성과 피해의 최소성을 갖추지 못하였다.

이 사건 법률조항은 개인의 내밀한 성생활의 영역을 형사처벌의 대상으로 삼음으로써 남성의 성적자기결정권과 사생활의 비밀과 자유라는 기본권을 지나치게 제한하는 것인 반면, 이로 인하여 추구되는 공익은 오늘날 보호의 실효성이 현격히 저하된 음행의 상습 없는 부녀들만의 '성행위 동기의 착오의 보호'로서 그것이 침해되는 기본권보다 중대하다고는 볼 수 없으므로, 법익의 균형성도 상실하였다.

4. 소 결

결국 이 사건 법률조항은 목적의 정당성, 수단의 적절성 및 피해최소성을 갖추지 못하였고 법익의 균형성도 이루지 못하였으므로, 헌법 제37조 제2항의 과잉금지원칙을 위반하여 남성의 성적자기결정권 및 사생활의 비밀과 자유를 과잉 제한하는 것으로 헌법에 위반된다.

5. 결 론

따라서 형법 제304조 중 '혼인을 빙자하여 음행의 상습 없는 부녀를 기망하여 간음한 자' 부분은 헌법에 위반되므로 주문과 같이 결정한다. 이 결정에는 아래와 같은 재판관 이강국, 조대현, 송두환의 반대의견과 이에 대한 재판관 송두환의 보충의견이 있는 외에는 나머지 관여 재판관 전원의 의견이 일치되었다.

※. 재판관 이강국 · 조대현 · 송두환의 합헌의견

이 사건 법률조항이 부녀만 보호대상으로 규정한 이유는 여자가 남자에 대하여 혼인을 빙자하는 경우에는 남자의 성적자기결정권이 침해될 가능성이 적다고 보았기 때문인데, 남녀는 신체구조가 다르고 성관계에 대한 윤리적·정서적 인식에도 차이가 있는 점을 고려하면, 이러한 입법자의 판단이 남녀를 불합리하게 차별하는 것이라고 보기 어렵다. 또한 혼인빙자의 상대가 음행의 상습 없는 부녀인 경우에는 음행의 상습 있는 부녀의 경우보다 혼인빙자로 인하여 기망에 빠져 정교에 응할 가능성이 크다고 본 것이므로, 음행의 상습 있는 부녀를 불합리하게 차별한다고 보기 어렵고, 가부장적 정조관념이나 부녀의 혼전순결을 강요하는 것이라고 볼 수 없다.

혼인을 빙자하여 부녀를 간음하는 행위는 자신만의 영역을 벗어나 다른 인격체의 법익을 침해하는 행위이기 때문에 자기결정권의 내재적 한계를 벗어나는 것이고, 따라서 이 사건 법률조항이 혼인을 빙자하여 음행의 상습 없는 부녀를 간음한 남자의 성적자기결정권을 침해한다고 볼 수는 없다. 또한 남성이 혼인할 의사가 없으면서 혼인하겠다고 속이는 행위까지 헌법 제17조에 의하여 보호되는 사생활에 속한다고 할 수는 없으므로, 남자가 혼인빙자행위라는 부정한 수단을 사용한 이상, 상대방 부녀가 거짓을 알아차리지 못한 과실이 있다고 하여 혼인빙자 간음행위의 가벌성을 부정할 수 없다.

남자의 혼인빙자로 인하여 여자가 속아서 정교에 응하여 피해를 입었다고 고소하는 경우에는 사생활의 영역과 기본권의 내재적 한계를 벗어나 사회질서 침해의 문제로 표출된 것이므로, 이러한 단계에서는 사회질서 유지의 필요성이 당사자들의 사생활을 보호할 필요성보다 훨씬 크다. 또한 개인의 사생활이 타인의 법익을 침해할 경우에는 순전한 개인의 영역을 벗어나는 것이고 기본권의 내재적 한계를 벗어나는 것이기 때문에 그 한도에서 헌법 제17조의 보호범위를 벗어난다고 봄이 상당하므로, 남자가 혼인을 빙자하여 부녀를 간음한 행위를 처벌한다고 하여 법익균형이 잘못되었다고 볼 수 없다.

혼인빙자행위와 정교 동의 및 정교 사이에 인과관계가 인정되어 가벌성이 뚜렷한 경우만 처벌하기 위한 것으로서 합리적인 이유가 있다고 할 것이므로, 평등의 원칙에 위반된다고도 보기 어렵다.

※. 재판관 송두환의 합헌의견에 대한 보충의견

이 사건 법률조항이 남녀간의 은밀한 사통 행위 자체를 처벌하는 조항이라면 모르되, 피해 부녀가 상대방의 위계, 기망에 의한 피해를 입고 상대방에 대한 조사 및 처벌을 적극적으로 요청(이 사건 죄는 친고죄이다)하는 경우를 남녀간의 내밀한 사사(私事)에 불과하다고 하여 국가가 개입해서는 안되는 영역이라고 할 수 없다.

우리 사회의 여성들 모두가 더 이상 헌법이나 법률의 보호와 배려를 필요로 하지 않게 되었다고는 볼 수 없고, 아직도 헌법이나 법률의 보호와 배려를 필요로 하는 소수의 여성들이 존재한다고 보는 이상, 이 사건 법률조항을 지금 시점에서 서둘러 폐기하여야 한다고 할 수는 없다.

이 사건 법률조항은 오직 남성이 여성을 쾌락의 대상으로 여겨 혼인의사도 없이 혼인빙자의 위계로써 기망하여 성관계를 편취하는 반사회적인 행위를 제재하는 것일 뿐인바, 이러한 점들을 무시하고 이 사건 법률조항이 남성의 성적 자기결정권을 침해하는 것이라고 한다면 이는 결과적으로 성관계에 관하여 위계, 기망, 편취의 자유를 인정하는 셈이 될 것이며, 이것이 부당함은 명백하다.

위헌결정의 법률적 효과는?

헌재에서 '위헌결정' 이 있으면 해당 법률 또는 법률조항은 그 결정이 있는 날부터 즉시 효력을 상실한다. 단, 형벌에 관한 법률 또는 법률조항은 소급하여 효력을 상실한다. 따라서 형벌에 관한 법조항이 아닐 때에는 소급효가 없고 그 결정이 있는 날로부터 무효이다.

그러나 형벌에 관한 법률이라도 이를 소급하여 무효로 하는 것이 당사자에게 형사상 불이익한 결과를 초래할 경우에는 소급효가 인정되지 않는다. 만일 유죄의 확정판결이 이미 있었을 경우는 형사소송절차에 따른 재심을 청구할 수 있다(헌법재판소법 제47조).

그리고 위헌결정의 효력은 '일반적 효과' 가 있다. 즉 위 헌재법 제47조에 정한 대로 위헌결정이 있으면 우리의 법원 기타 국가기관 및 지방자치단체 전부를 기속하면서 동시에 우리의 영토 · 나를 포함한 국민 모두에게 미친다. 법률 또는 법률조항은 누구에게나 공통적으로 적용되므로.

한편, 헌재법 제75조의 '인용결정' 을 할 경우에도 모든 국가기관과 지방자치단체를 기속하고 피청구인은 결정취지에 따라 새로운 처분을 하여야 한다.

형사 고소사건에 있어, 만일 내가 고소한 사건에 대해 검찰에서 불기소처분하여 헌법소원심판청구를 한 결과 헌재에서 원처분취소결정을 하였을 경우, 검사는 고소인인 내가 희망하는 대로 바로 기소(공소제기)를 해야 하는 것일까?

이 경우 검찰에서는 사건을 다시 수사하여 기소 여부를 재심사하여야 한다. 헌재에서는 검사의 불기소처분을 취소하는 결정만 할 수 있을 뿐이고 해당 검사에 대해 재기수사명령이나 공소제기명령을 할 수는 없기 때문이다. 즉 헌재가 불기소처분을 취소하는 경우에도 검사가 이를 반드시 기소하여야 하는 것은 아니다.

반면, 법원 판결의 법률적 효력은 일부를 제외하고는 대부분 개별적 · 구체적 사건에 대한 판단이므로 해당사건 당사자에게만 미치고, 해당 민 · 형사 · 가사 · 행정소송과 전혀 무관한 나하고는 아무 관련이 없다. 그러나 위헌법률심판사건이나 헌법소원심판사건은 해당 법률전체 또는 법률조항이 헌법에 위반되는 여부를 가린 후 위헌결정이나 합헌결정을 하게 되는데 해당 심판청구에 전혀 관여한 적이 없는, 청구한 사실조차 모르는 나에게도 그 법률적 효과는 직 · 간접의 영향을 미치는 것이다. 이를 '일반적 효과' 라고 한다. K죄에 대한 헌재의 위헌결정 즉 폐지의 효과가 바로 이런 것이다.

K죄 단 한 개 조항이 폐지됐을 뿐인데도 대한민국 전체 법률상부부 또는 예비부부들에게 메가톤급영향을 줄 수 있다. 이와 무관할 것 같은 단순동거인들과 일반 연인 커플들에게까지 직 · 간접의 영향을 주기도 할 것이다.

부부관계나 이성관계에 있어 나 자신은 물론 상대방의 성적자기결정권과 인격권을 존중하고 인정해야하는, 변화된 법률적 환경을 맞이해야만 된다. 그동안은 부부사이의 예민한 부분으로 치부하여 부부사이나 사회적 테두리내에서 눈치로, 묵시적으로만 쉬쉬하여 왔었다. 그러다 보니 서로 오해와 편견이 쌓이게 되고 소통의 시대를 역행하는 것이다. 변화된 법률환경의 내용이 대체 어떠한 것인지 명확하게 제시해 주어야 사람이 기후변화에도 적응이 필요하듯, 법률적 변화에 순응하고 잘 대처할 수 있기 때문이다. 필자가 이 책을 준비하는 이유이기도 하다.

폐지는 아니나 1개 법조항이 개정되면서 일반 법률행위와 관련하여 엄청난 변화를 초래하는 부분이 또 있다. 민법의 성년기(제4조)에 관한 것인데, 그동안 만 20세로 성년이 되었으나 2013년 7월 1일부터 만 19세로 성년이 된다. 이미 2011년 초 해당 민법 제4조가 국회 임시본회의를 통과하여 개정이 되었고 2013년 7월 1일부터 시행하기로 한 것이다. 자녀가 있는 가정은 유념하여 만 19세부터는 성년의 대우를 해주어야 한다. 성년은 모든 법률행위를 자신의 이름으로 얼마든지 할 수 있는 권리가 있고, 그에 대한 책임과 의무도 반드시 따른다. 자신 명의의 인감을 주민센터에 등록할 수 있고, 부부가 이혼 시 비양육친은 자녀에 대한 양육비를 만 19세까지만 부담하면 된다. 물론 법적 한정책임이다. 그 이상의 양육책임을 협의로, 임의적으로 얼마든지 더 부담해도 된다.

사법부의 최종심인 대법원의 판결도 최종심이므로 더 이상 상소할 수 없어 선고하는 날 바로 확정되는 것과 같은 이치다.

형사 제1심과 2심에서는 법정에서 형의 선고를 받은 날로부터 7일 이내에 항소 또는 상고할 수 있다.

민사 제1 · 2심에서는 판결정본을 송달을 받은 날로부터 14일 이내에 상소(항소 또는 상고)할 수 있고 상소 없이 그 기간을 도과하면 확정된다. 확정되면 채권자는 법원으로부터 확정증명서와 판결정본에 집행문을 부여받아 채무자의 재산에 강제집행하여 채권의 만족을 꾀하면 된다.

재산의 종류는 크게 동산 · 부동산 · 채권의 3가지로 분류한다. 지구상의 재산적 가치 있는 것은 모두 이 세 가지 중 하나에 포함된다. 독자들의 재산도 살펴보면 이 세 가지에 다 해당될 것이다. 한사람이 소유하는 동산이나 채권(주식, 채권증서 뿐만 아니라 예금청구권 · 임금청구권 · 소유권이전등기청구권 · 손해배상청구권 · 보험금지급청구권 등을 말한다.) 종류 만 해도 무척 다양할 것이다.

물과 공기 같은 자연력도 '관리가 가능' 하다면 우리 민법에서 '물건' 에 포함시키고 있다(민법 제98조). 강제집행절차 상의 동산은 '유체동산' 이라 칭한다. 형체를 갖추지 못한 동산은 현실적으로 강제집행이 불가능하기 때문이다.

헌재의 위헌결정으로 목숨이 다한 법률 등은 입법기관인 국회에서 정비하게 된다. 그런데 헌재에서 열심히 심리하고 심판한 결과, 위헌결정들이 쏟아져 나왔는데 만약 국회가 정쟁 등 여러 사유로 정상가동하지 못하여 개정 또는 폐지작업을 제 때 하지 못하는 경우에는 숨이 다한 법조항들이 법률에 덕지덕지 붙어있어 장기간 방치된다. 이때는 국민의 권리행사 등 법생활과 국가기관의 적법한 행정작용에 지장을 주게 된다. 헌재에서 쓰레기분리수거를 잘 하였는데 국회가 수거하지 않아 지저분하게 쌓여있는 형상과 같다.

위와 같은 헌재의 위헌결정과는 달리, 입법기관인 국회에서도 순수 입법작용으로서 법률을 개정 또는 폐지할 수 있다. 만약 K죄와 같은 형벌에 관한 법조항을 국회에서 폐지하였다면 그 폐지 조항의 법률적 효력은 소급하지 않고 장래에 한하여 무효이다. 이때는 K죄가 폐지되기 전, 즉 시행당시에 저지른 K행위에 대하여 공소시효가 완성될 때까지는 폐지 후라도 기소가 가능하다. '범죄의 성립과 처벌은 행위 시의 법률에 의한다(형법 제1조)' 라고 하는 우리 형법 최고원리인 '죄형법정주의' 의 대원칙이 적용되기 때문이다. 그래서 형법전 첫머리 제1조에 떡하니 버티고 있는 것이다.

이 점 헌재의 위헌결정이 형벌에 관해서는 당사자에 이익이 될 경우는 소급효가 있어 당사자인 국민의 이익을 위해 처음부터 무효가 되어 위헌결정전에 저지른 K행위에 대한 기소가 불가능한 것과 차이가 있다.

위 소급효에 대해 헌재와대법원 및 학계에서는 약간의 논란이 있기는 하다. 죄형법정주의는 형벌법규를 규정하는 최고이념인 동시에 헌법적 지위까지 있는 대원칙이자 기본권으로서의 지위를 갖는다. 따라서 이 원칙에 위반한 법률로 인하여 기본권을 침해당한 자는 헌법소원을 제기할 수 있다(헌법재판소법 제68조). 또 이러한 법률이 재판의 전제가 된 때는 당해 사건을 담당하는 법원에 위헌여부심판 제청신청을 할 수 있고, 여기서 헌재의 위헌결정이 있으면 당해 법률조항은 형벌에 한해서 당사자의 이익이 되는 경우에만 소급하여 무효가 되는 것이다(헌법재판소법 제41조).

만약 헌재가 K죄를 위헌으로 결정할 경우 지금까지 K죄로 기소되어 유죄판결을 받은 사람들과 교도소에 복역 중인 사람에 대한 형의 선고는 어떻게 될까?

이들은 헌법재판소법 제47조 제④항 준용규정에 따라 형사소송절차를 통하여 재심청구로서 구제받을 수 있다.

즉 위 규정에 따라 법원에 의해 이미 선언된 유죄판결을 그 자체로 무효로 만든다거나 유죄의 확정판결에 대한 집행을 정지시킨다거나 또는 진행 중인 형의 집행을 자동 금지시키는 것이 아니고, 다만 유죄판결을 받은 자가 재심청구를 통하여 유죄의 확정판결을 다툴 수 있을 뿐인 것이다.

재소자가 청구할 경우에도 재심의 청구는 형의 집행을 정지하는 효력이 없으나 관할 검찰청검사는 재심청구에 대한 재판이 있을 때까지 형의 집행을 정지할 수 있다(형소법 제428조).

재심청구를 하면 면소의 판결이 아닌 무죄의 선고(형사소송법 제325조, 대판 1999. 12. 24. 99도3003호)를 받게 된다. 이럴 경우 교도소 또는 구치소에 구금되었던 사람들은 국가에 정당한 형사보상금을 청구할 수 있다(헌법 제28조, 형사보상법 제1조 · 제26조). 또 무죄판결을 관보와 그 법원소재지의 신문지에 기재하여 공고도 한다(형사소송법 제440조).

2012년 현재 분위기로 보아 법무부장관 자문기구인 '형사법 개정 특별분과위원회' 나 입법기관인 국회에서 형법개정을 통한 K죄 폐지 가능성은 없어 보이고 언제가 될지 알 수는 없으나 위헌여부결정에 대한 최고 심판기관인 헌재의 결정을 모두 바라보고 있는 듯하다.

필자가 법원에 입사한 80년대 중반 당시 만해도 대법원판례에서는 '여관의 숙박부에 이름이 등재된 사실' 만으로도 K행위를 인정하여 처벌하였고, 여관방에 같이 있었다는 사실만 입증해도 정을 통한 것으로 보아 처벌이 가능했으나 현재는 어림도 없다. 그 정도 입증만으로는 증거능력을 인정하지 않아 유죄판결을 선고할 수 없고 K행위에 대한 구체적이고도 직접적인 증거를 요하는 것이다.

그러다보니 배우자의 K행위현장을 확실하게 잡기위해서 특공작전을 방불케 하는 사태가 벌어진다. 피해배우자가 작전사령관이 되어 작전계획을 세우고 상당한 비용을 투입하여 장기간에 걸친 작전에 돌입한다. 특공대원으로 동원한 가족이나 지인에다가 112신고로 출동한 경찰관들까지 합세해야 겨우 K죄에 대한 유죄의 증거를 확보할 수 있는 것이 현실이다. 그러다보면 심부름센터에 위임하여 일을 맡기기도 하는데 허가 받지않은 불법업체가 대부분인 이들이 오히려 의뢰인 또는 K행위자를 공갈 · 협박하여 금전을 취득하는 등 부작용도 만만치 않다.

'서로 사랑하여 상대방을 재혼대상으로까지 생각하고 있었던 성인 남녀가 심야에 여관에 함께 투숙하였고, 투숙한지 1시간 30분가량 지난 뒤에 그들이 함께 묵고 있던 여관 객실에 다른 사람들이 들어가 보니 남자는 팬티만을 입고 있었고 여자는 팬티와 브라우스만을 입고 있었으며 방바닥에 구겨진 화장지가 여러 장 널려 있었다면 두 남녀가 서로 정을 통하였다고 인정하는 것이 경험칙에 비추어 상당하다(대판 1997. 7. 25. 97도 974).' 고 하여 직접 정을 통하는 장면은 확보하지 못하였더라도 이와같이 누구나 K행위가 있었다고 인정할만한 증거를 요구하고 있는 것이다.

이러한 사건들의 사실관계를 살펴보면 K행위자와 상간자는 K죄의 현행범으로 체포되어 경찰서에 가서도 K행위만큼은 없었다고 부인한다. 정을 통하는 바로 그 순간은 발각되지 않았기 때문이다. 경험칙상 누구라도 그러하리라.

그러나 여관 숙박부에만 기재됐다든지, 러브호텔에 같이 투숙한 정도로는 현재의 형법상 K죄로 벌하기 어려우나 민법 제840조에 따른 '재판상 이혼원인' 에는 해당될 수는 있다.

K죄가 폐지되어 K행위로 형사처벌은 못하더라도 '배우자에 부정한 행위가 있었을 때(민법 제840조 제1호)' 에 해당되어 상대편은 이혼심판청구와 동시에 민법상 불법행위를 이유로 한 위자료, 가사소송상의 재산분할, 자녀에 대한 친권자 · 양육자지정 · 양육비, 면접교섭권 등의 청구를 할 수 있다.

K죄에 대한 법원에서의 처벌경향도 위와 같이 시간적 · 사회적 변화에 따라 뚜렷한 차이가 있었고 수사기관의 수사와 기소에 있어서도 마찬가지이다.

불과 몇 년 전까지만 해도 K행위피의자는 거의 구속수사가 관행이었고 형사재판에서도 실형을 면치 못하였으나 근자에 이르러서는 대체로 불구속 수사가 대세이고 재판에서는 실형이라 하더라도 거의 집행유예가 선고된다. 모든 사건에 대한 수사는 큰 틀에서는 불구속수사가 대원칙이고 수사기관에서도 이를 지향하고 있지만 보호법익이나 형평성 등 여러 측면을 고려한 수사관행이 엄연히 존재하고 있다.

K죄가 시행되는 동안 일 년에 통상 3000 ~ 4000건이 기소되었다한다. 형사재판에는 피고인이 배우자 한명인 사건도 있고 상간자까지 2명이 되는 사건도 있으므로 실지 처벌받는 사람은 사건수를 훨씬 초과한다. 법원통계상으로 민사사건에서는 원고 또는 피고 당사자가 여럿이라도 한 건으로 취급하나 형사사건은 공범이 여럿이면 사건도 여럿이다. 피고인들 각자에 대해 형을 선고하고 피고인 한 명 당 한 사건으로 취급한다.

장래 위헌결정이 있기까지는 K범죄자가 계속 생겨날 것인데 만약 위헌결정이 있게 되면 이들 대부분이 형사소송절차의 재심청구로 전과자의 낙인을 지우려할 것이고 형사재심재판에서 무죄판결이 나면 정부에서는 구금되었던 사람들에 대해 형사보상금을 지급해야 하므로 그에 따른 예산도 필요할 것이다. 형사보상은 국가가 공권력의 행사로 인하여 발생한 손해를 피해자에게 미리 산정된 액수로 배상해 주는 '공법상의 손해배상' 이다.

헌재에서 위헌결정을 하는 순간에도 전국의 각급 법원에서 K죄로 공판(소송법상 민사는 '재판' 이라하고 형사는 '공판' 이라한다)이 진행 중인 사건도 많을 것인데 이 경우 어떻게 처리될까?

이들 사건에 대해서도 법원에서 모두 무죄의 판결을 하게 된다(형사소송법 제325조).

K죄로 그동안 처벌받은 수많은 사람들은 당사자가 직접 또는 사망하였더라도 그 배우자 · 직계친족 · 형제자매 또는 검사가 형사재심청구를 하여 전과의 굴레에서 벗어날 수 있어 그들에겐 매우 중요한 권리구제절차이다. 따라서 위에서 언급한 관련 규정들과 해당 판례를 살펴보고 재심청구서도 제시하니 이 후 필요시 원용하시기 바란다.

형사피의자 또는 형사피고인으로서 구금되었던 자가 불기소처분을 받거나 무죄판결을 받은 때에는 법률이 정하는 바에 의하여 국가에 정당한 보상을 청구할 수 있고(헌법 제28조),

형사소송법에 의한 일반절차 또는 재심이나 비상상고절차에서 무죄재판을 받은 자가 미결구금을 당하였을 때에는 이 법에 의하여 국가에 대하여 그 구금에 관한 보상을 청구할 수 있다(형사보상법 제1조 제①항).

①법률의 위헌결정은 법원 기타 국가기관 및 지방자치단체를 기속한다. ②위헌으로 결정된 법률 또는 법률의 조항은 그 결정이 있는 날로부터 효력을 상실한다. 다만, 형벌에 관한 법률 또는 법률의 조항은 소급하여 그 효력을 상실한다. ③제2항 단서의 경우에 위헌으로 결정된 법률 또는 법률의 조항에 근거한 유죄의 확정판결에 대하여는 재심을 청구할 수 있다. ④제3항의 재심에 대하여는 형사소송법의 규정을 준용한다(헌법재판소법 제47조).

피고사건이 범죄로 되지 아니하거나 범죄사실의 증명이 없는 때에는 판결로써 무죄를 선고하여야 한다(형사소송법 제325조).

'헌법재판소의 위헌결정으로 인하여 형벌에 관한 법률 또는 법률조항이 소급하여 그 효력을 상실한 경우에는 당해 법조를 적용하여 기소한 피고 사건은 범죄로 되지 아니하는 때에 해당하므로, 결국 이 부분 공소사실은 무죄라 할 것이다(대법원판결 1999. 12. 24. 99도3003)'

재심은 다음 각호의 1에 해당하는 사유가 있는 경우에 유죄의 확정판결에 대하여 그 선고를 받은 자의 이익을 위하여 청구할 수 있다. (···) 5. 유죄의 선고를 받은 자에 대하여 무죄 또는 면소를, 형의 선고를 받은 자에 대하여 형의 면제 또는 원판결이 인정한 죄보다 경한 죄를 인정할 명백한 증거가 새로 발견된 때(형소법 제420조).

재심의 청구는 원판결의 법원이 관장하고(형소법 제423조), 다음 각호의 1에 해당하는 자는 재심의 청구를 할 수 있다. 1. 검사 2. 유죄의 선고를 받은 자 3. 유죄의 선고를 받은 자의 법정대리인 4. 유죄의 선고를 받은 자가 사망하거나 심신장애가 있는 경우에는 그 배우자, 직계 친족 또는 형제자매(형소법 제424조)

재심의 청구는 형의 집행을 정지하는 효력이 없다. 단, 관할법원에 대응한 검찰청검사는 재심청구에 대한 재판이 있을 때까지 형의 집행을 정지할 수 있다(형소법 제428조)

재심에서 무죄의 선고를 한 때에는 그 판결을 관보와 그 법원소재지의 신문지에 기재하여 공고하여야 한다(형소법 제440조).

※. 재심청구[사례]

재 심 청 구 서

원 판 결　서울중앙지방법원 2001고단0000호 간통
청 구 인　피고인 최 청 구 (000000-0000000). 회사원
　　　　　주 거 서울 서초구 양재동 11-11
　　　　　본 적 위와 같음
　　　　　연락처 010-0000-0000

위 청구인에 대한 이 법원 2001고단0000호 간통사건에 관하여 2002. 2. 8. 피고인에게 징역 1년을 선고한 확정판결이 있었는 바, 2013. 0. 0. 헌법재판소에서 위 간통죄에 대한 위헌결정이 있었으므로, 청구인은 이에 재심

을 청구하오니 청구취지와 같은 판결을 하여 주시기 바랍니다.

재심을 구하는 판결의 표시

피고인을 징역 1년에 처한다.

청구의 취지

원판결을 파기한다. 피고인은 무죄

청구의 이유

청구인은 2002. 2. 8. 귀 법원 2001고단0000호 간통사건에 관하여 2002. 2. 8. 징역 1년을 선고한 판결이 확정되어 ○○교도소에서 형집행을 종료하였습니다.

그런데 2013. 0. 0. 헌법재판소에서 이 사건 형법 제241조 간통죄가 헌법에 위반된다는 위헌결정이 있었습니다.

이에 따라 위헌 · 무효인 형법 제241조 간통죄로 의율해 기소한 원판결사건은 형사소송법 제325조 전단의 '피고사건이 범죄로 되지 아니한 때' 에 해당하여 무죄를 선고하여야 합니다.

이에 청구인은 재심을 청구하오니 청구취지와 같은 판결을 하여 주시기 바랍니다.

아울러 무죄의 선고를 하는 경우, 그 판결을 관보와 법원소재지의 신문지에 기재하여 공고하여 주시기 바랍니다.

첨부서류

1. 원판결등본의 사본 1통
1. 헌법재판소의 위헌결정문 출력분 1통

2013. 0. 0. 청구인 최 청 구 (인)

서울중앙지방법원 형사재심재판부 귀 중

형사재심사건은 필자의 20여년 법조생활 동안 한 번도 다루어 본 적이 없을 정도로 매우 드문 사건이다. 그러나 책의 서두에서 필자가 가상으로 설정하였듯이 K죄에 대한 위헌결정이 실제 상황으로 닥칠 때에는 재심사건이 봇물을 이룰 것이다. 대법원 홈페이지의 법률양식안내에도 없지만 필자가 위와 같이 법률적 창작을 해 보았다. 그다지 어려운 건 아니고 저 정도면 충분할 것이다.

현재 법원에 제출하는 민 · 형사 · 가사 · 행정 · 강제집행 등 대부분의 법률서식은 대법원 홈페이지(http://www.scourt.go.kr)를 방문하면 거의 다 비치되어 있고 이를 즉시 활용할 수 있다. 소송절차도 분야별로 잘 안내되어있어 별로 어려울 게 없다. 형사재심청구절차는 청구인의 기본권보장을 위한 최후의 절차로서 매우 중요한 의미가 있다.

수십 년 전 권위주의시절 탄압과 고문으로 당시의 법제 하에서 유죄판결받은 민주투사들이 많았다. 시대와 역사가 바뀌어 그 분들 중 상당수가 이미 고인이 되었으나 수십 년이 지난 후 그 직계비속인 자녀들이 재심을 청구하여 무죄판결을 이끌어냈다는 소식을 지금도 언론을 통해 가끔 알게 된다. 불법행위로 인해 국가로부터 그에 상응한 민사상의 손해배상판결까지도. 일부는 지금도 진행형이다.

또 구금이나 형의 집행을 받은 형사피의자 또는 피고인이 무죄판결을 받았을 경우 형사보상금까지 국가로부터 받을 수 있다(헌법 제28조). 이는 누명을 쓰고 구속되었거나 형의 집행을 받은 자에 대해 국가의 잘못된 공권력의 행사로 발생한 손해를 해당 공무원의 고의 · 과실을 따지지 않고 미리 산정된 금액(형사보상법 제4조)으로 배상해 주는 공법상의 손해배상이다.

이와 관련하여 구속 피의자가 무죄판결을 받고 법원에 형사보상청구를 한 경우, 법원의 보상액결정에 대해 불복할 수 없도록 한 것은 위헌이라는 헌재결정(2008헌마514 등)이 있었는데, 헌재는 결정문에서 '형사보상법은 형사보상의 결정에 대해서는 불복신청을 할 수 없도록 해 형사보상결정을 단심재판으로 규정하고 있으나, 보상액산정의 기초가 되는 사실인정이나 보상액에 관한 판단에서 오류나 불합리성이 발견되는 경우에도 그 시정을 구하는 불복신청을 할 수 없도록 하는 것은 형사보상청구권 및 재판청구권의 본질적 내용을 침해한다' 고 하여 야간주거침입절도 혐의로 기소돼 무죄 확정판결을 받은 뒤 형사보상결정을 받은 자가 청구한 헌법소원사건에서 재판관 전원일치의 의견으로 관련 법조항에 위헌결정을 내렸다.

재심청구서의 작성요령은 일반민사사건의 소장처럼 청구취지와 이유를 구체적으로 기재(형사소송규칙 제166조)하면 되고 청구인의 주소지와 연락처 등 인적사항을 잘 기재해야 법원으로부터 발송되는 서류를 송달받는 데에 지장이 없다. 송달이 순조롭지 못하면 재판이 진행되지 않는다. 사건의 본질과는 무관하게 절차도 매우 중요한 이유이다.

민사사건과 달리 형사사건은 인지대나 송달료를 전혀 납부하지 않아도 된다. 형사재판은 국가 형벌권을 행사하는 공권력이라는 맥락에서 재판비용은 모두 국가가 부담하고 있다. 관할 법원은 원판결을 한 법원이다.

청구인은 유죄의 판결을 받은 당사자 또는 법정대리인이 되고, 유죄의 선고를 받은 자가 이미 사망했거나 심신장애가 있는 경우는 그 자녀나 배우자, 친족 또는 형제자매도 할 수 있고 공익의 대표자로서 검사도 할 수 있다.

무죄선고를 하는 경우 그 판결을 관보 등에 공고하는 신청 문구를 넣지 않아도 되나 청구인의 명예회복에 중요한 절차이므로 법원에서 누락되지 않도록 언급하여 환기시키는 것이 좋다. 법을 법대로 다루는 기관이지만 사람이 하는 일이라 간혹 실수도 발생하기 때문이다.

재심절차에서도 변호인의 조력이 필요할 경우 변호사를 선임할 수 있다.
첨부서류로서 원판결인 형사판결등본은 한부 사본하여 첨부한다.

만일 분실하였다면 원판결한 법원에 대응한 검찰청 집행과에 가서 한부를 발급받으면 된다. 위 예시에서 원판결법원이 서울중앙지방법원이므로 서울지방검찰청 집행과를 방문하거나 민원실이 있는 검찰청은 민원실로 가면된다. 법원에서는 형사재판이 종결하면 해당사건의 판결등본만 형사과 보존계에서 보관하고 재판장의 서명날인이 있는 판결원본을 포함한 모든 공판기록과 수사기록 일체를 검찰청 집행부서로 송부하므로 법원이 보관하는 형사판결등본에 의한 등본발급은 불가능하기 때문이다.

도로교통법 · 폭력행위 등 처벌에 관한 법률 · 식품위생법 위반 등 다소 경미한 범죄에 대해 법정에서의 정식 공판절차 없이 공소장과 수사기록만 검토한 후 벌금형을 선고하는 약식사건에 있어서도, 확정되고 종결된 후에는 모든 기록을 검찰청 집행부서로 보내고 거기서 피고인들로부터 벌금을 징수한다.

형사사건에 한해서 이렇게 법원은 판단만을 하고 그에 대한 공판을 하지 않는 형사약식사건은, 법정변론 없이 신청서만 검토 후 판결하는 민사 '지급명령신청(독촉절차)' 사건과 같이 모두 서류만으로 판단하는 서류재판(필자 主)이다.

필자가 모두 현직에서 수행했던 업무들인데 처리절차야 정식 민 · 형사사건보다 간단하지만 사건수가 워낙 많아 이 부서에서 근무할 때는 땀 깨나 흘렸었다. 80년대 말 서울북부지원(당시는 서울민사지방법원 북부지원이었다.) 근무 당시 약식사건은 검찰청 사건과에서 여러 직원들이 한꺼번에 양손에 한보따리씩 수백 건을 갖고 오는 경우가 종종 있어서 공소장에 접수인을 날인하고 법원표지를 붙이며 사건번호를 부여하는 등 접수업무에만도 며칠이 걸렸었다. 형의 집행이나 벌금의 징수는 검찰이 한다. 철저히 분리되어 있는 것이다. 확정된 약식사건 기록의 송부가 지체되면 어서 넘겨달라고 검찰에서 사정한다. 당시엔 벌금징수실적도 기관장인 지청장 인사고과에 반영된다고 하였다. 형사약식사건은 피고인을 형사법정으로 소환하지 않아 당사자에게 편리한 제도이다. 물론 벌금형을 통보받고 거기에 억울한 점이 있다면 정식재판을 청구할 수 있다.

첨부서류로서 위헌결정문은 헌법재판소 홈피에서 당사자 개인정보를 제외한 결정문 전문이 공개되고 있고, 또 누구든지 권리구제, 학술연구 또는 공익의 목적으로 심판이 확정된 사건기록의 열람 또는 복사를 신청할 수 있으므로 자신의 사건이 아니더라도 출력 또는 발급받아 첨부하면 되나 번거롭다면 첨부하지 않아도 된다. 왜냐하면 위헌결정이 있을 경우 그 법률적 효과는 법원 기타 국가기관 및 지방자치단체를 기속하는 일반적 효력이 있는 동시에(헌소법 제47조 제①항) 법원에 '현저한 사실' 이기도 하기 때문이다. 역사적 사실, 공지의 사실, 자연법칙 등은 재판장인 판사들도 이미 알고 있는 사실로서 입증하지 않고 언급만 해 주면 된다.

재심재판에서도 문제는 시간이다. 재심사건은 형사특별소송절차(형사소송법 제4편, 제420조 이하)로서 역시 정식 형사공판사건 중 하나이다. 우리의 3심제도아래서 최종심인 대법원에서도 억울한 누명이 벗겨지지 않아 유죄의 형을 선고받은 당사자가 마지막으로 기댈 수 있는 매우 소중한 절차이다.

최근, 30여 년 전 유신시절 대통령 긴급조치 9호 · 반공법 위반 등으로 징역형 선고를 받았던 60대 3명이 재심에서 무죄가 선고되었다. 재판소요기간을 살펴보니, 2010년 3월에 재심을 청구했고 원판결법원인 대구고등법원 형사제1부에서 2011년 2월에 재심개시결정(형소법 제435조)을 하였으며, 2012년 2월 16일에서야 무죄가 선고되었다. “대통령 긴급조치 제9호는 민주주의의 본질적 요소인 표현의 자유 내지 신체의 자유와 헌법상 보장된 청원권을 심각하게 제한하는 국민의 기본권을 침해하고 있으므로 헌법에 위반돼 무효이고, 위헌 · 무효인 대통령긴급조치 제9호를 적용해 기소된 피고인 등은 형사소송법 제325 전단의 ‘피고사건이 범죄로 되지 아니한 때’ 에 해당하므로 모두 무죄” 라고 판시하였다.

현행법상 재심의 청구가 있다하여 바로 공판절차를 개시하는 게 아니고 청구한 자와 상대방인 검사의 의견도 들어 본 후 이유 있다고 인정한 때라야 재심개시의 결정을 한다. 그만한 사유가 있었겠지만 사건접수일로부터 장장 2년이 걸린 것이다.

민사재판도 마찬가지겠지만 이와 같이 법원에서 소송이 시작되면 당사자는 ‘시간과 기다림’ 이라는 반갑지 않은 복병과도 마주해야 한다. 무한한 인내심이 필요한 것이다. 필자가 주로 다루어 보았던 서울 · 수원 · 안양 등 수도권 관할 사건의 민사사건 첫 재판기일만도 소장 접수 후 4~5개월 걸리는 게 보통이다. 일단 접수순으로 첫 변론기일만 개시되면 이 후 지체하지 않긴 한지만. 형사재판에 있어서도 피고인의 구속만기가 엄격히 적용되는 구속사건을 제외한 불구속사건들은 첫 공판기일만도 몇 개월씩 기다려야 하는 게 현실이다. 구속사건 재판에 있어서 만약 법원의 과실로 피의자 또는 피고인의 구속을 하루 이틀이라도 초과하면 불법구금이라하여 즉시 언론을 통해 난리가 나기 때문이다.

물론 재판부가 고의로 지연하지는 않는다. 재판부가 매년 증설되고 있지만 순서대로 진행하는 데도 사건수가 워낙 많기 때문이다.

여름휴가철인 7월 말부터 8월말까지는 대부분의 재판부가 거의 기일을 정하지 않는다. 또한 3월의 법관정기인사나 가을 인사철을 전후한 때에도 기일지정은 잠시 손을 놓게 된다. 공정성을 손상하지 않으면서도 신속한 재판을 위해 법원에서도 집중심리제도의 시행과 변호사가 제출하는 준비서면 면수(가급적 20페이지 이하로 권고)의 제한 등 오랜 기간 심혈을 기울이는 중이지만 이런 저런 사유들로 재판이 지연되는 데에 한 몫을 하는 셈이다.

그와 관련된 규정은 엄연히 존재하고 있다. 민사 제1심판결은 소가 제기된 날로부터 5월 이내에, 항소심 및 상고심판결은 기록을 받은 날로부터 5월 이내에, 각 선고하여야하고(민사소송법 제199조), 헌재는 위헌법률심판사건이나 헌법소원심판사건을 접수한 날로부터 180일 이내에 종국결정의 선고를 해야 한다(헌법재판소법 제38조).

그러나 현실은 위에 정한 기간들을 초과하는 경우가 대부분이다. 위 각 규정들은 강행규정이 아니고 훈시규정이기 때문에 이를 위반하였다하더라도 재판의 효력에는 영향이 없다. 그러나 장래에는 훈시규정이라 할지라도 최대한 준수하도록 노력하여야 입법취지에도 맞고 국민의 기대에도 부응하는 것이 될 것이다.

법률의 개·폐절차에 있어서는 국회에서 폐지하거나 헌재에서 위헌결정으로 효력이 상실되거나 결과는 마찬가지이다. 폐지는 국회 입법활동을 통하여(본회의 또는 임시본회의 포함) 폐기 되는 것이고 헌재의 위헌결정이 날 경우는 이후부터 효력이 상실되나 그에 대해 차후 국회에서 폐지절차가 실행되면 결국 해당 법률 또는 법률조항이 폐기된다. 둘 다 결과는 똑같고 단지 각기 다른 기관과 절차에 따라 구별되는 것이다.

기본권을 풍요롭게 떠받치고 국민의 소원을 들어주는쌍두마차 헌법 소원과 위헌법률심판 제도

우리의 헌법재판소 출범은 아시아 여러 국가들 중에서도 가장 최초이다.

그 역사는 1948년 제헌헌법에서부터 출발한다. 이 후 굴곡진 정치사와 운명을 함께하다가 억압과 구속으로부터 벗어나고자하는 끈질긴 투쟁과 민주화의 열기가 빛을 발하여 1987년의 헌법에서 다시 부활하였다. 이에 따라 1989년 재출범 당시에는 독재의 잔재가 완전히 가시지 않아 원활한 활동을 과연 할 수 있을 지 국민들의 염려가 있었다. 그러나 그러한 걱정을 떨치고 20여 년 동안 수많은 사건을 처리하면서 국민의 기본권을 보장하고 민주주의를 정착시키며 튼실한 입헌국가로 거듭나게 하였다. 현재도 진행형이다.

지난 2011년 한 해만 하더라도 헌재는 국가의 작위의무와 국민의 기본권, 평등권, 표현의 자유와 관련된 매우 중요결정들을 하였다.

친일반민족행위자 재산의 국가귀속규정이나 일제강점기 친일반민족행위 규정 등은 합헌이고, 일본군위안부 문제해결을 위해 국가가 의무를 이행하지 않는 것은 위헌이라고 결정하면서, 국가의 정체성을 확립하고 과거 · 현재 · 미래의 역사의식과 진행방향을 확실하게 제시하였으며,

SNS를 이용한 선거운동을 금지하는 공직선거법조항들과, 경찰버스로 서울광장 출입을 봉쇄하여 통행을 제지한 행위, 뜸 시술을 금지하는 의료법관련 조항, '재정신청이 기각된 경우 대법원에 재항고할 수 없도록 한 것은 재판청구권과 평등권을 침해한다' 며 각 위헌결정을 하였다.

또한 군형법상 동성애를 처벌하는 조항과 부모에 대한 고소를 제한하는 형사소송법 조항에 대해서는 각 합헌이라 하였다.

헌법은 '법률이 헌법에 위반되는 여부가 재판의 전제가 된 경우에는 법원은 헌법재판소에 제청하여 그 심판에 의하여 재판하고(107조 제①항),

명령 · 규칙 · 또는 처분이 헌법이나 법률에 위반되는 여부가 재판의 전

제가 된 경우에는 대법원은 이를 최종적으로 심사할 권한을 가진다(동조 제② 항)' 고 규정하여 법률에 대한 위헌심판권은 헌법재판소에, 하위규범인 명령 · 규칙 · 처분에 대한 위헌심사권은 대법원에 각 분리하여 귀속시키고 있다.

헌법재판소는 최고규범인 헌법질서를 수호하고 보호하는 기관이다. 탄핵과 정당해산의 심판권한도 있어 권력을 통제하고 정치적 · 평화적 보장기관이기도 하다. 또한 국민의 헌법상 보장된 기본권과 밀접한 장치로서 위헌법률심판과 헌법소원심판 권한을 가지면서 기본권보장기관으로서의 지위도 역시 가지고 있다.

위헌법률심판과 헌법소원심판은 원칙적으로 서면심리에 의하며(제30조), 헌재의 각종 심판절차에서는 변호사강제주의가 적용되어 당사자는 변호사를 대리인으로 반드시 선임해야 심판청구와 심판절차를 수행할 수 있다.

만약 헌재에 각종 심판청구 시 변호사를 대리인으로 선임할 자력이 없는 경우에는 당사자 신청에 의해 국고에서 그 보수를 지급하여 국선대리인을 선임해 준다(제70조, 헌법재판소 국선대리인의 선임 및 보수에 관한 규칙 제4조).

위와 같이 헌재는 헌법과 헌법재판소법에 각 정한 권한들에 대하여 모두 '심판' 을 하는 기관이다.

따라서 필자의 소견은 '헌법재판소' 는 '헌법심판소', '헌법재판소장' 은 '헌법심판소장', '헌법재판관' 은 '헌법심판관' 으로 각각의 명칭을 변경해야 어울린다고 생각한다. '재판소' 란 기관명은 헌재보다는 법원에 더욱 어울린다.

원래 재판이란 '판결 · 결정 · 명령' 을 전부 아우르는 말이고, 헌재도 '위헌결정', '합헌결정', 의 형식으로 사건을 최종판단하지만 위헌여부를 '심판' 하는 곳이기 때문이다.

최초, 우리의 법원은 '재판소' 란 명칭으로 시작하였고, 헌재는 해방 후 건국헌법에서 '헌법위원회 · 탄핵재판소' 란 명칭으로 시작하였다. 그 권한들을 고려해 본다면 '헌법심판소' 가 가장 적절한 명칭으로 생각된다.

※ . 위헌법률심판

국회가 제정한 법률이 헌법에 위반되는 가의 여부를 헌법재판기관이 심사하고, 그 법률이 헌법에 위반되는 것으로 인정될 때는 그 효력을 상실하게 하거나 적용을 거부하도록 하는 장치가 위헌법률심판제도이다.

현행법상의 위헌법률심판제도는 구체적 사건에 있어서 법률의 위헌 여부가 재판의 전제가 되는 경우에 당해 사건을 심리하는 관할법원의 제청에 따라 헌재가 그 법률의 위헌여부를 심판하는 사후적 · 구체적인 규범통제를 그 내용으로 하며, 법률에 대한 '위헌제청권' 은 일반법원이, '위헌결정권' 은 헌재가 각 담당한다(헌법 제107조 제1항, 제111조 제1항 제1호).

해당 법원은 당사자의 신청을 받아들이거나 또는 당사자의 신청 없이 직권으로도 헌재에 제청할 수 있다. 이와 같이 헌재는 반드시 법원의 제청이 있는 경우에만 할 수 있고 개인의 제소 또는 심판청구로는 위헌법률심판을 할 수 없다. 이 점 헌법소원심판과 다르다. 즉 헌법소원은 개인의 위헌제청신청이 법원에 의해 기각된 경우, 개인이 직접 헌법소원을 제기할 수도 있다.

위헌으로 결정된 법률 또는 법률조항은 그 때로부터 효력을 상실하며 그 법률이 폐지된 것과 효과가 같다.

(형법 제241조 간통죄에 대한) 위헌법률심판제청신청서의 예시를 본다.

※. 위헌법률심판제정신청 [사례]

위 헌 법 률 심 판 제 청 신 청

사 건 : 서울남부지방법원 2008고단2345 간통 [형사 9단독]

신청인 : 피고인 나 피 고 (주민번호)

주 거 서울 마포구 합정동 78-9

위 사건에 관하여 신청인(피고인)은 아래와 같이 위헌법률심판제청을 신청합니다.

신 청 취 지

형법 제241조는 헌법 제10조, 헌법 제35조 제1항 및 헌법 제37조 제2항 등에 위반된다.

신 청 이 유

1. 형법 제241조 규정의 개요

2. 재판의 전제성

(···) 따라서 위 법률의 위헌성 여부는 현재 서울남부지방법원 2008고단 2345호로 계류 중인 간통사건에 대한 재판의 전제가 된다고 판단됩니다.

3. 간통죄규정의 위헌성에 관하여

가. 헌법 제10조[인간의 존엄성과 기본적 인권의 보장] 위반 여부

나. 헌법 제36조 제1항[혼인과 가족생활보장, 모성보호, 국민보건보장] 위반 여부

다. 헌법 제37조 제2항의 과잉금지원칙 위반 여부

4. 결 어

앞에서 살펴본 바와 같이 (···) 위헌이라고 판단되므로, 신청인은 귀 법원에 위헌법률심판을 제청해 주실 것을 신청하기에 이르렀습니다.

2008. . .

위 신청인 나 피 고 (인)

서 울 남 부 지 방 법 원 귀 중

위와 같이 법원의 제청서에는 제청법원의 표시, 사건 및 당사자의 표시, 위헌이라고 해석되는 법률 또는 법률의 조항, 위헌이라고 해석되는 이유, 기타 필요한 사항을 기재하면 되는데 필요한 증거서류나 참고자료를 첨부해도 된다.

2011년 군형법상 동성애를 처벌하는 조항의 위헌법률심판사건(2011. 3. 31. 2008헌가21 합헌결정)에 대해 헌재가 군대 내에서의 특수한 사정을 고려하여 동성애자의 평등권을 침해하지 않는다는 합헌결정을 하였고, 동성애 문제 자체에 대해서는 건드리지 않았다. 이 사건을 살펴본다.

< 사건개요 >

당해 사건의 피고인인은 피해자가 소속된 부대의 부소대장으로서, 소속 부대 독신 장교 숙소에서 이사를 도와주기 위하여 온 피해자로 하여금 피고인의 팔을 베고 눕게 하고, 30여 일에 걸쳐 매일 20분 내지 30분간 부소초장실에서 피해자의 배, 엉덩이 및 성기를 만지고, 피고인의 성기를 피해자의 몸에 닿게 하는 등 피해자를 추행하였다는 혐의로 구 '성폭력범죄의 처벌 및 피해자보호 등에 관한 법률' 위반(업무상 위력 등에 의한 추행)으로 입건되었으나, 피해자와 합의하여 고소가 취소된 후 구 군형법(1962. 1. 20. 법률 제1003호로 제정되고, 2009. 11. 2. 법률 제9820호로 개정되기 전의 것) 제92조의 추행죄로 기소되었다.

그런데 육군 제00사단 보통군사법원은 1심 재판 계속 중 직권으로 구 군형법 제92조에 대하여 이 사건 위헌법률심판제청을 하였다

<주 문>

구 군형법(1962. 1. 20. 법률 제1003호로 제정되고, 2009. 11. 2. 법률 제9820호로 개정되기 전의 것) 제92조 중 "기타 추행"에 관한 부분은 헌법에 위반되지 아니한다

<결정요지>

군대는 엄격한 상명하복의 수직적인 인간관계로 이루어져 있고, 절대 다수의 혈기왕성한 젊은 남성 의무복무자들이 이성 간의 성적 욕구를 원활하게 해

소할 방법이 없는 상태에서 장기간의 폐쇄적인 단체생활을 해야 하므로, 일반 사회와 비교하여 이성 간의 성적 교섭행위보다는 동성 간의 비정상적인 성적 교섭행위가 발생할 가능성이 현저히 높다.

특히 상급자가 같은 성적 지향을 가지지 아니한 하급자를 상대로 동성애 성행위를 감행할 가능성이 높고, 이러한 동성 군인 간의 성적 교섭행위를 방치할 경우 군대의 엄격한 명령체계나 위계질서는 위태로워지며, 구성원 간의 반목과 분열을 초래하여 궁극적으로 군의 전투력 보존에 직접적인 위해가 발생할 우려가 크다.

이에 반하여 군대에서 남성과 여성이 폐쇄적인 단체생활을 하여야 하는 상황은 그리 많지 않고, 일반 사회와 비교하여 군대에서 이성 간의 성적 교섭행위가 빈번히 발생하여 이를 방치할 경우 군대의 엄격한 명령체계나 위계질서를 위태롭게 할 우려가 크다고 할 수도 없다.

위와 같은 점을 고려하면, 이 사건 법률조항이 동성 간의 성적 행위만을 금지하고 이를 위반한 경우 형사처벌한다고 볼 경우에도, 그러한 차별에는 합리적인 이유가 인정된다고 할 것이므로, 이 사건 법률조항은 동성애자의 평등권을 침해한다고 볼 수 없다.

※. 헌법소원심판

헌법소원제도는 공권력의 남용 · 악용으로부터 헌법상 보장된 국민의 기본권을 보호하는 제도이므로 통치권을 국민이 주인인 기본권에 종속시킬 수 있는 가장 효과적인 권력통제시스템이라 할 수 있다.

헌재에 접수되는 사건 중 위헌법률심판사건 보다 헌법소원심판사건이 훨씬 다수이다.

헌법소원은 그 절차에 따라 두 가지로 구분할 수 있는데,

첫째는 공권력의 행사 또는 불행사로 인하여 헌법상 보장된 기본권을 침해받은 자가 직접 헌재에 제기하는 권리구제형 헌법소원(헌재법 제68조 제1항),

둘째는 법률이 헌법에 위반되는 여부가 재판의 전제가 되어 법원에 위헌법률심판제청을 하였으나 기각된 자가 헌재에 제기하는 규범통제형 · 위헌심사형 헌법소원이다(헌재법 제68조 제2항). ‘위헌소원’ 이라고도 한다.

위 제68조 제2항에 의한 헌법소원심판 청구는 일반법원의 재판절차가 진행되는 과정에서 재판의 전제가 되는 법률에 대해 당해 사건 당사자의 위헌여부심판 제청신청이 있었을 때 법원이 부적법하여 각하 또는 이 신청이 이유 없다고 기각하였을 경우에 그 제청신청인이 직접 헌재에 헌법소원의 형태로 심판을 청구할 수 있는 것이고, 위헌여부심판의 제청을 신청하지 아니한 당사자는 제68조 제2항에 의한 헌법소원심판을 청구할 수 없는 것이다.

헌법소원의 심판은 그 사유가 있음을 안 날로부터 60일 이내에, 그 사유가 있은 날로부터 180일 이내에 청구하여야 한다. 다만 다른 법률에 의한 구제절차를 거친 헌법소원의 심판은 그 최종결정을 통지받은 날로부터 30일 이내에 청구하여야 한다. 이와 같이 청구기간 제도를 둔 것은 소정의 청구기간 이후에는 문제의 공권력작용을 더 이상 다툴 수 없도록 함으로써 권리관계를 신속히 확정하여 법적 안정성을 확보하기 위해서이다.

헌법소원은 헌법상 보장된 기본권을 침해받은 자가 제기하는 것이므로, 침해된 권리는 당연히 헌법상 보장된 기본권을 의미한다.

검사의 불기소처분에 대한 헌법소원 예시 -- 형사 고소사건에서 많이 발생하는 경우인데, 고소사건을 조사한 후 담당검사가 피고소인을 기소를 하지 않기로 하는 불기소처분통지를 받은 고소인이 하는 경우이다. 통상 '검찰항고 · 재항고(검찰청법 제10조)' 까지 거친 후에 헌소를 청구할 수 있다. 변호사를 반드시 선임하여야 하고 선임할 자력이 없을 경우 헌재에서 국선대리인을 선임하여 준다.

※. 헌 법 소 원 심 판 청 구 서

헌 법 소 원 심 판 청 구 서

청 구 인 김 청 구
서울 종로구 창신동 36-8
연락처 010-1234-5678
대리인 변호사 박 변 호
서울 종로구 숭인동 23 숭인빌딩 204호
연락처 02)000-0000

피 청 구 인 서울동부지방검찰청 검사

청 구 취 지

"피청구인이 2△△△. 1. 19. 서울동부지방검찰청 2△△△형제 234호 사기사건에 있어서 피의자 박선술에 대한 사기혐의 의 점에 대하여 한 불기소처분은 청구인의 평등권을 침해한 것이므로 이를 취소한다" 라는 결정을 구합니다.

침해된 권리 헌법 제11조 제1항 평등권
헌법 제27조 제5항 재판절차에서의 진술권

침해의 원인 피청구인의 2△△△. 1. 9.자 서울동부지방검찰청 2△△△형제 234호 사기사건의 피의자 박선술에 대한 무혐의 불기소처분

청 구 이 유 1. 사건의 개요
2. 위 불기소처분의 위헌성
3. 심판청구에 이르게 된 경위(구제절차)
4. 청구기간의 준수여부 등

첨 부 서 류 1. 각종 입증서류(처분통지서 등)
2. 변호사 소송위임장

2△△△. 2. 1.
청구인 대리인 변호사 박 변 호 (인)

헌 법 재 판 소 귀 중

※. 공권력의 부작위(불행사)에 대한 헌법소원 예시

헌 법 소 원 심 판 청 구 서

청 구 인 박 청 구
서울 영등포구 여의도동 36-8
연락처 010-3456-5678
대리인 변호사 최 변 호
서울 서초구 서초동 서초빌딩 204호
연락처 02)000-0000

피 청 구 인 ○○○ 군수

청 구 취 지

"피청구인이 청구인으로부터 2010. 2. 23.부터 같은 해 5. 6.경까지 수차에 걸쳐 ○○○군 ○○면 ○○리 소재 임야에 대한 임야조사서의 열람 복사신청이 있었음에도 이를 방치한 부작위는 청구인의 헌법상의 알권리를 침해한 것이므로 위헌임을 확인한다" 라는 결정을 구합니다.

침해된 권리 헌법 제21조 알권리

침해의 원인 피청구인이 청구인으로부터 2010. 2. 23.부터 같은 해 5. 6.경까지 수차에 걸쳐 ○○○군 ○○면 ○○○리 소재 임야 에 대한 임야조사서의 열람 복사신청이 있었음에도 이를 방치한 부작위

청 구 이 유 1. 사건의 개요
2. 위 부작위의 위헌성
3. 심판청구에 이르게 된 경위(신청과정 등 약술하여 기재)
4. 청구기간의 준수여부 등

첨 부 서 류 1. 부작위에 관련된 각종 입증서류
2. 변호사 소송위임장

2010. 6. 1.
청구인 대리인 변호사 최 변 호 (인)

헌 법 재 판 소 귀 중

법률이 헌법에 위반되는 여부가 재판의 전제가 되어 법원에 위헌법률심판 제청을 하였으나 기각된 자가 헌재에 직접 제기하는 제68조 제2항의 헌법소원 제도는 외국의 세계적 헌법학자나 관련 기관 종사자들까지도 눈 여겨 보는 한국 특유 · 세계 초유의 명품 기본권보장 시스템이다. 국민의 기본권을 최대한 보장하고자 하는 입법기관과 국민적 의지가 담겨있는 규정이다.

근세의 외세침략과 해방 후 오랜 독재와 권위주의시대 압제를 통하여 국민들이 헌법상 보장된 자유와 권리 및 의무, 기본권 등을 현실로 향유하는 것이 얼마나 어렵고 소중한 것인지를 확실한 과거역사를 통해 깨우쳐 주고 있으며, 장래 그런 불상사가 없도록 미연에 방지하는 시스템이다.

덧붙여 헌재도 관련 국제회의에 중요국가로서 초대받고 있고, 2014년에는 '세계헌법재판회의' 를 주최하게 되는 등 세계의 헌법재판기관들에 견주어 역시 '명품 재판소' 라 해도 과언이 아니다. 헌재는 그동안 국가 헌정질서와 국민의 기본권에 직접 영향을 주는 결정을 무수히 함으로써 국민의 기대에 적극 부응하고 있고 그 역량을 국내외에 과시하고 있다.

기본권관련 위헌법률심판사건과 헌법소원심판사건이 많았다는 것은 양면성을 내포하고 있다. 기본권이 그만큼 다양한 형태로 위협 받고 있었다는 과거 부정적인 면과 이제는 헌재라는 독립기관을 통해 얼마든지 바로잡을 수 있다는 미래지향적 긍정적인 면이다.

사법부도 헌재에 뒤지지 않고 복잡한 분쟁사건들에 있어 이미 세계 선진 법치국가들에 비해 손색없는 판례들을 내놓고 있다. 두뇌가 뛰어난 한국 사람들의 각종 상거래와 법률행위에서 발생하는 다양하고도 실타래같이 꼬인 다툼에 있어서 권리의무관계 색깔을 분명히 구분하고 분쟁을 일거에 종식시키는 최종 판단은 정말 만만치 않은 작업인데도 말이다.

헌재는 2011년에도 심판을 멈추지 않았고, 그 중 SNS 및 SNS를 통한 선거운동이 공직선거법상의 규제대상이 되는지 여부에 관한 결정 등, 사회적 이슈가 될 만한 중량감 있는 결정들을 추려본다. 이들 결정들은 사건청구와 아무 관련 없는 나에게도 효력이 미치므로(결정의 '일반적 효력') 유심히 살펴 볼 필요가 있다.

'자기 또는 배우자의 직계존속(즉 부모, 조부모)을 고소하지 못한다' 는 형사소송법 제224조(고소의 제한) 규정에 대한 합헌결정(2011. 2. 24. 2008 헌바56) -- 재판관 4인이 합헌의견, 5인이 위헌의견이었고 비록 위헌의견이 다수이긴 하나, 법률의 위헌선언에 필요한 정족수 6인에 1인 미달하여 합헌결정한 사례이다. 합의결과는 K죄의 경우와 유사하다.

※. <사건개요>

청구인은 어머니가 자신을 고소한 존속상해 등 사건에서 무죄판결이 확정되자, 어머니를 무고 및 모해위증 혐의로 고소하였으나, 검사는 청구인의 고소가 자기의 직계존속에 대한 것으로서 형사소송법 제224조(부모에 대한 고소의 제한)에 위반된다는 이유로 2007. 12. 26. 각하의 불기소처분을 하였다. 이에 청구인은 위 불기소처분에 대하여 검찰청법에 따른 항고를 거쳐 재정신청을 한 후, 직계존속에 대한 고소·고발을 제한하는 형사소송법 제224조 및 제235조에 대한 위헌제청 신청을 하였으나, 이들 모두 기각되자, 위 법률조항이 청구인의 평등권을 침해하여 헌법에 위반된다며 2008. 6. 12. 이 사건 헌법소원심판을 청구하였다.

※. <주 문>

형사소송법(1954. 9. 23. 법률 제341호로 제정된 것) 제224조는 헌법에 위반되지 아니한다.

※. <결정요지>

이 사건 법률조항이 대상으로 삼는 직계존속은, 계약으로 형성되는 여타의 사회적인 관계나 신분과는 달리 혈연과 혼인으로 이루어지는 1차적인 관계로서, 합리성으로 대변되는 이해관계나 수지타산의 논리보다는 이해와 사랑 및 헌신이라는 질적으로 다른 가치로 유지되고 형성되는 집단이며, 이 영역에서는 법률의 역할보다 사회에 대한 버팀목으로서의 전통적 윤리의 역할이 더 강조되지 않을 수 없다.

법률은 불가피하게 도덕과 일정부분을 공유하는 것으로, 특히 우리 법의식의 근저에는 근대 서구에서 비롯한 개인주의적 윤리와, 공동체 및 혈연 중심의 유교적 윤리가 혼재되어 있는 형편이다.

직계존속은 비속에 대하여 정신적·육체적인 양육과 보호에 정성을 기울이고, 비속은 직계존속에 대하여 가족으로서의 책임분담과 존경과 보은의 의무를 가지는데, 이러한 존·비속 관계의 본질은 어느 사회나 마찬가지일 것이나, 그 관계의 규율에는 인류 공통의 보편적인 윤리와 더불어 그 나라와 사회가 선택하고 축적해 온 고유한 문화전통과 윤리의식이 강하게 작용할 수밖에 없다.

우리는 오랜 세월동안 유교적 전통을 받아들여 이를 체화시켜 왔고, 그 결과는 근대 서구의식의 도래에도 불구하고 일정한 부분 우리의 고유한 의식으로 남아 있다.

친족관계 내부에서는 자율적인 도덕의 구현이 강조되어 세세한 법적 규율보다 추상적이고 열린 유교적 규범이 더욱 가까운 거리에서 작용해왔고, 그 중에서도 특히 부모에 대한 존경은 어느 것과도 비길 수 없는 최고의 도덕적 선으로 간주되어왔으므로, 우리사회의 존·비속 관계를 규율하는 법률이 이러한 효의 정신을 받아들이는 것은 당연하다.

이러한 측면에서 우리 고유의 전통규범을 수호하기 위하여 비속이 존속을 고소하는 행위의 반윤리성을 억제하고자 이를 제한하는 것은 합리적인 근거가 있는 차별이라고 할 수 있다.

비속이 존속을 고소하는 것을 제한하는 한편으로 다른 친족들이 해당 존속을 고소하는 길은 여전히 열려 있으므로, 범죄를 저지른 존속이 완전히 처벌을 피하게 되는 것도 아니다.

또한, 이 사건 법률조항은 비속이 직접 존속을 고소하는 방식을 제한함으로써 비속의 반윤리성을 억제하려는 데에 목적이 있는 것이고, 존속을 차별적으로 보호하기 위한 것이 아니므로, 결과적으로 존속이 두터운 보호를 받고 심지어는 보호할 가치가 없는 존속까지 혜택을 받게 된다 하더라도, 이는 법률이 부여한 특혜가 아니라 비속의 반윤리성을 억제하는 데서 수반되는 반사적 이익에 불과하다.

따라서, 자기 또는 배우자의 직계존속에 대한 고소를 금지하는 이 사건 법률조항은 그 차별에 있어서 합리적인 이유가 있는 것이므로, 헌법 제11조 제1항의 평등원칙에 위반된다고 할 수 없다.

※. 재판관 이공현, 김희옥, 김종대, 이동흡, 목영준의 위헌의견(5인)

우리는 이 사건 법률조항이 자기 또는 배우자의 직계존속을 고소하지 못하도록 한 것은 헌법상 평등원칙에 반하여 위헌이라고 판단하므로 다음과 같이 견해를 밝힌다.

이 사건 법률조항은 범죄피해자인 비속에 대하여 단순히 법적 권리인 고소권의 배제·박탈에 그치는 것이 아니라 헌법상 기본권인 재판절차진술권의 행사에 중대한 제한을 초래할 수 있다. 이러한 점은 친고죄의 영역에서 뚜렷하게 드러난다. 구 성폭력범죄의 처벌 및 피해자보호 등에 관한 법률 제18조 및 가정폭력범죄의 처벌 등에 관한 특례법 제6조 제2항의 신설로 이 사건 법률조항이 적용되는 친고죄의 대상범죄가 대폭 축소되었다고는 하나, 이로써 중대한 기본권침해가 회복되었다고 판단하는 것은 특례가 없다면 고소권의 일반적인 제한은 중대한 기본권침해가 된다는 전제를 인정하는 것에 다름 아니며, 고소권의 제한규범으로 인한 재판절차진술권 침해의 중대성 여부는 그 규범이 적용되는 범죄의 범위의 광협이나 법정형의 고저에 따라 달리 판단될 수는 없다. 고소권의 완전한 박탈은 적용되는 범죄의 범위와 죄질을 불문하고 그 자체로 재판절차진술권의 중대한 제한으로 이어진다고 보아야 한다.

비친고죄의 경우에도 재판절차진술권의 중대한 제한이 초래될 수 있다. 자신의 법익 침해에 대하여 항거할 수단을 친족이라는 타인의 의중에 맡기는 방식은 개인이 권리의 주체로 올라선 근대 이후의 법률이념에 부합하지 않으며, 재판절차진술권의 중대한 제한을 가져온다고 할 수밖에 없다.

따라서, 비속의 존속에 대한 고소를 금지하는 이 사건 법률조항으로 인하여 비속의 재판절차청구권은 중대한 제한을 받게 된다 할 것이므로 위헌심사의 기준은 엄격한 심사척도에 의하여야 한다.

이 사건 법률조항은 유교적 전통을 기반으로 한 가족제도의 기본질서를 유지하기 위한 것이라는 점에서 입법 목적의 정당성은 긍정된다.

국가가 문화나 윤리의 보호를 입법의 목적으로 삼을 때, 물적·제도적으로

장려하는 것은 폭넓게 인정될 수 있을 것이다. 그런데 이 사건 법률조항은 전통윤리의 고양을 위해 자기의 피해에 대한 고소권을 박탈하여 기본권을 제한한다는 편의적이고 우회적인 방법으로 접근하는 것이기에 차별의 목적과 정도의 비례성과 관련하여 필연적으로 문제점이 발생한다.

존·비속이라는 신분관계는 범죄의 죄질과 책임의 측면에서 경중을 고려할 수 있는 요소는 될 수 있다. 그러나 이러한 신분관계가 국가 형벌권의 행사 자체를 부정할 이유는 되지 못한다고 해야 한다. 형사소송법상 고소는 범죄의 유형에 따라서 소송조건 내지 수사의 단서로서 기능하고, 고소권자에게는 여러 가지 절차적 보장이 뒤따른다. 이러한 점에서 범죄피해자가 비속이라는 이유만으로 자기 또는 배우자의 직계존속에 대한 고소 자체를 금지하는 것은 입법목적인 가정의 기본질서 유지를 넘어 법이 보호할 가치가 없는 존속에 대해서까지 국가의 형벌권 행사를 포기하고 범죄피해자인 비속에 대한 보호의무를 저버리는 결과가 되어 차별의 목적과 수단 간에 합리적인 균형관계가 있다고 볼 수 없다. 더구나 현대사회에서의 가족은 한 사람의 가장과 그에 복속하는 가속으로 분리되는 권위주의적인 조직이 아니라 가족원 모두가 인격을 가진 개인으로서 존중되는 민주적인 관계에 있기에 더욱 그러하다.

존속에 대한 고소를 허용한다 하더라도 구성요건해당성이 인정되는 것만으로 곧 정식기소와 재판으로 이어지지는 않는다. 사건의 발생경위나 존비속 간 관계의 특수성, 존속의 악성유무 및 정도 등을 살펴 고소각하 내지 불기소에서부터 기소유예, 약식기소까지 정식기소 이전 단계의 다양한 처분이 있어 개별적 사건의 실체에 맞게 적절한 처분이 이루어질 수 있다. 존속이라는 이유로 정식기소 이전 단계의 다양한 처분의 여지조차 남겨두지 않은 채 개별사안에 따른 특수성을 불문하고 고소를 할 수 없도록 원천적으로 봉쇄해버리는 것만이 존비속 간에 발생할 수 있는 형사문제를 다루는 데에 있어 가족제도의 기본질서를 유지하기 위한 유일하고 불가결한 수단이라고 할 수는 없다. 따라서 이 사건 법률조항은 비속에 대한 차별을 정당화할 수 있을 정도로 차별 목적의 비중과 차별의 정도 간에 비례성을 갖춘 것이라고 볼 수 없으므로, 헌법상 평등원칙에 위배된다.

※ . <결 론>

이 사건 법률조항에 대하여 재판관 4인이 합헌의견, 재판관 5인이 위헌의견으로 비록 위헌의견이 다수이긴 하나, 법률의 위헌선언에 필요한 정족수 6인에 미달하므로, 이 사건 법률조항은 헌법에 위반되지 않는다는 선언을 하기로 하여, 주문과 같이 결정한다

공직선거법상 SNS 등의 정보통신망을 이용한 선거운동을 금지하는 조항들이 헌법에 위반된다는 위헌결정 -- 아래 4개 사건을 병합하여 판단한 결정이다. 경제적 여유가 부족한 일반유권자들일지라도 총선, 대선 등 국민의 대표자를 선출하는 절차에 있어 확실한 주권자로서의 권한을 정보통신망 등을 이용하여 충분히 행사할 수 있다고 하여, SNS등을 통해 선거운동을 금지하고 있는 공직선거법 관련 조항이 헌법에 위반된다고 한 결정이다.

※ . <사건 개요>

2007헌마1001

청구인들은 2007. 12. 19. 실시된 대통령 선거와 관련하여 자신들이 지지하거나 반대하는 후보자 또는 정당에 대해 이른바 UCC(User-Created Contents, 이용자제작콘텐츠)에 지지・추천・반대 등의 내용을 담아 이를 각종 포털사이트 또는 미니 홈페이지, 블로그 등 인터넷상에 게시하고자 한 사람들이다.

중앙선거관리위원회는 2007. 1. 26. '선거 UCC물에 대한 운용기준'을 발표하여, 대통령 선거일전 180일부터 선거일까지 후보자 또는 정당에 대한 지지・추천・반대의 내용을 담거나 정당의 명칭이나 후보자의 성명을 나타내는 UCC를 인터넷에 올리는 경우, 그것이 단순한 의견 개진의 정도를 넘어 선거에 영향을 미칠 수 있는 것으로 인정된다면, 구 공직선거법 제93조 제1항 및 공직선거법 제255조 제2항 제5호의 규제대상이 된다고 하였다.

이에, 청구인들은 위 법률조항들이 명확성의 원칙에 위배되고 자신들의 정치적 의사 표현의 자유를 침해하는 것이라는 이유로, 2007. 9. 5. 그 위헌확인을 구하는 이 사건 헌법소원심판을 청구하였다.

2010헌바88

청구인은 2007. 12. 19. 실시된 제17대 대통령선거와 관련하여 자신이 운영하는 인터넷 '민족신문 임시홈피' 사이트에 "이명박, 보수우파 대표주자 자격 전혀 없다! - 이명박은 보수우파를 더 이상 모독하지 말고 사퇴해야" 라는 제목으로 글을 게재하고, 같은 내용의 글을 다른 인터넷사이트에 수차례 게재하였다는 이유로, 구 공직선거법 제93조 제1항 및 공직선거법 제255조 제2항 위반으로 기소되어 유죄판결을 선고받고, 이에 상고한 후 2009. 12. 17. 위 법률조항들에 대한 위헌법률심판제청신청을 하였으나 2010. 1. 14. 상고기각과 함께 위헌법률심판제청신청이 기각되자, 위 법률조항들이 과잉금지원칙에 위배하여 청구인의 언론의 자유 등을 침해하고 있다며 2010. 2. 11. 이 사건 헌법소원심판을 청구하였다.

2010헌마173

청구인은 대학생으로, 2010. 6. 2. 실시예정이던 지방선거에 한나라당 서울시장후보로 출마하려던 원희룡, 오세훈 등에 관련된 글들을 자신의 블로그에 게재한 것이 공직선거법 제93조 제1항에 위반된다는 이유로 2010. 3. 17. 서울 남대문경찰서 사이버수사대로부터 출석통보를 받는 등 수사를 받게 되자, 위 법률조항이 헌법 제24조의 선거권, 헌법 제21조의 언론 출판의 자유 등을 침해한다고 주장하며 2010. 3. 19. 이 사건 헌법소원심판을 청구하였다.

2010헌마191

청구인들은 2010. 6. 2. 실시된 지방선거와 관련하여 정당 및 후보자에 관한 트윗(tweet, 140자 미만의 단문으로 된 짧은 글)을 작성한 후 트위터 서비스를 이용하여 그의 팔로어(follower)들과 공람하거나, 그가 팔로잉(following)하고 있는 사람들이 트윗한 글을 자신의 팔로어들과 돌려보는 리트윗(Retweet)을 하려는 사람들이다.

중앙선거관리위원회는 2010. 2. 12. '선거관련 트위터 이용가능범위 제시' 라는 제하의 보도자료를 배포하여 '트위터를 이용해 특정후보 혹은 정당에 관한 지지, 반대를 표시하거나 선거운동정보가 담긴 트윗을 리트윗하는 행위는 전자우편 발송과 유사한 성격을 가지므로, 공직선거법 제93조 제1항에 의해 규제하겠다' 는 방침을 밝혔다.

이에, 청구인들은 위 법률조항 및 공직선거법 제255조 제2항 제5호가 청구인들의 표현의 자유, 선거운동의 자유를 침해한다는 이유로, 2010. 3. 25. 위 조항들의 위헌확인을 구하는 이 사건 헌법소원심판을 청구하였다.

※ . <주 문>

구 공직선거법 제93조 제1항 및 같은 법 제255조 제2항 제5호 중 제93조 제1항의 각 '기타 이와 유사한 것' 과 같은 법 제93조 제1항 및 같은 법 제255조 제2항 제5호 중 제93조 제1항의 각 '그 밖에 이와 유사한 것' 에, '정보통신망을 이용하여 인터넷 홈페이지 또는 그 게시판・대화방 등에 글이나 동영상 등 정보를 게시하거나 전자우편을 전송하는 방법' 이 포함되는 것으로 해석하는 한 헌법에 위반된다.

※ . <결정요지>

헌법 제21조 제1항에서 규정하고 있는 언론・출판의 자유는 자유로운 인격발현의 수단임과 동시에 합리적이고 건설적인 의사형성 및 진리발견의 수단이며, 민주주의 국가의 존립과 발전에 필수불가결한 기본권이다.

또한, 대의민주주의를 원칙으로 하는 오늘날 민주정치 아래에서의 선거는 국민의 참여가 필수적이고, 정치적 표현의 자유는 국민이 선거과정에서 정치적 의견을 자유로이 발표・교환함으로써 비로소 그 기능을 다하게 된다 할 것이므로, 선거운동의 자유는 헌법에 정한 언론・출판・집회・결사의 자유 보장 규정에 의한 보호를 받는다.

정치적 표현의 자유의 헌법상 지위, 선거운동의 자유의 성격과 중요성에 비추어 볼 때, 정치적 표현 및 선거운동에 대하여는 '자유를 원칙으로, 금지를 예외로' 하여야 하고, '금지를 원칙으로, 허용을 예외로' 해서는 안 된다는 점은 자명하다.

따라서, 입법자는 선거의 공정성을 보장하고 탈법·금권적 혼탁선거를 방지하기 위하여 부득이하게 선거 국면에서의 정치적 표현 자유와 선거운동의 자유를 제한하는 경우에도, 입법목적 달성과의 관련성이 구체적이고 명백한 범위 내에서 가장 최소한의 제한에 그치는 수단을 선택하지 않으면 안 된다 할 것이다.

오늘날 정치적 표현의 자유는 자유민주적 기본질서의 구성요소로서 다른 기본권에 비하여 우월한 효력을 가진다고 볼 수 있고, 정치적 표현의 자유가 억압당하는 경우에는 국민주권과 민주주의 정치원리는 공허한 메아리에 지나지 않게 될 것이므로, 이를 제한하는 입법에 대하여는 엄격한 심사기준을 적용하여야 할 것이다.

인터넷은 누구나 손쉽게 접근 가능한 매체이고, 이를 이용하는 비용이 거의 발생하지 아니하거나 또는 적어도 상대적으로 매우 저렴하여 선거운동비용을 획기적으로 낮출 수 있는 정치공간으로 평가받고 있고, 오히려 매체의 특성 자체가 '기회의 균형성·투명성·저비용성의 제고' 라는 공직선거법의 목적에 부합하는 것이라고도 볼 수 있는 점, 후보자에 대한 인신공격적 비난이나 허위사실 적시를 통한 비방 등을 직접적으로 금지하고 처벌하는 법률규정은 이미 도입되어 있고 모두 이 사건 법률조항보다 법정형이 높으므로, 결국 허위사실, 비방 등이 포함되지 아니한 정치적 표현만 이 사건 법률조항에 의하여 처벌되는 점, 인터넷의 경우에는 정보를 접하는 수용자 또는 수신자가 그 의사에 반하여 이를 수용하게 되는 것이 아니고 자발적·적극적으로 이를 선택(클릭)한 경우에 정보를 수용하게 되며, 선거과정에서 발생하는 정치적 관심과 열정의 표출을 반드시 부정적으로 볼 것은 아니라는 점 등을 고려하면, 이 사건 법률조항에서 선거일전 180일부터 선거일까지 인터넷상 선거와 관련한 정치적 표현 및 선거운동을 금지하고 처벌하는 것은 후보자 간 경제력 차이에 따른 불균형 및 흑색선전을 통한 부당한 경쟁을 막고, 선거의 평온과 공정을 해하는 결과를 방지한다는 입법목적 달성을 위하여 적합한 수단이라고 할 수 없다.

또한, 대통령 선거, 국회의원 선거, 지방선거가 순차적으로 맞물려 돌아가는 현실에 비추어 보면, 기본권 제한의 기간이 지나치게 길고, 그 기간 '통상적 정당활동' 은 선거운동에서 제외됨으로써 정당의 정보제공 및 홍보는 계속되는 가운데, 정당의 정강·정책 등에 대한 지지, 반대 등 의사표현을 금지하는 것은 일반국민의 정당이나 정부의 정책에 대한 비판을 봉쇄하여 정당정치나 책임

정치의 구현이라는 대의제도의 이념적 기반을 약화시킬 우려가 있다는 점, 사이버선거부정감시단의 상시적 운영, 선거관리위원회의 공직선거법 위반 정보 삭제요청 등 인터넷 상에서 선거운동을 할 수 없는 자의 선거운동, 비방이나 허위사실 공표의 확산을 막기 위한 사전적 조치는 이미 별도로 입법화되어 있고, 선거관리의 주체인 중앙선거관리위원회도 인터넷 상 선거운동의 상시화 방안을 지속적으로 제시해오고 있는 점, 일정한 정치적 표현 내지 선거운동 속에 비방·흑색선전 등의 부정적 요소가 개입될 여지가 있다 하여 일정한 기간 이를 일률적·전면적으로 금지하고 처벌하는 것은 과도하다고 볼 수 밖에 없는 점 등을 감안하면, 최소침해성의 요건도 충족하지 못한다.

한편, 이 사건 법률조항에 대한 법익균형성 판단에는 국민의 선거참여를 통한 민주주의의 발전 및 민주적 정당성의 제고라는 공익 또한 감안하여야 할 것인데, 인터넷 상 정치적 표현 내지 선거운동을 금지함으로써 얻어지는 선거의 공정성은 명백하거나 구체적이지 못한 반면, 인터넷을 이용한 의사소통이 보편화되고 각종 선거가 빈번한 현실에서 선거일 전 180일부터 선거일까지 장기간 동안 인터넷 상 정치적 표현의 자유 내지 선거운동의 자유를 전면적으로 제한함으로써 생기는 불이익 내지 피해는 매우 크다 할 것이므로, 이 사건 법률조항은 법익균형성의 요건도 갖추지 못하였다고 할 것이다.

다음 사례는 '실시간 음악감상과 음원파일 다운로드 서비스를 제공하는 웹사이트를 운영하는 소리바다 등 온라인서비스제공업체가 해당 저작물의 불법적인 전송을 차단하는 등 필요한 조치를 하여야 함에도 이를 위반하였다는 이유로 과태료의 부과처분을 하는 저작권법 제104조 등의 저작권법 관련 조항은 헌법에 위반되지 아니한다' 는 합헌결정을 한 사례이다.

※. <사건의 개요>

2009헌바13 사건

청구인은 실시간 음악감상, MP3 등 음원파일 다운로드 등 서비스를 제공하는 웹사이트를 운영하는 온라인서비스제공자이다. 문화관광부장관은 청구인이 특수한 유형의 온라인 서비스를 제공하는 업체로서 권리자의 요청이 있는 경우 저작권법 제104조에 의하여 해당 저작물의 불법적인 전송을 차단하는 기술적 조치 등 필요한 조치를 하여야 함에도 이를 위반하였다고 하여 저작권법 제142조 제1항, 제2항에 의하여 청구인에게 210만 원의 과태료 부과처분을 하였다.

2009헌바52 사건

청구인은 영화, 드라마 등의 다운로드 서비스를 제공하는 웹사이트를 운영하는 온라인서비스제공자이다. 문화관광부장관은 청구인이 특수한 유형의 온라인 서비스를 제공하는 업체로서 권리자의 요청이 있는 경우 저작권법 제104조에 의하여 해당 저작물의 불법적인 전송을 차단하는 기술적 조치 등 필요한 조치를 하여야 함에도 이를 위반하였다고 하여 저작권법 제142조 제1항, 제2항에 의하여 청구인에게 1,400만 원의 과태료 부과처분을 하였다.

2009헌바110 사건

청구인은 영화, 드라마 등 다운로드 서비스를 제공하는 웹사이트를 운영하는 온라인서비스제공자이다. 문화체육관광부 장관은 청구인이 특수한 유형의 온라인 서비스를 제공하는 업체로서 권리자의 요청이 있는 경우 저작권법 제104조에 의하여 해당 저작물의 불법적인 전송을 차단하는 기술적 조치 등 필요한 조치를 하여야 함에도 이를 위반하였다고 하여 저작권법 제142조에 의하여 청구인에게 630만 원의 과태료 부과처분을 하였다.

위 사건의 청구인들은 자신들에게 적용된 위 저작권법 조항들이 헌법에 위반된다며 위헌제청신청을 하였으나 위 신청이 기각되자 기각결정문을 송달받은 후 위 조항들의 위헌확인을 구하는 헌법소원 심판청구를 하였다.

※ . <주 문>

저작권법 제104조 제1항 제2항, 저작권법 제142조 제1항 중 '제104조의 규정에 따른 필요한 조치를 하지 아니하는 자는 3천만 원 이하의 과태료에 처하며' 부분, 제2항 중 '제104조의 규정에 따른 필요한 조치를 하지 아니한 자에 대한 과태료' 부분, 저작권법 제142조 제1항 중 '제104조의 규정에 따른 필요한 조치를 하지 아니하는 자는 3천만 원 이하의 과태료에 처하며' 부분, 제2항 중 '제104조의 규정에 따른 필요한 조치를 하지 아니한 자에 대한 과태료' 부분은 헌법에 위반되지 아니한다.

※. <결정요지>

저작물 등의 불법적인 전송을 차단할 일정한 책임을 지는 "특수한 유형의 온라인서비스제공자의 범위" 및 특수한 유형의 온라인서비스제공자에 대한 저작권자 등 "권리자의 요청", 특수한 유형의 온라인서비스제공자가 취해야 하는 기술적인 조치 등 "필요한 조치"는 그 규율영역의 특성상 법률에서 이를 구체적·서술적으로 열거하는 것이 입법기술상 곤란하고, 탄력적으로 규율되어야 할 필요성 있다고 할 것이므로 문화체육관광부장관 고시 및 하위법령에의 위임의 필요성이 인정되며, 저작권법의 입법목적 및 이 사건 법률조항들의 입법취지, 관련규정 등에 비추어 보면, 문화체육관광부장관 고시 및 하위법령에 규정될 내용을 충분히 예측할 수 있다고 할 것이므로 저작권법 제104조 제1항, 제2항은 포괄위임입법금지의 원칙에 위반되지 않는다.

또한 이 사건 법률조항들은 저작물 등의 불법적인 전송을 차단함으로써 저작권 등을 보호하고, 문화 및 관련 산업을 향상·발전시키기 위한 것으로서 정당한 목적 달성에 기여한 적합한 수단에 해당하며, 권리자의 요청이 있는 경우에 해당 저작물에 대한 불법적인 전송을 차단하는 조치를 취할 것을 요구할 뿐인 점, 기술적으로 불가능한 조치를 요구하는 것은 아닌 점, 인터넷을 통한 저작권 등 침해의 현실 등을 고려할 때 입법목적 달성에 동일하게 기여하는 다른 덜 침해적인 수단이 존재한다고 보기 어려우므로 침해의 최소성 원칙에 위배되지 않는다. 나아가 저작권 등 침해행위를 기술적으로 통제하고 감독할 수 있는 지위에 있다고 할 특수한 유형의 온라인서비스제공자에게 한정된 범위에서 기술적 의무 등을 부과한 것이 온라인서비스제공자의 직업의 자유에 대한 중대한 제한이 된다고 보기는 어려운 반면, 달성되는 공익은 매우 중요하다는 점에서 법익균형성의 원칙에도 위반되지 않는다. 따라서 이 사건 법률조항들은 과잉금지원칙에 위배하여 직업의 자유를 침해하지 않는다.

※ . <재판관 김종대, 목영준의 저작권법 제104조 제2항에 대한 위헌의견 >

저작권법 제104조 제2항은 누가 저작권법 제104조 제1항의 의무를 부담하는 수범자인지, 의무를 위반하는 경우 저작권법 제142조 제1항, 제2항에 의한 과태료를 부과받게 되는지에 관한 법규사항을 문화체육관광부장관이 정할 수 있도록 규정하고 있다. 그런데 우리 헌법과 같이 법규명령의 형식이 헌법상 확정되어 있고 구체적으로 법규명령의 종류·발령주체·위임범위·요건 등에 관한 명시적 규정을 둔 이상, 법률로써 그와 다른 종류의 법규명령을 창설할 수 없고 더구나 그러한 법규사항을 행정규칙 기타 비법규명령에 위임하여서는 아니 된다 할 것이다. 따라서 저작권법 제104조 제2항은 의무에 관한 법규적 사항을 헌법상 열거된 법규명령이 아닌 '문화체육관광부장관의 고시' 에 직접 위임한 것으로서 헌법에 위반된다.

다음 사례는 대한민국과 일본국 간의 재산 및 청구권에 관한 문제의 해결과 경제협력에 관한 협정 제3조에 대한 부작위 위헌확인(2011. 8. 30. 2006헌마788) -- 일본군 위안부 피해자 64명이 한일청구권협정과 관련해 대한민국이 외교적 보호권을 행사하지 않는 국가의 부작위로 헌법상 인간의 존엄과 가치를 침해받았다는 이유로 청구한 헌법소원심판사건에서 국가의 부작위는 헌법에 위반하여 청구인들의 기본권을 침해한다는 위헌 결정을 함으로써 국가의 정체성을 찾고, 민족의 정통성을 확립하는 사례이다. 재판관 6(위헌) : 3(각하)의 비율로 위헌결정하였고 청구한 지 5년 만에 종결된 사건이다.

※ . <사건개요>

청구인들은 일제에 의하여 강제로 동원되어 성적 학대를 받으며 위안부로서의 생활을 강요당한 '일본군위안부 피해자' 들이다. 피청구인은 외교, 외국과의 통상교섭 및 그에 관한 총괄·조정, 국제관계 업무에 관한 조정, 조약 기타 국제협정, 재외국민의 보호·지원, 재외동포정책의 수립, 국제정세의 조사·분석에 관한 사무를 관장하는 국가기관이다.

대한민국은 1965. 6. 22. 일본국과의 사이에 '대한민국과 일본국 간의 재산 및 청구권에 관한 문제의 해결과 경제협력에 관한 협정' 을 체결하였다.

청구인들은, 청구인들이 일본국에 대하여 가지는 일본군위안부로서의 배상청구권이 이 사건 협정 제2조 제1항에 의하여 소멸되었는지 여부에 관하여, 일본국은 위 청구권이 위 규정에 의하여 모두 소멸되었다고 주장하며 청구인들에 대한 배상을 거부하고 있고, 대한민국 정부는 청구인들의 위 청구권은 이 사건 협정에 의하여 해결된 것이 아니라는 입장이어서, 한·일 양국 간에 이에 관한 해석상 분쟁이 존재하므로, 피청구인으로서는 이 사건 협정 제3조가 정한 절차에 따라 위와 같은 해석상 분쟁을 해결하기 위한 조치를 취할 의무가 있는데도 이를 전혀 이행하지 않고 있다고 주장하면서, 이러한 피청구인의 부작위가 청구인들의 기본권을 침해하여 위헌이라는 확인을 구하는 이 사건 헌법소원심판을 청구하였다.

※ . <주 문>

청구인들이 일본국에 대하여 가지는 일본군위안부로서의 배상청구권이 '대한민국과 일본국 간의 재산 및 청구권에 관한 문제의 해결과 경제협력에 관한 협정' 제2조 제1항에 의하여 소멸되었는지 여부에 관한 한·일 양국 간 해석상 분쟁을 위 협정 제3조가 정한 절차에 따라 해결하지 아니하고 있는 피청구인의 부작위는 위헌임을 확인한다.

※. <결정요지>

헌법 전문, 제2조 제2항, 헌법 제10조와 이 사건 협정 제3조의 문언에 비추어 볼 때, 피청구인이 위 협정 제3조에 따라 분쟁해결의 절차로 나아갈 의무는 일본국에 의해 자행된 조직적이고 지속적인 불법행위에 의하여 인간의 존엄과 가치를 심각하게 훼손당한 자국민들이 배상청구권을 실현하도록 협력하고 보호하여야 할 헌법적 요청에 의한 것으로서, 그 의무의 이행이 없으면 청구인들의 기본권이 중대하게 침해될 가능성이 있으므로, 피청구인의 작위의무는 헌법에서 유래하는 작위의무로서 그것이 법령에 구체적으로 규정되어 있는 경우라고 할 것이다.

특히, 우리 정부가 직접 일본군위안부 피해자들의 기본권을 침해하는 행위를 한 것은 아니지만, 일본에 대한 배상청구권의 실현 및 인간으로서의 존엄과 가치의 회복에 대한 장애상태가 초래된 것은 우리 정부가 청구권의 내용을 명확히 하지 않고 '모든 청구권' 이라는 포괄적인 개념을 사용하여 이 사건 협정을 체결한 것에도 책임이 있다는 점에 주목한다면, 그 장애상태를 제거하는 행위로 나아가야 할 구체적 의무가 있음을 부인하기 어렵다.

이러한 분쟁해결절차로 나아가지 않은 피청구인의 부작위가 청구인들의 기본권을 침해하여 위헌인지 여부는, 침해되는 기본권의 중대성, 기본권침해 위험의 절박성, 기본권의 구제가능성, 작위로 나아갈 경우 진정한 국익에 반하는지 여부 등을 종합적으로 고려하여, 국가기관의 기본권 기속성에 합당한 재량권 행사 범위 내로 볼 수 있을 것인지 여부에 따라 결정된다.

일본국에 의하여 광범위하게 자행된 반인도적 범죄행위에 대하여 일본군위안부 피해자들이 일본에 대하여 가지는 배상청구권은 헌법상 보장되는 재산권일 뿐만 아니라, 그 배상청구권의 실현은 무자비하고 지속적으로 침해된 인간으로서의 존엄과 가치 및 신체의 자유를 사후적으로 회복한다는 의미를 가지는 것이므로 피청구인의 부작위로 인하여 침해되는 기본권이 매우 중대하다. 또한, 일본군위안부 피해자는 모두 고령으로서, 더 이상 시간을 지체할 경우 일본군위안부 피해자의 배상청구권을 실현함으로써 역사적 정의를 바로세우고 침해된 인간의 존엄과 가치를 회복하는 것은 영원히 불가능해질 수 있으므로, 기본권 침해 구제의 절박성이 인정되며, 이 사건 협정의 체결 경위 및 그 전후의 상황, 일련의 국내외적인 움직임을 종합해 볼 때 구제가능성이 결코 작다고 할 수 없다. 국제정세에 대한 이해를 바탕으로 한 전략적 선택이 요구되는 외교행위의 특성을 고려한다고 하더라도, 피청구인이 부작위의 이유로 내세우는 '소모적인 법적 논쟁으로의 발전가능성' 이나 '외교관계의 불편' 이라는 매우 불분명하고 추상적인 사유를 들어, 기본권 침해의 중대한 위험에 직면한 청구인들에 대한 구제를 외면하는 타당한 사유라거나 진지하게 고려되어야 할 국익이라고 보기는 힘들다.

이상과 같은 점을 종합하면, 결국 이 사건 협정 제3조에 의한 분쟁해결절차로 나아가는 것만이 국가기관의 기본권 기속성에 합당한 재량권 행사라 할 것이고, 피청구인의 부작위로 인하여 청구인들에게 중대한 기본권의 침해를 초래하였다 할 것이므로, 이는 헌법에 위반된다.

※ . <재판관 조대현의 인용보충의견 >

법정의견에 덧붙여, 대한민국은 이 사건 협정으로 인하여 청구인들이 일본국에 대한 손해배상청구권을 행사할 수 없게 된 손해를 완전하게 보상할 책임을 진다고 선언하여야 한다.

※ . <재판관 이강국, 민형기, 이동흡의 반대의견>

행정권력의 부작위에 대한 헌법소원이 적법하기 위해서는, 공권력의 주체에게 '헌법에서 유래하는 작위의무'가 특별히 구체적으로 규정되어 있어야 하는데, 위 작위의무의 도출근거는 헌법의 명문, 헌법의 해석, 법령의 규정 3가지이다.

우선, 헌법 제10조의 국민의 인권을 보장할 의무, 제2조 제2항의 재외국민 보호의무, 헌법 전문(前文)은, 국가의 국민에 대한 일반적·추상적 의무를 선언한 것이거나 국가의 기본적 가치질서를 선언한 것일 뿐이어서 그 조항 자체로부터 국가의 국민에 대한 구체적인 작위의무가 나올 수 없다고 할 것이고, 이는 우리 재판소의 확립된 판례이기도 하다.

다음으로 이 사건 협정은 한·일 양국이 당사자가 되어 상대방에 대하여 부담할 것을 전제로 체결된 조약이기에 위 협정 제3조로부터 '우리 정부가 청구인들에 대하여 부담하는 작위의무'는 도출될 수 없으며, 더구나 이 사건 협정 제3조에 '의무적' 내용은 기재되어 있지 않다. 그리고 위 협정 제3조에 기재된 외교적 해결, 중재회부 요청은 우리 정부의 '외교적 재량사항'에 해당한다는 선례(헌재 2000. 3. 30. 98헌마206 결정)도 있는데, 다수의견은 결론적으로 위 선례와 배치되는 판단을 하고 있다.

이 사건 협정 제3조가 말하는 '외교적 해결의무'는 그 이행의 주체나 방식, 이행정도, 이행의 완결 여부를 사법적으로 판단할 수 있는 객관적 판단기준을 마련하기 힘든 고도의 정치행위 영역으로서, 헌법재판소의 사법심사의 대상은 되지만 사법자제가 요구되는 분야에 해당한다.

일본에 의하여 강제로 위안부로 동원된 후 인간의 존엄과 가치마저 송두리째 박탈당한 이 사건 청구인들의 기본권을 구제해 주어야 할 절박한 심정을 생각하면 어떠한 방법으로든 국가적 노력을 다해 주었으면 하는 바람은 우리 모두 간절하나 헌법과 법률의 규정 및 그에 관한 헌법적 법리해석의 한계를 넘어서까지 피청구인에게 그 외교적 문제해결을 강제할 수는 없다. 이는 권력분립의 원칙상 헌법재판소가 지켜야 하는 헌법적 한계이다.

헌재법 제68조 제1항 공권력의 행사 또는 불행사로 인하여 헌법상 보장된 기본권을 침해받은 자가 직접 헌재에 제기하는 권리구제형 헌법소원심판사건으로서, 경찰청장이 2009. 6. 3. 경찰버스들로 서울특별시 서울광장을 둘러싸 통행을 제지한 행위가 과잉금지원칙을 위반하여 청구인들의 일반적 행동자유권을 침해한 것인지 여부에 대한 헌재의 위헌결정(2011. 6. 30. 2009헌마406)을 본다.

※ . <사건의 개요>

피청구인은 노무현 전 대통령이 서거한 2009. 5. 23.경 고인을 조문하고자 덕수궁 대한문 앞 시민분향소를 찾은 사람들이 그 건너편에 있는 서울광장에서 불법·폭력 집회나 시위를 개최하는 것을 막기 위하여 경찰버스들로 서울광장을 둘러싸 소위 차벽(車壁)을 만드는 방법으로 서울광장에 출입하는 것을 제지하였다.

서울특별시민인 청구인들은 2009. 6. 3. 서울광장을 가로질러 통행하려고 하다가 서울광장을 둘러싼 경찰버스들에 의하여 만들어진 차벽에 의하여 통행하지 못하게 되자 피청구인의 이와 같은 통행제지행위가 청구인들의 거주·이전의 자유와 공물이용권 및 일반적 행동자유권을 침해한다고 주장하면서 2009. 7. 21. 그 위헌확인을 구하는 이 사건 헌법소원심판청구를 하였다.

※ . <주 문>

피청구인이 2009. 6. 3. 서울특별시 서울광장을 경찰버스들로 둘러싸 청구인들의 통행을 제지한 행위는 청구인들의 일반적 행동자유권을 침해한 것으로서 위헌임을 확인한다.

※ . <결정요지>

거주·이전의 자유는 거주지나 체류지라고 볼 만한 정도로 생활과 밀접한 연관을 갖는 장소를 선택하고 변경하는 행위를 보호하는 기본권인바, 이 사건에서 서울광장이 청구인들의 생활형성의 중심지인 거주지나 체류지에 해당한다고 할 수 없고, 서울광장에 출입하고 통행하는 행위가 그 장소를 중심으로 생활을 형성해 나가는 행위에 속한다고 볼 수도 없으므로 청구인들의 거주·이전의 자유가 제한되었다고 할 수 없다.

이 사건 통행제지행위는 서울광장에서 개최될 여지가 있는 일체의 집회를 금지하고 일반시민들의 통행조차 금지하는 전면적이고 광범위하며 극단적인 조치이므로 집회의 조건부 허용이나 개별적 집회의 금지나 해산으로는 방지할 수 없는 급박하고 명백하며 중대한 위험이 있는 경우에 한하여 비로소 취할 수 있는 거의 마지막 수단에 해당한다. 서울광장 주변에 노무현 전 대통령을 추모하는 사람들이 많이 모여 있었다거나 일부 시민들이 서울광장 인근에서 불법적인 폭력행위를 저지른 바 있다고 하더라도 그것만으로 폭력행위일로부터 4일 후까지 이러한 조치를 그대로 유지해야 할 급박하고 명백한 불법·폭력 집회나 시위의 위험성이 있었다고 할 수 없으므로 이 사건 통행제지행위는 당시 상황에 비추어 필요최소한의 조치였다고 보기 어렵고, 가사 전면적이고 광범위한 집회방지조치를 취할 필요성이 있었다고 하더라도, 서울광장에의 출입을 완전히 통제하는 경우 일반시민들의 통행이나 여가·문화 활동 등의 이용까지 제한되므로 서울광장의 몇 군데라도 통로를 개설하여 통제 하에 출입하게 하거나 대규모의 불법·폭력 집회가 행해질 가능성이 적은 시간대라든지 서울광장 인근 건물에의 출근이나 왕래가 많은 오전 시간대에는 일부 통제를 푸는 등 시민들의 통행이나 여가·문화활동에 과도한 제한을 초래하지 않으면서도 목적을 상당 부분 달성할 수 있는 수단이나 방법을 고려하였어야 함에도 불구하고 모든 시민의 통행을 전면적으로 제지한 것은 침해의 최소성을 충족한다고 할 수 없다.

또한 대규모의 불법·폭력 집회나 시위를 막아 시민들의 생명·신체와 재산을 보호한다는 공익은 중요한 것이지만, 당시의 상황에 비추어 볼 때 이러한 공익의 존재 여부나 그 실현 효과는 다소 가상적이고 추상적인 것이라고 볼 여지도 있고, 비교적 덜 제한적인 수단에 의하여도 상당 부분 달성될 수 있었던 것으로 보여 일반 시민들이 입은 실질적이고 현존하는 불이익에 비하여 결코 크다고 단정하기 어려우므로 법익의 균형성 요건도 충족하였다고 할 수 없다.

따라서 이 사건 통행제지행위는 과잉금지원칙을 위반하여 청구인들의 일반적 행동자유권을 침해한 것이다.

※. <재판관 김종대, 송두환의 보충의견>

경찰관직무집행법 제5조 제2항의 '소요사태'는 '다중이 집합하여 한 지방의 평화 또는 평온을 해할 정도에 이르는 폭행·협박 또는 손괴행위를 하는 사태'를 의미하고, 같은 법 제6조 제1항의 '급박성'은 '당해행위를 당장 제지하지 아니하면 곧 범죄로 인한 손해가 발생할 상황이라서 그 방법 외에는 결과를 막을 수 없는 절박한 상황일 경우'를 의미하는 것으로 해석되는바, 경찰청장이 청구인들에 대한 이 사건 통행제지행위를 한 2009. 6. 3. 당시 서울광장 주변에 '소요사태'가 존재하였거나 범죄발생의 '급박성'이 있었다고 인정할 수 없으므로 위 조항들은 이 사건 통행제지행위 발동의 법률적 근거가 된다고 할 수 없다.

경찰의 임무 또는 경찰관의 직무 범위를 규정한 경찰법 제3조, 경찰관직무집행법 제2조는 그 성격과 내용 및 아래와 같은 이유로 '일반적 수권조항'이라 하여 국민의 기본권을 구체적으로 제한 또는 박탈하는 행위의 근거조항으로 삼을 수는 없으므로 위 조항 역시 이 사건 통행제지행위 발동의 법률적 근거가 된다고 할 수 없다. 우선 우리 헌법이 국민의 자유와 권리를 제한하는 경우 근거하도록 한 '법률'은 개별적 또는 구체적 사안에 적용할 작용법적 조항을 의미하는 것이지, 조직법적 규정까지 포함하는 것이 아니다. 다음으로 이를 일반적 수권조항이라고 보는 것은 각 경찰작용의 요건과 한계에 관한 개별적 수권조항을 자세히 규정함으로써 엄격한 요건 아래에서만 경찰권의 발동을 허용하려는 입법자의 의도를 법률해석으로 뒤집는 것이다. 또한 국가기관의 임무 또는 직무에 관한 조항을 둔 다른 법률의 경우에는 이를 기본권제한의 수권조항으로 해석하지 아니함에도 경찰조직에만 예외를 인정하는 것은 법치행정의 실질을 허무는 것이다. 마지막으로 만약 위 조항들이 일반적 수권조항에 해당한다고 인정하더라도 명확성의 원칙 위반이라는 또 다른 위헌성을 피할 수 없으므로 결국 합헌적인 법률적 근거로 볼 수 없게 된다.

따라서 경찰청장의 이 사건 통행제지행위는 법률적 근거를 갖추지 못한 것이므로 법률유보원칙에도 위반하여 청구인들의 일반적 행동자유권을 침해한 것이다.

살다보니 고소장까지 쓰게 될 줄 이야 – 그리고 재정신청까지

나, 내 할 것 없이 사는 동안 행복을 추구한다. 즐겁고 유익한 것에 이끌리고 돈 될 만 한 곳은 북새통이다. 음악이 주는 감동에 취하고자 할 때는 오케스트라를, 영감속에 헤엄치고 싶을 때는 미술관을 찾는다. 매연의 포위망을 잠시 뚫고 한강변을 혼자 걷다보면 동풍불고 운 좋을 때 바다 짠 내음을 느낄 수 있다. 반드시 혼자라야 한다.

경찰서 · 법원 · 검찰청은 이들과 아무 상관이 없다. 고통과 친한 곳이라 누구나 가기 싫어하는 곳이다. 그러나 어쩔 수 없이 가야할 때도 있으니 인생이란 역시 지 맘대로 안되나 부다.

사회정의를 바로 세우고 나의 정신적 · 물질적 피해를 보상받기위해서라도 뺀질이 사기꾼을 수사기관에 고소해야 하고, 배은망덕한 채무자로부터 빌려준 돈을 돌려받기 위해서는 대여금청구소장을 법원에 제출해야 하는 일도 생긴다. 형사고소장이나 민사 소장을 갑자기 쓸 순 없는 노릇이니 법조인에게 위임하여 작성하려면 문턱 낮지 않은 변호사나 법무사실을 가야하기도 한다. 거기는 또 목이 두껍고 목소리 무거운 변호사나 법무사 또는 덜 친절한 사무장과도 조우해야 한다. 얇은 통장에서 출금한 법률상담수수료도 준비해야 하고.

동업관계에서 생긴 오해로 어제의 동업자가 변호사까지 선임하여 애꿎은 나를 고소하면 내가 생뚱맞게 피고소인 · 피의자 감투를 쓰고 수사기관에 소환되어 죽을 죄를 지은 것처럼 조사를 받고 때로는 법원에 기소되어 분에 넘치는 법정구경까지 하게 된다. 복이 터진 것이다.

내가 사기꾼을 고소하면 나 또한 고소인으로 가서 조사를 받는다. 채권자인 내가 소장을 내면 원고가 되어 법정에 출석하여 변론을 해야 한다. 컴퓨터를 좀 한다는 내가 최근의 법원 전자소송제도를 통해 집 안방에서 컴퓨터로 소장을 멋있고 간편하게 접수해도 원고당사자로서 변론기일에는 반드시 법정에 출석하여 출석부에 도장을 찍어야 한다(물론 '법정출석부' 는 없다).

이래저래 분쟁이 발생하면 본인의 의지와 무관하게 위 관공서들을 출입해야 한다. 소송대리인인 변호사를 선임하는 것은 둘째 치고, 법정분쟁 중의 기간에는 밥맛도 입맛도 별로이고 밤에 편히 잠을 이룰 수가 없다. 최종승자라도 마찬가지이다.

위와 같은 모든 경우 경험칙 상 귀찮고 두려워 회피 하려는 게 인지상정이다. 그러나 피하기만하면 능사가 아니다. 상대가 그를 이용해 계속 나를 공격하고 무시한다. 그래서 힘들고 비용이 소요되어도 처음부터 공부하고 발로 뛰어 정면 돌파하는 것이 현명하다. 처음 당하는 고난의 한 고비를 넘기고 나면 법이 무엇인지 피부로 느끼게 되고 오히려 이 후의 인생에 자신감이 생길 수 있다. 두 번 세 번 겪다 보면 법조인 소리까지 들을 수 있고, 지인의 법률상담도 가능해진다. 하하하

형법에 규정된 수많은 범죄 중 명예훼손죄나 무고죄의 경우 범죄행위의 성립과 증명(입증)이 용이하지 않다. 해당 법조항에 범죄구성요건이 있기는 하나, 피해사실이 눈에 보이거나 손에 잡히지 않고 추상적 · 개념적이어서, 가해자와 피해자가 엄연히 존재하는데도 가해자의 처벌이 쉽지 않다. 만약 형사처벌이 가능하게 되면 불법행위로 인한 민사상의 손해배상(위자료)의 청구까지 할 수 있다.

K죄의 경우는 2012년 현재 형법상 엄연히 살아있는 법조항이므로, 고소권자인 배우자는, 부부가 이미 이혼을 하고 헤어졌더라도 혼인기간 당시의 간통행위를 저지른 배우자를 얼마든지 고소할 수 있다. 형법의 지배원리인 죄형법정주의 및 행위시법주의가 적용되기 때문이다.

최근 지방의 모 검찰청 관내에서 수 년 동안 100명도 넘는 사람들을 상대로 허위고소를 일삼았던 젊은이가 죄를 뉘우치고 자신을 처벌해 달라 했다 한다. 피고소인에는 수사기관의 검사나 수사관까지도 포함됐었고, 닥치는 대로 고소를 했으며, 형사재판에서 무고죄로 실형도 선고받았다. 이 후 검찰의 추가조사를 받는 과정에서 심경의 변화를 일으켜 자신의 혐의를 시인하고 무고한 사건의 고소를 취하했다. 그 이유는 검찰에서 조사를 많이 받아 보았지만 이번 담당검사와 수사관처럼 좋은 사람은 처음 이었다 했고, 담당검사와 직원이 조사과정에서 피의자의 말을 잘 들어준 것이 결정적으로 심경의 변화를 일으키게

했던 모양이었다.

해당 검찰청에서는 피의자가 혐의를 모두 인정하고 있고 담당검사가 불기소 권유를 함에 따라 기소하지 않고 수사를 끝내려 했으나, 젊은이가 거듭 자신을 처벌해 줄 것을 요청해 결국 기소(불구속)한 모양이다.

관련자 세 사람 모두 상을 받아야 될 듯. 검사와 수사관은 모범공무원상을, 젊은이는 깨우침의 상을. 인간이란 불완전하고 나약한 존재라서 누구나 잘못(고의) 또는 실수(과실)를 저지를 수 있다. 스스로의 잘못을 뉘우치고 죄를 자청하여 달게 받겠다는 것은 이미 득도한 수준이다. 젊은이의 미래에 장밋빛 무지개가 펼쳐지길 진심으로 기원한다. 사법절차의 '치유적 작용'의 대표적 사례로 보아도 부족함이 없다. 만약 수사기관에서 피의자를 상습무고꾼이라 확신하여 그러한 선입견을 기초로 통상적 수사를 했다면 아마 소중한 한 사람을 구제하기 힘들었을 것이다. 젊고 잘 생긴 금태섭 변호사의 '확신의 함정' 처럼.

법원에서 다년간 재판업무 경험이 있는 필자가 볼 때, 검사와 수사관은 현명한 판관의 역할까지 수행한 것이다. 죄지은 자를 법에 따라 처벌하는 것은 어려운 일이 아닐 것이나, 한 사람을 구제한다는 것은 매우 어렵고 뜻 깊은 일이다.

'고소'란 범죄의 피해자 또는 그와 일정한 관계에 있는 자, 즉 고소권자가 수사기관인 경찰서 · 검찰청에 범죄사실을 신고하여 범인의 처벌을 희망하는 의사를 표시하는 것이다.

이에 반해 '고발'이란 고소권자와 범인 이외의 제3자가 수사기관에 범죄사실을 신고하여 범인의 처벌을 희망하는 의사를 표시하는 것인데, 고발은 보통 수사의 단서에 불과하다. 범죄사실을 누가 신고하여 처벌을 구하느냐에 따라 차이가 있지 그 내용구성이나 방식에선 하등 차이가 없다. 고소장 · 고발장 제목만 잘 구별하여 표시하면 된다.

K죄와 같은 친고죄는 배우자 등 고소권자의 고소가 있어야 처벌할 수 있고, 이 경우 범인을 알게 된 날로부터 6월을 경과하면 고소하지 못한다. 서두의 설정에서 K죄가 폐지되었다 했으므로 배우자의 K행위를 적발 시 그 죄로 고소할 수 없고 가사상의 문제로 접근해야 한다.

통상 경찰서 민원봉사실에 비치되어 있는 고소장은 한 장짜리이나 필요시 여러 장을 추가하면 되고 딱 정해진 양식이 없다. 고소의 취지와 피고소인의 범죄사실을 6하 원칙에 따라 정리하고 범죄입증서류는 사본하여 첨부서류로 첨부하면 된다. 피고소인의 개인정보를 정확히 기재할 필요까지는 없고 피고소인을 특정할 수만 있어도 된다.

그러나 실무상 피의자를 소환하여 조사하기 위해서는 피고소인의 연락처나 주소 메일 정도는 기재해야 할 것이다.

고소장 · 고발장의 제출은 피고소인 · 피고발인의 주소지 관할 경찰서 또는 검찰청이다. 검찰청에 제출할 경우 간단하고 피해가 경미한 사건은 관할 경찰서로 이첩하여 초동수사를 한 후 관계서류와 증거물을 검찰청으로 송치하는 것이 통상의 업무관행이다. 피고소인 주소지 관할 경찰서가 아닌 고소인거주 가까운 경찰서에 제출하면 접수 후 관할 경찰서로 이첩하기 때문에 상관없다. 그러나 이첩절차와 시간이 소요되므로 가급적 관할 경찰서로 직접 또는 우편으로 제출하는 것이 바람직하다.

우선 가해자를 명예훼손혐의로 고소하려면 형법의 제307조 명예훼손죄 제1항 "공연히 사실을 적시하여 사람의 명예를 훼손한 자 (· · ·)", 와 제2항 "공연히 허위의 사실을 적시하여 사람의 명예를 훼손한 자 (· · ·)" 의 범죄구성요건을 뼈대로 하여 가해자의 범죄사실 또는 혐의사실을 살로 붙이면 된다.

사기죄로 고소할 경우는 형법 제347조 사기죄 제1항 "사람을 기망하여 재물의 교부를 받거나 재산상의 이익을 취득한 자 (· · ·)", 와 제2항 "전항의 방법으로 제3자로 하여금 재물의 교부를 받게 하거나 재산상의 이익을 취득하게 한 때에도 (· · ·)" 의 범죄구성요건에 맞추어 스토리를 구성하면 된다.

고소장의 작성요령에 대해 더 장황하게 설명 붙이는 것은 머리 좋은 독자들을 모독하는 것이니 필자가 직접 다루어 보고 작성까지 한 사례 중 피고소인의 혐의가 뚜렷하고 통상적으로 발생하는 사례 두 건을 올려본다. 두 건 모두 종결 된 지 오래 된 사건들이고 개인정보에 관한 사항은 재구성하였다.

첫 장에 표지를 한 장 입히는 것이 좋다. 그래야 관공서의 접수인을 날인하고 사건배당관계 등을 표시하기 때문이다. 표지엔 상단부에 고소인과 피고소인 성명만 간단히 기재하고 하단부에 관할 경찰서 또는 검찰청만 표기한다.

※. 고 소 장 [사례]

고 소 장

고 소 인 김 고 소
충북 충주시 교현동 34-23 평화@ 102동 202호
전화 0441) 644-1234 010-2345-3456
(* 고소대리인을 선임하였을 경우)
고소대리인 충주합동법률사무소 담당변호사 박 변 호
충북 충주시 교현동 2-1 충주빌딩 204호
전화 0441) 645-7890

피고소인 최 피 고
충북 충주시 교현동 456-789 햇빛연립 2동 212호
전화 010-1234-9012

고 소 취 지

위 피고소인에 대하여 '사기 및 공인중개사의 업무 및 부동산 거래신고에 관한 법률 위반의 죄' 로 다음과 같이 고소하오니 철저히 수사하여 위법사실이 있을 시 엄중처벌하여 주시기 바랍니다.

고 소 사 실

1. 당사자들의 신분관계

고소인 김고소는 공인중개사로서 충북 충주시 교현동 34-23 소재 평화상가내 101호에서 '평화공인중개사사무소' 라는 상호로 부동산중개업을 영위하는 자이고, 피고소인 최피고는 상기 주소지에 거주하며 별다른 직업 없이 고소인이 운영하는 위 부동산중개업소에 출입하던 자입니다.

2. 사 기

고소인은 2001년 1월경부터 상기 소재지에서 부동산중개사무소를 개설하여 중개업무를 하여 오던 중 같은 해 2월 경 고소외 박ㅇㅇ 소유의 충주시 모충동 33 토지 및 건물, 인접토지인 고소외 송ㅇㅇ 소유의 같은 동 38 토지에 대한 매도의뢰를 받고 매수인을 물색하던 중 2003년 4월경 피고소

인이 고소인의 업소를 방문하여 위 양지상 토지 및 건물(이하 '이 사건 부동산'이라 합니다)이 고소인업소에 매도의뢰된 사실을 고소인을 통하여 알게 된 후, 이 사건 부동산중개수수료를 편취할 목적으로,

가. 고소인에게 이 사건 부동산매수자인 고소외 중부주택건설(주)에 소개하여 거래를 성사시켜 주겠다고 고소인을 기망하여 이를 믿은 고소인으로부터 이 사건 부동산에 대한 매물정보내역과 지적공부 등을 제공받고,

나. 중부주택건설(주)는 피고소인을 통하여 고소인으로부터 제공받은 이 사건 부동산매물정보를 근거로 사업타당성을 검토한 후 피고소인을 통하여 이 사건 부동산에 대한 매수희망의사를 고소인에게 보내온 바, 이에 고소인이 매도의뢰인에게 매도의사를 타진하였으나 매도희망가격에 미치지 못하여 거래가 성사되지 못하였습니다.

다. 고소인은 피고소인을 통해 이 사실을 위 회사에 전달한 결과 회사의 고소외 전무 최국선이 매도인과 직접 접촉하여 2003년 7월 경 이 사건 부동산을 금 5억원에 중부주택건설(주)가 매수하는 계약을 중개사인 고소인을 배제한 채로 체결한 바 있습니다(각 토지 및 건물등기부 참조).

라. 고소인은 매수인인 위 회사가 피고소인에게 중개수수료조로 금 15,000,000원을 지급한 사실을 알고 같은 중개업자인 고소 외 최○홍(유에프오 공인중개사대표)과 함께 인근의 "교차로"라는 상호의 카페에서 피고소인을 만나 계약이 체결되고 중개가 완성되었으니 고소인 몫의 중개수수료를 얼마로 할 것인지 협의한 결과 피고소인은 자신의 역할을 내세우며 매도매수쌍방 수수료를 합한 금액 중 피고소인은 6할, 고소인은 4할로 분배할 것을 주장하여 고소인은 어쩔 수 없이 그리하기로 하였습니다.

마. 부동산매매잔금 지급일에 이르러 고소인은 피고소인에게 매도인들(김화성, 최샛별)로부터 받은 중개수수료에 대해 질문하자 피고소인은 고소외 김화성으로부터는 받지 못하고 고소외 최샛별로부터는 금 1,000,000원만 받았다 하여, 고소인이 위 최샛별에게 직접 물은 바, 금 5,000,000원을 피고소인에게 주었다하고 매수인측 김반달 부장도 피고소인에게 금 15,000,000원을 지급하였다하면서 피고소인의 주소까지 고소인에게 알려주기도 하였습니다.

3. 공인중개사의 업무 및 부동산 거래신고에 관한 법률 위반

이상과 같이 피고소인은 공인중개사의 업무 및 부동산 거래신고에 관한 법률 제9조의 규정에 의한 중개사무소개설등록을 하지 않은 채 중개행위를

하고 금 20,000,000원(매도인측 금 5,000,000원 + 매수인측 금 15,000,000원)의 수수료를 받아 이를 착복하였습니다.

4. 고소인의 중개완성

고소인은 피고소인의 위법행위로 인해 매매계약서만 작성하지 못하였을 뿐 위 법상 중개업자로서의 중개행위를 성실히 수행하여 거래가 성사되기에 이르렀으므로 의뢰인들에게 중개수수료청구권이 있습니다(매도인 김화성에 대하여는 금 13,000,000원 정도의 법정수수료).

5. 결 어

피고소인은 그 후 고소인의 2003. 8. 17. 자 발송의 내용증명에 대해서, 또한 고소인의 전화통화에 대해 묵묵부답하며 고소인을 회피하고 있습니다.

전후 사정으로 볼 때 피고소인은 처음부터 중개수수료를 착복할 목적으로 고소인의 업소를 이용하여 고소인을 기망하고 이에 속은 고소인으로부터 획득한 정보를 이용하여 중개의뢰인들로부터 수수료를 받아 이를 착복하고 성실한 중개업자인 고소인에게 재산적 · 정신적 피해를 입히고 부동산거래 질서를 문란케 한 자이므로, 피고소인을 철저히 수사하여 위법사실이 있을 시 법이 허용하는 한 엄중처벌하여 주시기 바랍니다.

첨 부 서 류

1. 내용증명 사본 1부
1. 부동산 등기부 각 1부
1. 부동산중개사무소 개설등록증 1부
1. 공인중개사자격증 사본 1부
1. 충청북도 부동산중개수수료 요율표 사본 1부

2003. 12. .
고 소 인 김 고 소 (인)
(* 고소대리인을 선임하였을 경우)
위 고소인의 대리인 충주합동법률사무소
담당변호사 박 변 호 (인)

충 주 경 찰 서 귀 중

가해자의 혐의사실 등을 조리 있게 잘 정리한 고소장 또는 고발장을 제출하면 수사기관에서도 가해자의 범죄사실의 핵심을 쉽게 파악하여 수사하기 편리하다. 그리고 조사 후 검사가 공소를 제기할 경우 공소장에 첨부하는 공소범죄사실을 정리하기도 좋다.

결국 가해자를 처벌하기 위해서는 확실한 범죄사실과 증거의 확보이다. 증거확보의 숙제는 모두 고소인만의 몫이 아니고 국가기관인 수사기관에서도 수사하면서 범죄의 증거를 확보할 의무를 진다.

민사재판도 비슷한 논리로 진행된다. 사실관계를 파악하고 원 · 피고 사이에 존재하는 치열한 다툼의 쟁점을 정리하며, 증거조사를 하고 그에 따라 법관의 양심으로 판단하는 것이 재판이다.

고소와 관련하여, 고소인이 알아야 할 절차로서 '재정신청(형사소송법 제260조)'이란 중요한 마지막 절차가 또 준비되어 있다.

즉 검사의 불기소처분에 대하여 그 당부의 심사를 수사기관인 검찰청이 아닌 법원에 신청하는 제도인데, 고소권자로서 고소를 한 자는 검사로부터 공소를 제기하지 아니한다는 통지를 받은 때에는 그 검사 소속의 지방검찰청소재지를 관할하는 고등법원에 그 당부에 관한 재정을 신청할 수 있는 것이다.

한 때는 재정신청 대상 범죄에 제한을 두었으나 현행 형사소송법은 모든 형법상의 범죄에 대해 재정신청을 할 수 있도록 하고 있다. 재정신청권자는 항고사건 처분에 대하여 불복이 있을 때에는 통지를 받은 날로부터 10일 이내에 불기소처분청(지방검찰청 또는 지청)에 재정신청서와 이유서를 제출한다. 지방검찰청 또는 지청에서는 재정신청서 및 수사관계서류 등을 고등검찰청을 경유하여 관할 고등법원에 송부하고, 법원은 재정신청서를 송부 받은 때에는 피의자 및 재정신청인에게 그 사유를 통지하고 불기소처분에 대하여 그 당부의 심사를 결정하게 된다.

즉 마지막이라 할 수 있는 재정신청제도는 검사의 불기소처분이 부당하므로 마땅히 기소하여야 한다는 취지로, 검사의 기소(공소제기)와는 아무 상관없이 법원의 독자적 결정으로 피고소인에 대한 형사재판이 개시되는 것이다.

아래 소개하는 재정신청사건의 경우도 최초 고소에 대해 담당 검사가 증거불충분으로 '혐의없음 처분'을 하였고, 이에 고소인이 검찰청법 제10조에 따른 '항고'를 하여 재기 수사한 처분결과통지서에도 '혐의없음 처분'을 하여 결국 최종절차인 재정신청을 하게 된 사례이다.

여기까지 오게 되면 이 역시도 시간과의 싸움이고 인내심을 요하며 고소인도 지치게 된다. 해봤자 뻔 하다 생각하면 도전하기 힘들다. 마지막 절차에 매달려 보는 것도 용기를 요한다. 의뢰인인 고소인이 작정을 한 후 안 되어도 괜찮으니 재정신청에 한 번 마지막 기대를 걸어보자고 의사를 피력하면 결과야 어떻든 소원을 들어주어야 한다.

작성요령으로, 역시 첫 장에 표지를 한 장 입힌다. 그래야 검찰청과 법원의 접수인을 날인하고 사건배당관계 등을 표시하기 때문이다. 표지 상단부에 재정신청인(고소인)과 피의자(피고소인) 성명만 간단히 기재하고, 하단부에 관할 고등법원의 표시를 하고 제출만큼은 불기소처분청(지방검찰청 또는 지청)에 한다. 제목만 다르고 형태나 내용은 고소장 · 고발장과 별 차이가 없다. 개인정보에 관한 사항은 재구성하였다.

※. 재정신청서[사례]

재 정 신 청 서

신 청 인 (고 소 인)　　박 신 청
주 소 대구광역시 수성구 범어2동 390-21
피 의 자 (피고소인)　　최 피 의
주 소 경북 성주읍 경산리 38-67

고소인의 피의자 최피의에 대한 고소사건인 사건번호 2006형제256호 업무상 횡령 등 사건에 대하여 신청인은 귀청으로부터 2006. 5. 10. 혐의없음(증거불충분)의 처분통지를 받았는 바, 신청인은 다음과 같은 이유로 재정신청을 하오니 그 사건을 관할 지방법원의 심판에 부하는 결정을 하여 주시기 바랍니다.

신 청 이 유

위 고소사건에 대해 2006. 5. 2. 검사는 피의자에 대한 업무상 횡령 혐의에 대해 증거불충분으로 혐의없음의 처분을 하였는 바, 피의자의 범죄사실은 형법 제347조 사기, 형법 제356조 업무상 횡령과 배임의 중죄에 해당하므로 이에 의율하여 엄중처벌을 위한 고소를 하였으나 고소에 대한 최초 검사 처분이 업무상 횡령의 부분에만 국한하여 범죄혐의 없어 불기소처분한다는 것이었습니다. 이에 대해 고소인이 항고하여 재기수사한(2006형제256호) 이 사건 처분결과통지서에도 업무상 횡령 부분에만 증거불충분으로 혐의없음 처분을 하였습니다.

이것은 검사의 수사 및 공소권을 모두 행사하지 않은 기소독점주의의 남용이라 아니 할 수 없고 피의자와 신청인 사이의 '○○○ 개발 동업계약서'가 동업계약의 형태라 하더라도 피의자의 업무행위에 중대한 위배행위가 있어 신청인에게 막대한 재산상 손해가 발생한 사실만으로도 업무상 배임의 범죄구성요건에 해당하는 바 신청인은 피의자의 혐의사실에 대해 다시 한번 밝히고자 합니다.

1. ○○○ 개발 동업계약서 내용 (· · ·)
2. 업무상 배임죄
   가. 피의자의 배임행위 (· · ·)
   나. 고소인의 재산상 손해 및 피의자의 재산상 이익취득 (· · ·)
3. 업무상 횡령죄 (· · ·)
4. 사기죄 (· · ·)
5. 결 론

피의자를 아는 사람들은 고소인에게 "또 당했다" 고 하고 있습니다. 피의자는 동업계약이라는 교묘한 방법을 이용하여 다른 사람으로부터 투자금을 받아 이익을 취득해 왔다고 합니다. 또 피의자는 자신이 신용불량자이고 아무런 재산이 없으므로 민사소송으로 가봐야 겁날 것 없다며 큰소리를 치고 있습니다.

그러므로 피의자를 법이 허용하는 한 엄히 처벌하여 더 이상 고소인과 같은 선의의 피해자가 생기지 않도록 하여 주시기 바라와 이 건 재정신청에 이른 것입니다.

첨 부 서 류

1. 불기소처분통지서 사본 1부
1. 고소장 사본 1부
1. 항고장 사본 1부

2006. 9. .

신 청 인 박 신 청 (인)

대 구 고 등 법 원 귀 중

종전 재정신청기각의 결정이나 심판회부결정에 대하여는 항고할 수 없었으나(형사소송법 제262조 제4항),

재정신청이 기각된 경우 대법원에 재항고할 수 없도록 한 것은 재판청구권과 평등권을 침해한다는 이유로 청구한 헌법소원심판사건(2008헌마578호)에서, 2011년 헌재는 "형사소송법 제262조4항은 '불복' 에 형사소송법 제415조의 재항고도 포함되는 것으로 해석하는 한 헌법에 위반된다. 헌법 제107조2항은 '명령 · 규칙 또는 처분이 헌법이나 법률에 위반되는 여부가 재판의 전제가 된 경우에는 대법원이 최종적인 심사권한을 가진다' 고 규정하고 있다. 명령 · 규칙 또는 처분의 위헌 · 위법 여부에 관한 하급법원의 재판에 대해서는 반드시 대법원까지 상소할 수 있는 제도적 장치가 마련돼야 한다" 고 하여 한정위헌의견 재판관 7인과 합헌의견 재판관 1인의 의견으로 한정위헌결정을 하였다.

따라서 재정신청을 기각하였을 경우에 이제부터는 대법원에 재항고할 수 있게 되었다. 2011년 말 형사소송절차에 관한 매우 중요한 결정을 한 것이다.

부부나 커플 사이의 개인정보 -- 내껀 내꺼고 니꺼도 내꺼? (개인정보보호법 · 정보통신망 이용촉진 및 정보보호 등에 관한 법률 · 통신비밀보호법 · 위치정보보호법 등)

한 이불을 덮는 법률상 부부 사이 또는 법률상 부부가 아닌 사실혼관계나 단순동거인들의 재산은 누구 것인지 구분하기 쉽지 않다. 그렇다고 동산 · 부동산 · 채권할 것 없이 모두 부부의 공유일까?

아니다. 우리 사법(私法) 체계는 엄연히 부부별산제이고, 자기 명의대로 각각 소유한다. 통장이나 보험, 부동산 등 부부 중 누군가의 명의 그대로 법률상 소유하는 것이다. 금융실명제이고 부동산실명제를 실시하는 국가 이므로. 그렇다면 생활집기나 가전제품 등 동산의 소유는? 특별히 일방의 소유로 하기로 한 것을 제외하고는 부부가 각각 1/2씩 소유(공유)한다.

그렇다면 개인정보는? 하나의 컴퓨터로 부부가 틈나는 대로 같이 또는 교대로 사이좋게 사용하고 있는데 상대방의 개인정보나 메일 좀 보면 어디가 덧나고 위법일까?

당연히 위법이고 통신비밀보호법과 정보통신망 이용촉진 및 정보보호 등에 관한 법률 에 저촉된다. 부부나 커플이라 하더라도 사이버세계의 프라이버시는 서로 침해하면 안 되는 것이다. 부부관계는 우리 가족법상의 촌수로 따져도 무촌일 만큼 밀접한 사회적 · 법률적 관계이다. 부모자식간의 친혈육도 1촌의 거리가 있는데, 피한방울 안 섞인 부부는 촌수 상으로도 거리가 전혀 없다. 그와 같은 관계임에도 불구하고 지켜주어야 할 개인적 · 사생활적 프라이버시영역이 반드시 존재하는 것과 마찬가지로 사이버상으로도 내가 스스로 지켜야 할, 또 지켜주어야 할 '비밀의 정원' 이 존재하고 이를 서로 인정해야 한다.

사랑하던 연인들이 찬서리같이 갈라 선 후에도 때때로 발생하는 사고다. 일방이 헤어진 옛 연인에 집착하여 상대편 메일을 훔쳐보다가 발각되어 위와 같은 통신비밀보호법과 정보통신망 이용촉진 및 정보보호 등에 관한 법률 위반으로 처벌받는 경우도 심심찮게 발생한다.

이와 같은 일은 재판상 이혼소송 중에도 예외가 아니다. 애써 배우자의 부정행위 증거를 확보하고 당당하게 재판상 이혼을 청구했는데 소송을 건 원고가 제출한 증거(녹취록) 중 배우자가 상간자와 주고받은 메일(또는 통화)을 몰래 녹취한 것이 통신비밀보호법과 정보통신망 이용촉진 및 정보보호 등에 관한 법률을 위반하게 되는 것이다. 이러한 경우 모두 피해자들이 고소하면 당연히 형사처벌된다.

부부 중 일방이 사망하였을 경우, 부부가 각자 사용하고 소유하던 모바일상 미니홈피나 블로그 등 전자문서의 소유권에 대한 상속관계는? 현행 민법의 상속법에 규정이 없다. 아직 입법이 미비한 상태다. 필자의 견해로는 SNS시대 장래를 대비하여 각종의 전자문서에 대한 상속관계도 룰을 정할 필요가 있다고 사료된다. 물론 전자문서 중 저작권법상의 저작권이 인정되는 부분은 현행법상으로도 당연히 지적재산권(채권)으로서 상속이 된다. 그러나 그러한 권리 이외의 무수한 사이버상 게시물인 전자문서 등 사망자의 각종 디지털유품들에 대한 상속관계에 대해서이다. 장래 반드시 주무부서와 입법기관인 국회의 입법작용이 요청되는 분야이다.

이런 일도 간혹 발생한다. 부인의 휴대전화에 불륜을 의심할만한 문자메시지가 있어 뒷조사를 하려고 내연남으로 추정되는 회사동료 남성의 차량 뒷좌석 밑에 본인 명의로 개통한 휴대전화를 몰래 넣어 위치추적을 하고 협박성 문자메시지까지 보낸 남편이 위치정보보호법 위반죄로 형사처벌되었다.

당연히 부인의 동의도 구하지 않았을 것이고, 이러한 불법적인 방법으로 증거를 모은 것은 명백하게 부인의 사생활 침해에 해당되고, 부부사이라도 사생활을 침해하면 형사처벌을 받을 수 있고 배우자가 실제 불륜행위를 범했다고 해도 불법적인 수단으로 뒷조사를 하면 역시 별개의 위법행위가 된다.

3명 또는 4명 이상의 대화자 중 한 명이 몰래 자신들의 대화를 녹음했을 경우 도청행위로서 통신비밀보호법에 저촉이 될까?

도청행위로 처벌하지 못한다. 자신이 동업으로 투자한 완구제조업체가 경영부진으로 큰 손해를 입자 제조기계 여러 대를 동업자들 몰래 처분해 자신의 투자손실금을 보전할 목적으로 자신을 포함하여 다른 동업자들과의 회의에서 주고받은 대화를 소형녹음기로 녹음하여 통신비밀보호법 위반 및 절도혐의로 기소된 사건에서 통신비밀보호법 위반은 무죄, 절도혐의에 대해서만 유죄로 인정하여 징역형에 집행유예를 선고하였다.

대법원 형사1부는 "통신비밀보호법 제3조 제1항의 '공개되지 아니한 타인간의 대화를 녹음 또는 청취하지 못한다' 라는 규정은 대화에 원래부터 참여하지 않는 제3자가 그 대화를 하는 타인들 간의 발언을 녹음해서는 안 된다는 취지이고, 3인 이상의 다자간 대화에 있어서 그 중 한 사람이 그 대화를 녹음하는 경우에 다른 사람들의 발언은 그 녹음자에 대한 관계에서 '타인간의 대화' 라고 할 수 없으므로 통신비밀보호법에 위반된다고 할 수 없다" 고 하였다.

혼인빙자간음죄가 2009년 11월에 이미 위헌결정이 났고, K죄도 그 폐지가 목전에 다다랐을 정도로 헌법상 보장된 개인의 인격권과 성적자기결정권은 갈수록 존중되고 있다. 그 외 개인의 자유와 다른 기본권까지도 점차 현실화되고 구체적 시스템으로 보장되며 강화되는 추세이다. 헌법상 보장된 여러 기본권들은 종전에는 왠지 나와 상관없고 거리감 있는 것 같았으나, 진정한 자유민주 · 복지사회를 구현하려는 국가 · 사회단체 · 각 개인들의 노력으로 점점 나의 피부에 까지 와 닿을 정도로 실현되고 눈에 보이고 있다.

이와 달리 정보화시대의 개인정보와 통신에 관한 사항이나 사이버상 · SNS소통질서와 성추행 · 성폭행 · 학교폭력 사건들에 있어서의 각 질서위배행위들에 대하여는 위와 정반대로 규제하는 룰이 갈수록 강화되고 처벌수위도 높아지고 있다.

인터넷이 등장하여 소통의 장벽을 무너뜨린 지가 엊그제 같은 데 이젠 4차원적 동물인 SNS로 몇 단계 업그레이드되고 진화되어, 온갖 방향의 소통을 모두 평정하고 통합시키고 있다. 소통도구인 스마트폰 등 모바일기기도 조석으로 기술이 진보하여 수시로 신제품을 내놓으면서 네티즌이나 블로거 · 트위터들을 유혹한다. 네티즌이나 블로거 · 트위터들을 통칭하여 필자는 '소통자' 라 칭해본다. 적당한 것 같다.

소통자들의 소통에 장애가 없고 뒤처지지 않으려면 신기술서비스가 장착된 새로운 모바일기기를 제 때, 제때 구입해야 한다. 핸드폰으로 통화와 메시지 정도만 사용하므로 스마트폰 같은 새 기구를 당분간 구매할 계획이 전혀 없는 필자를 제외하고는.

소통수단의 발달로 표현의 자유와 방식의 한계에 관한 논란이 발생한다. 즉 표현의 자유들끼리의 충돌 및 프라이버시 침해에 관한 문제이다. 소통에서의 무한정 자유와 방종에서 오는 충돌과 부작용을 규제·예방하고 새로운 질서를 올바로 잡아주기 위해서는 기존 아날로그식법으로는 불가능하다. 이에 전문가와 입법기관인 국회가 신속하고도 구체적인 입법작용을 통하여 어떠한 새로운 규칙과 룰을 사이버세계에 제시해 주고 이끌어주어야 할지 연구하고 고민하기에 바쁜 때이다.

이렇듯 개인정보나 통신에 관한 룰 뿐 만아니라, 보완되거나 부족한 것은 손을 보아야하므로 새롭게 제정·개정된 법률과 법조항들 때문에 법조인들은 해가 바뀔 때마다 매년 법전을 연례행사처럼 구매해야 한다. 바뀐 법을 살피지 않고 이미 폐기처분된 법을 잘못 적용했다가는 큰 실수를 하기 때문이다.

필자가 서두에서 언급했듯이 다소 과장한 측면도 있으나, SNS가 머지않은 장래에 최고권력자로 등장하여 3차원 · 4차원 세계를 통치할 날도 머지않았다고 본다. 현재의 추세로 보면 전혀 불가능한 일도 아니다.

그러나 SNS초기시대라 할 수 있는 현재는 온통 장밋빛 청사진뿐이다. 진화의 방향도 뚜렷하게 가늠하기 어렵고, 고삐 놓친 망아지모양 어디로 튈지 짚을 수도 없다. 하지만 SNS 즉 소셜네트워크서비스를 통해 인류는 아날로그식 표현에서 확실하게 방향을 바꾸어 디지털식 표현의 자유와 권리를 만끽하고 있다. 그러나 작용·반작용과 오른 쪽을 당기면 왼 쪽이 자동 늘어나는 고무줄원리를 보더라도 무한정의 자유는 반드시 소통세력 간에 무수한 충돌을 야기하고 때때로 불상사를 지켜보기도 한다. 거기엔 나의 개인정보유출과 인터넷 프라이버시 침해에 대한 우려도 당연히 존재하고, 그러한 일은 심각한 문제점을 던져준다.

인터넷에서는 올바른 정보 외에, 잘못된 내용이나 개인프라이버시에 관한 정보 등이 당사자도 모르게 얼마든지 무한정 확산과 재생·반복되는 일도 발생하고 있다. 이 과정에서 인터넷 프라이버시 침해우려가 커지고 있으므로 사이버세계를 포용하는 신개념 프라이버시권리를 새로 정립해야 하고 표현의 자유 사이에서 충돌을 방지하는 균형점을 찾는 노력도 필요한 것이다.

진정한 소통의 시대가 되기 위해서는 소통자마다 속마음을 일정 부분 비워두어야 한다. 빈 곳이 있어야 다른 사람의 생각도 받아드릴 수가 있는 것이다. 또한 소통의 이면에 있는 불소통, 즉 불통까지 인정하고 배려해야 된다.

2011년 개정되어 2012. 3. 30.부터 시행되는 개인정보보호법이야말로 헌법에 규정된 추상적인 개인프라이버시에 관한 기본권을 구체적으로 법제화한 법률로 볼 수 있다. 입법요지는 모든 개인정보를 그 보호대상으로 정하여 그러한 개인정보들을 처리하는 공공기관이나 단체 또는 개인은 정보주체에 대해 반드시 사전 고지와 동의를 얻고 난 후에 처리하도록 하고 있다.

주무기관인 방송통신위원회에서는 SNS에서 정보주체의 의사와는 무관하게 과도하게 노출되는 개인의 사생활과 정보에 대한 침범을 예방하기 위해 'SNS사업자와 이용자를 위한 보호수칙' 까지 발표한 사실이 있다. 이용자인 정보주체들 스스로도 SNS를 통해 소통에 참여할 경우 자신의 정보가 노출될 수 있다는 점을 항상 유의하여 관련법과 새로운 룰들을 익히고 자기관리를 게을리 해서는 안 된다.

사이버세계가 확대되자 이 세계에서도 오프라인처럼 위법행위의 음지가 발생한다. 즉 사이버공간에서도 각종 범죄가 활개치고, 범죄가 있는 곳엔 반드시 엄정한 처벌이 요구된다. 대표적 사례는 사이버상의 명예훼손과 최근 농협 전산망 등에 대한 해킹범죄, 타인의 전자메일정보나 저작권에 대한 침해 등 일 것이다. 수사기관에서 이들 위법행위의 증거를 확보하는 것도 갈수록 난관에 부닥친다. 대부분의 데이터는 컴퓨터 하드디스크에 저장하는데 개인 불법행위자 또는 기업이 데이터를 영구 삭제해 버릴 경우 증거를 찾을 수 없기 때문이다.

또 하나의 문제는 이들 위법행위에 대한 처벌범위이다. 무한정 재생과 확대가 반복되는 사이버세계에서 누구를, 어디 범위까지의 사용을 처벌할 것인지에 관해 룰이나 판례를 정하는 것도 어려운 문제다. 전문가와 입법기관 및 법원의 숙제인데, SNS의 문제점을 계속 관찰하고 위법사례를 수집하여, 표현의 자유를 최대한 보장하면서도 한편으로 사이버 프라이버시권을 침해하지 않는 합당한 룰을 제시해주어야 한다.

사이버상 명예훼손과 관련해서 명예훼손적 언론기사나 게시물에 대해서는 제도적으로 정보주체인 피해자가 삭제요청을 할 수 있다. 즉, 온라인상에 공개된 정보로 인해 사생활침해나 명예훼손을 당한 피해자는 이에 대한 삭제 요청을 할 수 있고(정보통신망 이용촉진 및 정보보호 등에 관한 법률 제44조의 2), 해당 서비스 제공사업자는 30일 이내의 범위에서 관련 정보를 차단하는 임시조치를 할 수 있다. 개인정보처리자는 개인정보주체의 요청에 따라 개인정보의 처리를 정지하거나 파기하는 의무를 진다(개인정보보호법 제37조).

최근 등장한 스마트폰의 폭발적 대량보급으로 인해 헌법 제11조 제1항의 '모든 국민이 법 앞에 평등하고 누구든지 성별 · 종교 또는 사회적 · 문화적 생활의 모든 영역에 있어서 차별을 받지 아니 한다' 는 평등권 규범이 구체적으로 실현되고 있다. 평등권의 핵심은 '기회균형성' 이고 SNS가 큰 역할을 하고 있다.

정치문화를 민주적으로 형성하고 유지하기 위해서는 사상과 이념의 전달기회와 그 수단의 보장이 필요하다. 특히 트위트는 시간과 공간의 제한 없이 인터넷에 접속할 수 있는 모바일기기와 결합하여 자신에게 주어진 표현의 자유를 극대화하는 데 최적의 서비스로 순식간에 자리 잡아버렸다.

불과 몇 년 전 헌법재판소는 인터넷에 허위사실을 유포한 혐의로 기소돼 법원에서 무죄판결을 받은 인터넷 논객 '미네르바' ㅇ모씨가 "전기통신기본법 제47조1항은 명확성의 원칙에 반하고 표현의 자유를 침해한다" 며 청구한 헌법소원심판청구사건에서 위헌의견 재판관 7인과 합헌의견 2인으로 위헌결정을 내렸다. 즉 인터넷에 허위사실을 게재했을 때 처벌하도록 규정한 전기통신기본법이 위헌이라는 것이다.

ㅇ씨는 2008년 3월 경 포털사이트 토론방에 '외환예산 환전업무 8월1일부로 전면중단' 이라는 글을 게시하고 8월25일 미국 투자은행인 리먼브라더스의 파산을 경고하는 글을 올려 정부의 경제정책과 관련해 허위사실을 유포한 혐의로 2009년 구속기소되었다. 1심은 "미네르바가 허위의 사실이라고 인식하면서 글을 게재한 것이 아니고, 허위의 사실을 게시한다는 점에 대한 고의가 없었으며, 공익을 해할 목적으로 글을 게재한 것으로 볼 수도 없다" 며 무죄를

선고했다. 이에 동인은 해당 전기통신기본법 해당 조항이 표현의 자유를 침해해 위헌이라며 헌법소원청구를 하였다.

전기통신기본법 제47조1항은 "공익을 해할 목적으로 전기통신설비에 의해 공연히 허위의 통신을 한 자는 5년 이하의 징역 또는 5천만원 이하의 벌금에 처한다" 고 규정되어 있으나 위헌결정으로 즉시 효력을 상실하였다. 정부가 정부정책에 비판적인 글에 대해 무리하게 입막음을 시도하다가 된서리를 맞은 것이다.

2011년 말 헌재는 민주통합당 의원들이 청구한 헌법소원청구사건에서, 트위터를 비롯한 소셜네트워크서비스를 이용한 사전선거운동을 금지한 공직선거법 조항은 헌법에 위반된다는 한정위헌결정을 하였다.

청구인들은 "공직선거법 제93조1항이 '인쇄물이나 녹음테이프 기타 이와 유사한 것' 을 통해 선거 관련 게시물을 올릴 수 없도록 한 것은 지나치게 포괄적이어서 명확성의 원칙 및 과잉금지의 원칙 등에 위반 된다" 는 이유로 청구한 헌법소원심판사건(2010헌마191)에서 8인의 재판관 중 위헌의견이 6인, 합헌의견이 2인으로 해당 법조항에 대해 한정위헌결정을 내렸다.

헌재는 결정문에서 "인터넷 상의 선거운동은 누구나 손쉽게 접근이 가능하고 비용이 매우 저렴해 비용을 획기적으로 낮출 수 있는 정치공간이므로 '기회의 균형성, 투명성, 저비용성의 제고' 라는 공직선거법 목적에 부합한다. 선거일 전 180일부터 선거일까지 인터넷상 정치적 표현 내지 선거운동을 제한하는 것은 후보자 간의 경제력 차이에 따른 불균형이라는 폐해를 방지한다는 입법목적의 달성을 위한 적절한 수단이라 할 수 없다" 라 하였다.

다음해인 2012년 4월 13일의 총선을 4개월도 채 남기지 않은 시점에서 사이버 선거운동에 중요한 지침이 되는 결정임은 말할 필요조차 없다. 사이버를 통한 선거비용이 매우 저렴하고 기회가 균등하게 제공된다는 잇점으로 헌재가 사이버상에서의 공정한 선거운동을 유도하고자 하는 의지와 배려가 보이는 결정이다. 그러한 필요성 때문에 이를 고려하여 서둘러 결정한 듯하다. 필자가 중요 헌재심판사건의 처리기간을 살펴보니 통상 2년에서 3년, 길게는 4년 정도 심리기간이 소요되는데 1년 만에 결정한 것이다. 이때만 해도 헌법재판관 정원 9인 중 1인이 국회인준을 아직 거치지 못해 장기간 궐위된 상태에서 8인이 심판하였다.

2012. 3. 30부터 시행되는 개인정보보호법은 정보화시대를 아우르는 핵심적인 룰이다. 입법목적은 제1조에서 '개인정보의 수집 · 유출 · 오용 · 남용으로부터 사생활의 비밀 등을 보호함으로써 국민의 권리와 이익을 증진하고, 나아가 개인의 존엄과 가치를 구현하기 위하여 개인정보처리에 관한 사항을 규정'한 것이다.

이 법에 따라 개인정보를 수집, 이용하고 다른 사람에게 제공할 때에는 사전에 일정한 사항을 정보주체인 해당 개인에게 알려주고 그의 동의를 받도록 하는 것이 핵심이다. 이를 위반하면 행정기관에 대해서는 일정한 행정책임과 형사책임도 진다. 불법행위에 대한 민사상의 손해배상책임도 당연히 지울 수 있다. 또 개인정보처리에 대한 동의는 민법상의 대리도 허용되지 않고 반드시 본인이 해야 한다.

이제 행정기관의 행정행위, 회사 또는 개인은 민법상 법률행위와 상법상 상행위를 할 경우, 이 법의 취지대로 개인정보에 관한 업무를 처리할 때마다 일일이 정보주체인 개인의 동의를 받느라 무척 신경 쓰이고, 주의를 기울여야 할 것이다. 어쩔 수 없다. 개인정보를 워낙 소중히 다루어야 하는 시대라서. 즉 개인정보보호법은 기업과 공공기관의 개인정보 보호의무와 책임을 강화하고, 집단분쟁조정제도와 단체소송제도 등 다양한 소비자보호제도를 포함하고 있어 기업과 공공기관의 부담 또한 커졌다. 개인 사이에도 마찬가지이다.

만약 동의 없이 정보를 수집하거나 동의 받은 범위 밖에서 개인정보를 처리하고 사용하면 5,000만원 이하의 과태료에 처한다. 그러한 개인정보가 유출될 경우는 2년 이하의 징역 또는 1,000만원 이하의 벌금에 처해 질 수 있다. 이는 형사처벌의 경우이고, 민사상의 손해배상은 별도이다.

적용되는 기관은 헌법기관인 국회, 사법부, 헌법재판소 뿐 아니라 중앙행정기관, 지자체와 학교, 공단 등 공공기관과 오프라인사업자는 물론 동창회와 같은 비영리단체까지 포함된다. 보호대상 문서에는 전자문서 뿐 아니라 수기로 작성된 동창회 명부와 모델하우스의 방명록 등 이루 헤아릴 수조차 없이 다양하다. 또 공공기관이나 상시근로자수 50인 이상의 사업장에는 반드시 개인정보보호책임자를 두도록 되어있다.

만약 개인정보가 유출될 경우 지체 없이 정보주체인 개인에게 통지하고 행정안전부장관에게 신고하여야 하며, 피해자가 많으면서도 개인별 피해가 경미하고 소액일 경우는 집단분쟁조정제도를 이용할 수 있고, 조정이 성립되지 않을 경우는 단체소송을 제기할 수도 있다.

이와 같은 인터넷·사이버세계의 모습을 한 편의 詩로 오래 전부터 표현하고 싶었던 필자의 2011년 습작시를 올려본다.

http/www.@#ID비번QR.SNS.net.co.kr / 2011. 3. 김 성 식

춘풍에 꽃향기 시끄러운 때,
키 작은 기러기들
작정한 듯
신대륙을 점령한다

몸은 겨우 성한 놈
말라깽이나 범상찮게 보이는 놈
상처하여 홀로 된 놈
여덟 자식 꽁무니에 달고 15평 아파트 한 채 없는 놈
게을러 배 나온 놈
맞아서 이빨 빠지고 날갯죽지 헐은 놈
술 취하고 배고픈 놈

인터넷법전을 꿀 발라 바베큐한 채
의기양양하게
꾸꾸룩 꾸꾸 꾸우꾸꾸

태생이 어디든
어느 기러기학교 졸업장을 가졌든
뉘 집 혈통이든
@와 ID만 이름표에 붙었으면
꾸꾸룩 꾸꾸 꾸우꾸꾸

홀연, 떼 지어

힘차게 솟구친다

황금빛 외투를 뽐내며
노오픈 구름창을 뚫고
신천지를 또 분주히 찾아간다

21세기 콜럼부스들 인 양......

2011년 초, 겨울내내 생활법률 원고 한 묶음을 탈고하고 난 후, 백지상태인 필자의 문학적 필력을 조금이라도 배양할 방안을 강구하던 차에 과천문화센터 주관의 시창작교실이 열렸다. 시를 접하고 생전처음 습작시를 써보면서 인생과 자연의 실체를 만져본다는 느낌이 들었다. 소년시절 학교가 파하면 해 질때까지 배고픈 줄 모르고 동네친구들과 온동네를 들쑤시면서, 흙투성이가 되도록 놀았다. 딱지치기, 술래잡기, 구슬치기, 연날리기, 직접 만든 썰매타기 등. 저녁은 또 아무 친구네집서 먹었다. 밥 때인데 놀다가 그냥가면 어른들이 놔주지 않고 니 집 내 집 할 것 없이 저녁밥들을 먹여서 보냈다. 요즘은 어른 아이 할 것 없이 컴퓨터 · 스마트폰 등 모바일기기를 통해서 각종 게임놀이나 검색과 다양한 소통들을 하느라 바쁘다. 옛날에 비하면 경천동지할 세상이다. 현재도 이러할 진대 미래는? SNS국가가 탄생하고 그들의 독재권력이 활개칠 때, 이에 저항하는 SNS민주세력도 등장할 것이라고 공상에도 빠져본다. 시 제목은 외래어문자들로 이루어져있지만 이제 그러한 문자도 세계 만국공통어로서 배척하기만 해서는 안 될 것이다. 이렇게 삐까 뻔쩍한 세계를 詩로 한 번 표현해 보고 싶었다. 뒷장에서 습작시를 몇 편 더 보여 드리고자 한다.

필자가 사는 과천의 시청에서는 2012.3.30일 부터 개인정보보호법이 본격 시행됨에 따라 3월부터 과천시 관내 소상공인 및 중소 · 영세사업자들을 상대로 법규정에 따른 다음과 같은 개인정보보호지침을 안내하면서 개인정보관리에 만전을 기하도록 행정계도하고 있다. 법 시행 계도기간(2011.9.30 ~ 2012.3.29) 종료 이후에는 법정 의무사항 위반 시 벌칙도 부과됨을 알리고 있다. 내용을 보면 정보화시대에 공공기관, 사업자, 소상공인 등을 상대로 한 지침이나 필자가 보아 개인 또는 법률상 부부나 커플들까지도 반드시 유념하여야 할 중요사항이라 소개한다.

♣ 개인정보보호를 위해 이것만은 꼭 !!! ♣ 과천시청 정보통신과

* 개인정보는 필수정보만 최소한으로 수집 - 추가적인 정보를 수집할 때는 반드시 동의를 받아야 함
* 주민등록번호와 건강정보 등 민감한 정보 수집 금지 - 법령의 근거가 있는 경우가 아니면 주민등록번호, 민감정보 사용 금지
* 수집한 목적과 다르게 사용하거나 제3자 제공 금지 - 법령의 근거 없이 다른 용도로 사용하거나 외부로 유출하지 않도록 주의
* 개인정보를 처리할 경우 개인정보 처리방침 공개 - 개인정보 위탁사실을 포함한 처리방침을 홈페이지나 사업장에 공개
* 내부관리계획, 방화벽 · 백신 · 접근통제 등 안전성 확보 조치 - 개인정보가 해킹 등으로 유출되지 않도록 보호조치를 철저히 이행
* 홈페이지 회원가입을 받을 경우 주민등록번호 대체수단 도입 - I-PIN공 인인증서 등 주민등록번호 이외의 실명확인 수단을 도입
* 개인정보의 이용이 끝난 후에는 반드시 파기 - 수집한 목적이 달성된 후(서비스 기간 경과 등)에는 즉시 파기
* 개인정보가 유출되었을 경우 즉시 정보주체에게 통보 - 유출된 것을 인지하면 5일 이내에 서면 · 전화 · 이메일 등의 방법으로 통보
* CCTV를 운영할 경우 안내판을 설치 - 설치목적, 장소, 촬영범위, 담당자 등을 안내, 운영방침을 수립하여 공개

위 개인정보가 유출되었을 경우 즉시 통보해야 할 대상으로서 '정보주체'란 개인인 정보주체 나 자신이라 생각하면 된다.

개인정보와 관련하여 정보주체인 개인이 안내가 필요하거나 조력을 받을 수 있는 기관과 해당 사이트를 소개한다.

* 행정안전부 개인정보보호 종합지원포털 www.privacy.go.kr
* 한국정보화진흥원 개인정보보호지원센터 02-2131-0111, privacy.nia.or.kr
* 한국인터넷진흥원 개인정보침해신고센터 118, privacy.kisa.kr

사법부도 SNS시대에 임하여 이를 재판업무에 접목시키고 적극 활용하고자 분주하다. 2010년 '민사소송등에서의전자문서이용등에관한법률' 이 제정되어 특허법원 사건을 시작으로 본격적인 전자소송시대가 열렸다. 2011년 중순부터는 민사사건에도 전자소송이 도입되어 소송당사자는 소장제출을 인터넷을 통하여 접수 및 열람을 할 수 있고, 소송 진행과정도 확인할 수 있다.

따라서 소송당사자가 법원을 방문하는 시간과 노력이 단축돼 소송이 신속하게 진행된다. 즉, 전자소송제도를 이용하면 소송당사자인 원·피고들은 법원의 주된 송달제도인 등기우편이 아닌 휴대폰 문자메시지와 이메일을 통해 사건진행과정을 실시간으로 전달받을 수 있다. 재판으로 법원갈 일이 많이 줄어 그만큼의 교통난 해소와 자원절약에도 일조한다.

대법원 소송문서 전자관리시스템에 접속하면 언제 어디서나 자신의 사건진행상황과 관련내용을 확인할 수 있을 정도로 편리해 졌다. 동시에 재판부도 재판기일지정 등 사건진행 전과정이 이 시스템을 통해 관리되어 신속한 재판진행도 가능하다. 2012년부터 전체 민사소송과 행정·가사사건 등으로 확대되었고, 오는 2013년에는 신청·집행사건 등에까지 전자소송을 도입하여 확대 시행될 예정이다.

법무부도 이에 뒤질세라 일반국민이 일상의 생활 속에서 겪는 수많은 법률문제에 대한 고민을 들어주고자 손 안에 들어오는 '전자변호사' 를 제공하고 있다.

법무부는 법률적 분쟁 때마다 변호사의 조력을 받기가 쉽지 않고, 난해한 소송문서를 참고하기 곤란한 일반 국민들의 불편을 해소하기 위해 생활법률정보를 제공하는 스마트폰용 애플리케이션 '법아! 알려줘' 를 개발하여 무료 보급하고 있다.

이는 법무부가 발간한 생활법률서적인 '한국인의 법과 생활' 이란 법조 분야 베스트셀러의 책내용을 스마트폰용 앱으로 구현한 것인데, 법과 제도, 금전과 부동산, 현명한 소비자, 혼인과 가족, 직장과 근로자, 범죄와 질서, 헌법재판과 행정구제 등 7개 분야를 사례위주로 구성했다. 이에 더하여 자주 묻는 질문, 뉴스&이슈 등 실생활과 밀접한 정보도 제공하고 있다.

'자주 묻는 질문' 은 부동산 거래신고장소, 확정일자 받는 법 등 32가지 사례를 통해 법률분쟁을 예방할 수 있는 정보를 제공하고 있다. '뉴스&이슈' 코너에서는 대한민국 10만 번째 귀화자 등 법무 관련 뉴스와 최근 개정 법률의 내용, 생활법률상식 등을 접할 수 있도록 되어 있다.

또 '메일보내기' 기능을 이용해 검색한 정보를 다른 사람에게 보낼 수 있고, 계약이나 법률분쟁에서 필요한 각종 서식도 무료로 제공받을 수 있다.

이러한 애플리케이션은 백과사전식, 나열식 자료제공에서 탈피하여 이메일, 트위터 등과 연계할 수 있도록 하여, 사용자 중심의 앱으로서 장래 새로운 정보를 계속 업데이트 해 국민들에게 다가가는 법무행정을 펼치고자 한다.

스마트폰과 태블릿PC의 폭발적인 보급으로 인해 SNS현상이 순식간에 팽창되었고, 가히 SNS만능시대가 도래하지 않을까 내다볼 수 있을 정도다. 소통과 표현의 자유를 만끽하게 된 것인데, 이로 인한 사이버 프라이버시침해라는 부정적 요소보다는 오프라인 상에서 사람과 사람사이에 서로 느끼기 힘든 따뜻한 스킨십이 사이버세계에서는 글 몇 자, 말 몇 마디만으로도 어렵지 않게 나눌 수 있는 긍정적 요소도 있다. '디지털 스킨십' 이야기인데, 언젠가 필자가 이런 좋은 문구를 발견하고 SNS상 사용자들의 기본매너로 삼았으면 어떨까 생각해 보았다. 사이버세계를 밝고 희망 있는 미래의 세계로 반드시 만들어 가야 하기 때문이다.

단순하고 복잡한 것 싫어하는 필자는 당분간 핸드폰을 계속 사용할 계획이다. 필자의 통신수단은 전자메일이나 핸드폰통화 및 문자메시지 정도다. 그러나 주변 지인들의 대부분은 이미 스마트폰위에서 손가락운동들 하느라 바쁘다. 필자가 강의 듣는 시 · 수필 창작교실에서도 모르는 단어나 표준말을 찾을 경우 누군가가 재빨리 스마트폰으로 검색하여 여러 문우들에게 실시간 알려준다. 교육적 효과만 해도 괄목할 만하다.

핸드폰을 집안에서 잃어버린 적이 있었다. 아무리 생각해도 행방을 알 수 없었고 필자의 기억도 예전 같지가 않았다. 좀 전 세탁기를 돌리고 겨울옷을 널은 기억이 났다. 겨울잠바 주머니를 조심스레 만지니 익숙한 것이 손에 잡혔다. 가슴이 쿵하고 내려앉는다. 찾은 것은 다행이나 이미 고물이 됐고, 다시 폰을 구매하는 일이며, 새 폰에 적응해야 하는 걱정까지 생각하니 큰 한숨이었다. 몇 년 전에도 잠시 물에 빠뜨려 다시 구매하고 혼난 적이 있는데, 좀 잘 챙길 걸 후회막심 하였다. 평소 익숙하던 것이라 분명 방심한 때문이었다. 우선 말리면서 폰 가게를 찾아가니 이미 핸드폰은 출고가 끊겼고 스마트폰을 구매해야 한단다. 스마트폰은 새로운 기술이나 서비스가 내장되어 있어 핸드폰보다는 기본사용료가 비싸다. 저녁 내내 폰을 말리고 하여 다음날까지만 두고 보기로 했다. 혹시나 해서. 다음날 조심스레 폰을 켜고 시동을 걸었는데 왠걸 작동이 되고 통화까지 된다.

세탁기속에서 한 시간 이상 세제까지 듬뿍 머금은 물속을, 이리 차이고 저리 쳐 박히며, 탈수의 횡포에도 시달렸는데 전혀 문제가 없다니. 참으로 다행이었고 우리의 모바일기기 기술수준과 제품의 우수성을 직접 체험하는 순간이었다. 수출용이 아닌 국내의 내수용품에 대해 가지고 있던 다소의 불신감이 순식간에 튼실한 신뢰감으로 확 바뀌었다. 엔지니어분들의 노고에 박수를 보낸다. 이후 지금껏 문제가 없었고 이젠 아주 소중히 다루고 있다. 이래저래 부담 가는 스마트폰을 마주 대하기가 겁이 나서이기도 하고.

안방을 나온 아내의 성, 남편의 성 -- 폐지 후 K행위를 범했을 경우는 어떤 상황이?

2012년 이번에도 예외 없이 혹독하게 차가웠던 겨울, 혹한나라 동장군이 관악산 내린 물을 따라 같이 흐르고 흐르다 지쳤는지, 아니면 미안했는지 숨겨둔 봄을 늦게 사 슬며시 내놓는다. 그래서 봄은 살짜기 오는 것이고, 온기가 있어 또 좋다. 겨우내 회색외투를 걸치고 멀찌감치 물러나 있던 청계산 · 관악산이 어느새 초록 색동옷으로 갈아입고 가까이 와 있다. 같은 산인데 왜 겨울 산은 멀게만 느껴지고 봄산은 지척에 있을까?

봄꽃 향기가 소란스러워졌는데도 양재천으로 향하는 길목 과천천변에는 청둥오리와 외가리 등 철새들이 아직까지 좁은 천변을 꽤 점령하고 있다. 러시아 북촌고향을 포기하고 눌러 앉아 다문화가정에 같이 명함을 내밀고 싶어서인지 · · · . 특히 청둥오리가 보이면 가까이에 반드시 한 마리가 더 있다. 수놈이 말쑥하게 차려입은 겉옷은 눈부시게 아름답고 윤기가 나 암수가 쉽게 구별된다. 혼자 있는 오리는 거의 없다. 금슬이 원앙새 못지않아 보이고 부럽기까지 하다. 반면 목이 길쭉하여 싱겁게 보이고 덩치가 커서 날개를 펼 때면 우산만한 외가리는 항상 혼자이다. 낚아채는 물고기도 꽤 큰 놈만 골라 먹어 욕심도 많은 놈 같다.

자전거를 타고 지나가다 간혹 큰 물고기를 부리에 물고 있는 모습을 보면 어떻게 삼킬 것인지 궁금하여 멈추어 지켜본다. 한 입에 덥석 못 삼키니 물고기를 물에 넣었다 뺐다 힘을 뺄 줄도 안다. 가는 목에 큰 물고기가 넘어가는 모습도 장관이다. 물고기가 목을 넘어가지 않을 것 같고, 또 숨도 막힐듯한데 물고기모양을 만들어내며 어렵지 않게 팽창한다. 하지만 필자가 느끼는 놈들의 가장 큰 특징은 혼자 있는 모습들이 항상 너무 외로워 보인다는 점이다. 꼭 내가 나를 바라보는 것 처럼.

그 놈들이 초저녁 한가로이 노는 모습을 보는 내 눈 속에는 뚝 건너 화훼비닐하우스가 총총 있는, 넓은 과천 들녘 가장자리에 우뚝 서 있는 청계산까지 한꺼번에 들어온다. '전원풍경' 이 뭔지 설명 없이도 실체로써 정의하고 있다. 청계산 자락에서부터 조용하면서도 웅장하게, 엊그제 과천시민회관 대극장에서

감상한 과천시교향악단 연주의 브람스 '전원교향곡'이라 평가하는 4악장이 그대로 앙코르재연 된다.

인간은 평생 끼니를 거르지 않듯, 행복과 사랑도 죽을 때까지 추구하고 꿈꾸는 동물이다. 이에는 남편과 부인도 예외가 아니다. 숨 다할 때까지 사랑하고 싶고, 받고 싶은 것이다. 부부가 일심동체일 경우 위와 같이 더할 나위없는 한 쌍의 청둥오리이다. 하지만 부부라 하더라도 절대 일심동체가 될 수는 없다고 외치는 소수 소신파도 간혹 있기는 하다.

사람들이, 경제가 발전하고 물질적 풍요 속에서도 너나 할 것 없이 외롭고 허전해 하는 것은 속마음에 텅 비어있는 방이 여럿이기 때문일 것이다. 물론 방 한 두 개쯤은 남편이나 부인들 차지이고, 자식들 방도 한 칸 있을 수 있다. 하지만 그 외 비어있는 방들이 또 있는 것이다.

우리는 공원산책길을 가다가, 혹은 미술관에서 또는 식당에서 우연히 저 건너편의 사랑스럽고 예쁜 이성을 마주하기도 한다. 그럴 땐 자신의 처지를 잠시 망각하고 미지의 그 멋진 남성 또는 여성을 월세 한 푼 안 받고 자신의 빈 방 깊숙히에 들여놓는다. 욕심장이들은 빈방을 다 채우려들 것이다. 마음속 비밀의 방들이라고 할까. 법률상 부부나 같이 사는 단순 동거인들일지라도 배우자의 그런 방까지 다 차지할 수는 없다. 강제로 상대편의 빈방을 다 점유하면 불법점유라고 방소유자로부터 쫓겨나거나 명도소송을 당할 것이다.

"K죄에 대해 위헌결정이 난다면 법률상 부부나 커플들 사이에 어떤 영향을 미치며, 향후의 전망은 어떨까?" 라는 질문에 필자는 '무척 흥미진진해 질 것이다' 라는 말로 답한다. K죄가 폐지되면 몰래 숨어하는 사랑의 감칠맛이, 그 스릴감이 반감되거나 없어질까? K죄가 폐지되어도 재판상 이혼사유는 된다는데 그 법률적 효력은 정확히 어떻게 되는 건지?

이 글을 준비하는 2012년 현재까지도 간통죄 폐지냐 아니냐에 대한 논의와 자기주장만 무성할 뿐이지, 폐지되었을 경우 변화된 사회적 · 법률적 환경에 대비하거나 적응을 위한 진지한 고민은 어디에도 보이지 않는다. '필자만 이 점에 대해 고뇌하나보다' 라는 생각이 든다.

로맨스와 불륜의 교차로를 지켜보던 신호등이나 CCTV가 없어지고 개인의 자율에 맡겨지는 격인데, 자율은 자유스러우나 스스로의 규율과 책임이 반드시 따르게 된다. K죄 폐지 후의 변화된 법률적 환경에 대비하여 개인과 부부·사회가 미리 짚어 볼 필요성이 있다

필자의 가상현실로 K죄가 폐지되었고, 이에 따라 폐지여부에 대한 논쟁도 일단락되었다고 가정해보았었다. 시대적 조류가 그러하고 헌법재판소까지도 이를 인정할 수밖에 없었으니 힘없는 우린들 모두 따를 수밖에. 향후 과제는 부부나 커플들이 K죄 없는 법적 환경아래에서 어떻게 잘 적응해나가느냐가 문제다. 헌재가 구체적으로 확인해 준 헌법상 개인의 인격권·성적자기결정권을 충분히 행사하다보면 민법의 가족법상 부부의 권리·의무들과 반드시 충돌 하게 된다. 법적 충돌이고 가정 내의 문제이기도 하다.

만약 남편이 다른 여성과 연애를 하고 혼외정사까지 갔으면 현행법상 K죄로 처벌받고, 또 한편으로 민법 제840조1항의 '배우자에 부정한 행위가 있었을 때'에 해당하여 재판상 이혼사유도 된다. 상대편인 상간자도 K죄로 함께 처벌될 수 있다. 그러나 K죄가 폐지되었을 경우에는 형사처벌은 면하더라도 역시 배우자로부터 이혼당할 수 있다.

또 남편이 연애가 아니고 일회성일지라도 성매매업소나 유흥주점 등에서 성을 매수하였을 경우는 현행법상 K죄와 성매매특별법위반의 상상적 경합범이 되고, 역시 민법에 따른 재판상 이혼사유가 된다. 상대편 불법업소의 여종업원은 손님의 개인신분이나 가족관계를 알 턱이 없으므로 상간자로 처벌받지는 않으나, 업소 대표와 함께 역시 성매매특별법위반의 죄로 의율 된다.

'상상적 경합'이란 '관념적 경합'이라고도 하는데, 1개의 범죄행위가 수개의 죄에 해당하는 경우에는 가장 중한 죄에 정한 형으로 처벌하는 경우를 말한다(형법 제40조). 성매매특별법에는 '성매매알선 등 행위의 처벌에 관한 법률'과 '성매매방지 및 피해자보호 등에 관한 법률'이 있다. 모두 형법에 대한 특별법이라 할 수 있고, 일반법인 형법보다 우선 적용된다.

K죄가 폐지되었을 경우를 가상할 때, 남편은 K죄의 처벌은 면하더라도 성매매특별법위반의 형사처벌과 역시 부인으로부터 이혼과 위자료청구를 당할 수 있다.

반면 아내가 다른 남성과 K행위를 범하였을 경우는 위 남편의 경우와 마찬가지로 현행법상 K죄 규정에 따라 K죄로 처벌되고, 민법 제840조1항의 '부정한 행위가 있었을 경우'에 해당하여 재판상 이혼사유도 된다. 역시 상대편인 상간자도 K죄로 함께 처벌될 수 있다. 그러나 K죄가 폐지되었을 경우를 가상하면 K죄의 처벌은 면하더라도 역시 배우자로부터 이혼과 위자료 소송을 당할 수 있다.

남편의 경우든 아내의 경우든 일방 또는 쌍방의 귀책사유로 이혼할 경우에는 위의 이혼과 위자료문제뿐만 아니라 재산분할, 미성년의 자녀에 대한 친권자 · 양육자지정 및 양육비, 자녀에 대한 면접교섭권의 행사 등 여러 문제에 부닥친다. 재산분할은 혼인생활 중 재산이 증가하였을 경우에 재산형성에 대한 기여도를 고려하여 분할의 비율을 정하게 되는데, 귀책 · 파탄사유가 누구에게 존재하는지 여부와 상관없이 인정되는 개념이다.

그러나 실무 경험칙상 파탄사유 있는 일방당사자에게 재산분할도 다소 불리하게 작용할 소지가 충분히 있다. 부정행위의 귀책사유 있는 자는 아무래도 가정과 재산형성에 그만큼 소홀하게 되므로 이러한 점이 담당판사의 심증형성에 영향을 줄 수 있기 때문이다.

또한 자녀의 친권자나 양육자를 정하는데 있어서 협의가 성립하지 않고 분쟁이 있을 경우에는 즉, 쌍방이 서로 자녀를 맡아 기르겠다고 다툴 경우 파탄사유 있는 당사자에게 역시 불리하게 작용한다. 파탄사유 있는 부 또는 모가 자의 복리 즉, 양육과 교육에 긍정적일 수 없기 때문이다.

실무상으로는 모(母)가 파탄사유 있어도 자녀가 젖먹이나 유아일 경우는 양육자로 지정될 가능성이 크다. 어머니의 손길이 반드시 필요한 시기이므로.

최근엔 서로 자녀를 양육하지 않겠다고 다투는 부모들도 간혹 있다. 자의 복리를 위해 매우 안타까운 일이다.

미성년의 자녀에 대한 양육비는 부 · 모가 별도의 협의가 없을 경우 각 1/2씩 부담하게 되는데, 양육친이든 비양육친이든 부담의무가 있다. 양육친은 자녀를 부양 중이므로 비양육친 즉, 양육하지 않는 부 또는 모만 자녀가 성년에 달할 때까지, 정확하게는 자녀가 만20세가 되는 출생일의 전일까지 전체 양육비의 1/2을 매달 분납으로, 또는 일시불로 부담하는 것이다. 비양육친이 양육비 전체를 부담하는 것으로 잘못 알고 있는 경우가 많다.

현행법상으로는 만 20세로 성년이 되나(민법 제4조), 2011년 초, 이 조항의 민법개정안이 국회 임시본회의를 통과하여 만 19세로 성년이 된다. 2013. 7. 1.부터 시행될 예정이다.

☑ 부정한 행위

k죄가 성립하기 위해서는 배우자 있는 남 또는 여가 상대방 이성과의 사이에 구체적인 성행위가 이루어져야 한다. 이러한 성관계는 남녀가 단순히 사귀고 껴안거나 입맞춤·애무 정도로는 성립하지 않고, 성기의 결합이 있어야 함은 주지의 사실이다.

이와 달리 민법 제840조1항의 재판상 이혼사유인 '부정한 행위'는 간통뿐만 아니라, 간통에 이르지는 않았으나 부부의 정조의무에 충실하지 아니한 것으로 인정되는 일체의 부정행위를 모두 포함하는, 보다 넓은 개념이다. 그렇다 하여도 막연한 개념이므로 구체적 사례인 판례로써 감을 잡아야 한다.

"'배우자에 부정한 행위가 있었을 때'라 함은 혼인한 부부간의 일방이 부정한 행위를 한 때를 말하는 것으로 혼인 전 약혼단계에서 부정한 행위를 한 때에는 위 제1호의 이혼사유에 해당한다고 할 수는 없다. 약혼기간 중 다른 남자와 정교하여 임신하고는 그 혼인 후 남편의 자 인양 속여 출생신고를 한 것은 그 혼인생활의 경과 등에 비추어 혼인을 계속할 수 없는 중대한 사유가 된다고 하기 어렵다(대법원 1991. 9. 13. 선고 91므000 판결)"

"고령이고 중풍으로 정교능력이 없어 실제로 정교를 갖지는 못하였다 하더라도 배우자 아닌 자와 동거한 행위는 배우자로서의 정조의무에 충실치 못한 것으로서 제840조 제1호의 '부정한 행위'에 해당한다(대법원 1992. 11. 10.선고 92므00 판결)"

"캬바레에 춤을 추러 갔다가 그 곳에서 다른 남자를 만나 알게 되어 친하게 되고 그 남자와 기차를 타고 춘천에서 강릉에 있는 자신의 집까지 동행한 사실만으로는 제840조 제1호의 소정의 부정한 행위를 한 것으로 단정할 수 없다(대법원 1990. 7. 23. 선고 89므0000 판결)"

부부가 이혼하기로 합의한 후 재산분할을 둘러싸고 협의가 성립되지 않아 이혼이 미루어지고 있던 중 일방 배우자가 다른 사람과 정을 통했다면 K죄로 처벌할 수 있을까?

처벌할 수 없다. 대법원은 "당사자가 더 이상 혼인관계를 지속할 의사가 없고 이혼의사의 명백한 합치가 있는 경우에는 비록 법률적으로는 혼인관계가 존속한다하더라도 상대방의 K행위에 대한 사전 동의라고 할 수 있는 종용에 관한 의사표시가 그 합의 속에 있는 것으로 보아야 한다. 이혼의사의 합의는 반드시 서면에 의한 경우뿐만 아니라 당사자의 언행 등 여러 가지 사정으로 보아 혼인 당사자 쌍방이 더 이상 혼인관계를 유지할 의사가 없었던 사정이 인정되고, 어느 일방의 이혼 요구에 상대방이 진정으로 응낙하는 언행을 보이는 사정이 인정되는 경우에도 이혼의사의 합치가 있었다고 인정할 수 있다" 고 하였다.

K죄와는 범죄구성요건이 다르나 부부의 성과 관련하여 같은 범주라 할 수 있는, 남편의 폭행 또는 협박으로 인한 '아내 강간죄(형법 제297조)' 가 성립할 수 있을까?

현재까지의 대법원판례에서는 '부부 사이에 강간죄가 성립할 수 없다' 고 하여 인정하지 않고 있으나, 이를 인정하는 몇 건의 1 · 2심법원판례가 있기는 하다. 외국의 선례를 보면 미국을 포함한 여러 국가에서 이를 인정하고 있고 점차 늘어나는 추세이다. 한국도 그러한 움직임을 보인다.

학자들 사이에서도 견해가 엇갈리나, 이를 인정하는 입장을 보면 현행 형법상 강간죄의 객체를 '부녀' 라 정하고 있으므로 부녀의 개념에 배우자가 빠질 이유가 없다고 주장한다. 또 민법상 부부사이의 동거의무는 정상적인 성생활을 요구하는 범위 내에서만 허용되는 것이며, 폭행과 협박을 동원한 부부간의 강제적인 성관계는 강간죄의 범죄구성요건을 충족한다고 한다.

부정하는 입장을 보면, 부부간의 특수성을 고려해 신중하게 접근해야하고 부부간 성관계의 은밀성과 특수성을 고려한다면 제한적으로 해석할 필요가 있다고 한다.

부부사이가 아닌 관계에서 폭행 또는 협박으로 부녀를 강간하였을 경우는 형법상의 강간죄가 아닌 성폭력특별법이라 할 수 있는 '성폭력 범죄의 처벌 및 피해자보호 등에 관한 법률' 의 적용을 받아 훨씬 더 엄한 처벌을 받게 된다.

K죄가 위헌결정되고 폐지된다면, 2010년에 이미 위헌결정이 난 혼인빙자간음죄와 더불어 헌법상 보장된 개인의 인격권 · 성적 자기결정권 · 행복추구권 등의 기본권에 대하여 구체적으로 보호를 선언하는 결과인 반면, 폭행 · 협박을 동원한 성범죄는 그 형벌수위를 훨씬 높여 개정된 일명 '도가니' 법조항과 같이 갈수록 처벌이 강화되는 추세이다.

바야흐로 잇슈가 많은 세상. 잇슈가 없으면 만들어 내기도 하는 그런 세상이다. 그동안 무덤덤 · 무관심 속에 덮여져 있던 추악하고 정의롭지 못한 부분들도 속속 들어나고 있다. 긍정적이고 바람직한 모습이다. 드러나야 실체를 알 수 있고 정의의 잣대를 대며 소독 하고 청소도 할 수 있는 것이다.

일회성이 아닌 지속적 잇슈로는, 학교폭력 · 성폭력 · 취업난 · SNS 및 소통과 스마트 시대 · 전자북의 등장 · 이혼의 증가로 인한 가정해체 및 결혼과 출산회피 · 단순동거의 증가 · 성 개방 · 철옹성 같았던 사법부 및 법조계의 개혁 · 여성에 대한 법적 및 사회적 평등의 실현과 그에 따른 남성들에 대한 역차별 들이다.

이들은 대체로 법이나 룰과 친밀한 관계이다. 바로잡아야 할 잘못이나 새로운 문화의 접목에는 우선 법과 규칙에 기초하지 않고는 뿌리내리거나 봄날의 꽃처럼 활짝 피울 수 없다.

이들 중에서 사회와 조직관계에 있어서 남과 여의 조화 · 배려 · 소통 또는 성문제와도 결코 무관하지 않은 글모음을 소개 한다.

얼마 전 서울중앙지법 민사합의부 재판장들이 배석판사가 모두 여성들로만 구성된 재판부를 운영하면서 느꼈던 애로사항과 주의사항 등에 관해 나눈 의견들을 취합하여 남녀의 성별이나 세대차이, 이해부족으로 생기는 오해나 불편한 상황들을 예방하여 재판부가 잘 운영될 수 있도록 도우자는 취지로 작성되었다 한다. 이글에 대해 대부분의 판사들이 남녀간, 세대간 차이를 해소하고 조화를 이루기 위한 적절한 참고사항이라는 데에 공감하는 반응을 보였다한다. 배석이란 민 · 형사 합의재판부에서 부장판사를 중심으로 좌 · 우로 배치된 좌배석 · 우배석판사를 말한다. 좌배석이 우배석보다 서열이 대체로 높다. 조선시대 좌의정이 우의정보다 서열이 앞서듯이.

♣ 여성 배석판사들과 함께 근무하는 부장판사 유의점

* 개인적인 사생활 관련 내용은 세심하게 접근하는 것이 좋다
* 야한 농담, 신체, 종교, 이성교제 경험, 결혼여부 등 적절치 않은 대화주제는 피한다.
* 인기 연예인, 드라마 등 식사시간을 위한 대화의 소재를 준비하라
* 사무실 등에서 단 둘이 있는 경우 문을 열어 둬라
* 배석들을 자신의 맞은편에 앉게 하고 시선은 분배하라
* 대화중에 신체를 건드리거나 상하로 훑어보는 일을 삼가라
* 여름철 야근할 때 짧은 바지로 갈아입는 일이 없도록 하라
* 재판을 쉬지 않고 2시간 넘게 진행하는 일이 없도록 하라
* 판결 수정과정에서 배석판사 한 명만 칭찬하거나 나무라지 마라
* 대화 때 얼굴을 너무 가까이 하지 말고 적당한 거리(1m)를 둬라
* 배석판사들보다 식사속도가 빠르지 않도록 배려하라
* 배석판사들이 요청하지 않으면 저녁식사는 따로 하라
* 야근을 위해 함께 식사하는 경우 가능하면 외부에서 배석들이 원하는 메뉴를 사줘라
* 회식 시 술을 강권하는 것은 엄금. 분위기상 한 번 쯤 권유하는 것은 허용된다.
* 회식은 원칙적으로 밤 10시 전에 끝내고 늦어도 12시를 넘지 마라
* 전화통화나 문자메시지를 보낼 땐 너무 이른 아침이나 밤시간을 피하라
* 다른 재판부의 여성판사에 대한 이야기는 하지 않도록 한다

필자가 보기에도 도덕과 법의 경계선을 명확하게 구별하고, 정의로움이 무엇인지 고뇌하며, 그 결과물인 판결들을 쏟아내야 하는 엘리트 법률전문가그룹인 법관들의 현명한 의견들을 취합한 것은 사법부 외에 다른 공공기관이나 기업문화에도 충분히 어울릴 것 같다는 생각이 든다. 즉 남성위주의 조직에서는

'여성 배석판사' 를 '여성 직원' 으로, 여성위주의 조직에서는 '남성 직원' 으로 바꾸어본다면 말이다. 일부 내용은 잘 원용하기에 따라 개인들 또는 법률상 부부와 커플들 사이까지 더욱 윤택하게 할 수 있는 에티켓일 수 있다.

즉 맨 마지막 멘트의 '다른 재판부 여성판사에 대한 이야기는 하지 않도록 한다' 를 '배우자를 다른 부부나 커플의 남성이나 여성과 절대 비교하거나 언급하지 않도록 한다' 로 · · · .

K행위와 관련한 스마트한 부부 '룰' -- 행복추구권과 성적자기결정권

등산을 하다보면 하산 길에 몸과 정신이 탈진하여 간혹 길을 잘못 드는 경우가 있다. 순간 조난이라도 당하지 않을까 긴장하게 되나, 약간 둘러가고 시간이 좀 더 소요될 뿐이지 대부분 별 탈 없이 하산하고 등산을 종료한다. 그러나 잘못 지나온, 이름 없는 하산 길은 평생에 단 한 번 밖에 겪을 수 없는 소중한 경험이 된다. 두 번 그 길을 갈 가능성이 희박하므로. 그런데 그러한 길은 사람의 발길이 드물어 숲이 더욱 울창하고 자연미가 깊으며, 가을철 단풍 익는 냄새가 더 찐한 것이 보통이다. 계획엔 없었으나 괜찮은 경험을 한 것이고 기억에도 오래 남는다.

내가 인생의 여정에서 배우자를 만나 혼인을 하여 부부의 연을 맺고, 자녀를 얻으며 또 뜻밖의 이혼을 하는 등은 모두 실전이다. 미리 예행연습을 하여 좀 더 잘 할 수 있는 것이 아니다.

부부의 일방 또는 쌍방에 어느 날 로맨스가 노크하여 K행위를 범하게 된 경우 그 사실이 배우자에게 드러나면 거의 모든 부부들 사이에 분쟁의 화약고가 된다.

분쟁의 해결방법 중 분명한 한 가지는 이로써 헤어지고 이혼을 하는 것이다. 이혼은 가정이 해체되고 파탄사유 있는 자가 상대방 배우자에게 위자료도 지급하고 재산도 분할한다. 일방 배우자는 자녀들과도 떨어져 지내게 되고 대신 면접교섭권을 행사한다. 이것이 이혼의 법리이다.

혼인생활과 이혼을 마치 천국과 지옥에 대비시키는 극단적 표현을 하는 사람들도 더러 있다. 그러나 인생길에 꽃이 피었다 지는 것처럼 둘 다 일상적인 일로 편히 받아들여야 하는 게 세상과 자연의 이치에 맞지 않을까? 필자의 생각이다. 법정스님은 생과 사는 다르지 않다고 하여, 삶과 죽음을 같은 선상에 놓았듯이, 동일한 이치이지 않을까.

그러나 이혼을 선택하는 외에 가정을 지키고 자녀들과 헤어지지 않으면서 혼인 상태를 그대로 유지하며 사는 경우도 있다. 겉으로 보면 전혀 부부의 속내를 알 수 없으나 그런 부부도 많다고 하는 세태이다. 이러한 경우 부부 사이에 지혜를 짜내어 그 형편에 맞는 적절한 타협점을 찾고, 협의 · 약속한 사항이 무엇이든 잘 이행된다면 가정과 가족관계 · 부부관계가 계속 유지될 것이다.

이 때의 타협점이란 결국 명시적 또는 묵시적 약속이나 협의가 될 것이다.

묵시적 약속(또는 '묵인')일 경우는 서로 몸짓 · 표정으로만 힘겹게 소통하고 때로는 오해가 불거져 또 다른 분쟁이 되기도 할 것이며, 명시적 약속이란 부부사이에 그에 대한 의사의 합치를 이루고 룰도 정하여 이를 '협의서' 나 '약정서' 등의 형태로 서식화한 후 이를 성실히 지켜나가는 것이 될 듯하다.

클린턴이 르윈스키와의 부적절한 관계가 외부에 알려지면서, 이에 세상 사람들은 당연히 배우자인 힐러리가 어떻게 대응할 지에 궁금해 했었으나, 외형상 부부사이에 아무런 일도 일어나지 않았다. 대통령 임기종료까지 그 스캔들은 임무수행에 전혀 지장을 초래하지 않았다.

피해자라 할 수 있는 힐러리가 현명하게 대처하고 슬기롭게 극복한 모습이 그려지는데, 현재는 일국의 대통령보다 더 파워 있다고 하는 미국 국무장관직의 중책을 수행하고 있다. 젊고 지성미 넘치는 이지성 작가는 '성공하려면 힐러리처럼 하라' 고 하고 있다. 오바마의 존재만 아니었다면 퍼스트레이디 출신 첫 여성 대통령이 되어있을지도. 그러나 부부의 속내를 들여다볼 수 있다면 외부에서 낌새를 차릴 수 없는 어떤 타협이 분명 존재했으리라.

K죄에 대해 국가가 공권력을 동원하여 형벌로서 관여하다가 이제는 참견하는 것이 헌법에 위배되니 '니들이 알아서 (현명하게 잘) 해결하라' 하므로 (K죄가 폐지되었다는 가정 하에), 자체적으로 규율하는 어떤 룰이 필요하다. 필자가 나름의 룰을 제시해 본다. 물론 우리의 헌법 및 가족법 등 실정법에 부합하는 테두리 내에서이다.

형법상 K죄의 보호법익은 성적 풍속으로서의 성도덕 또는 가정의 기초가 되는 제도로서의 혼인이다.

사회의 일반 경험칙상, K행위의 태양은 매우 광범위하고 다양하다. 그 중 1회성이나 우연적 K행위에 그치는 사례를 살펴 본다.

남편이 성매매업소를 통해 성을 매수한다든지, 또는 회식 후 우연한 자리에서의 직장동료 혹은 다른 여성과의 1회성 K행위를 범하는 경우들이다. 이때에도 당연히 K죄가 성립하고 남편을 처벌하기 위해서는 친고죄이므로 관할 수사기관(경찰서 또는 검찰청)에 피해자인 부인의 고소가 필요하다. 이혼의 파탄사유도 된다.

그러나 남편으로서는 1회성의 K행위를 범하는 정도로는 결코 가정의 해체까지 염두에 두지는 않는다. 반면 피해자인 부인이 느끼는 혼인의 순결과 신뢰성 대한 파괴감정은 제각각 다를 수 있고, 이혼을 불사할 정도가 되기도 한다. 그러나 경험칙상 대체로 남편의 일순간 잘못으로 치부하고 혼쭐을 내는 한이 있어도 이 정도로는 이혼하는 경우는 드물다. 대신 남편이 무릎 꿇고 작성한 '각서'를 단단히 거머쥐게 된다. 제목을 각서, 이행각서, 협의서, 합의서 또는 다짐글이라 해도 무방하다.

아래 사례는 내용을 부인이 작성하고 남편이 아무 이의 없이 서명·날인한 경우이다. 실질적으로는 남편의 K행위를 통해 부부가 일정한 '룰'을 정한 것이라고도 볼 수 있다.

※. 다 짐 글

다 짐 글

남 편 최 일 식 (750000-1000000)

위 최일식은 2012. 0. 00. 부인 김이순과의 사이에 다음과 같은 사항들을 다짐하고 협의하였으며 이에 각서한다.

1. 이 글은 남편의 일순간적·일방적 잘못으로 인해 작성하게 되었고, 비록 음주로 인한 심신의 장애상태 하에서 우발적으로(또는 직장동료들의 충동으로) 발생한 사태라 하더라도 결과적으로 부부간 성적 성실의무와 부인의 신의를 저버린 남편의 위법행위임을 분명하게 인식하고 확인한다.

따라서 이 후 이러한 남편의 파탄(또는 귀책)사유가 재발되어 이혼하게 될 경우 대부분의 법적·사실적 책임은 남편이 지기로 한다.

2. 각서한 날인 2012. 0. 00.부터 6개월 동안 부부는 각방과 각각의 침실을 따로 사용하고, 각자 거주하는 공간을 상대편의 의사에 반하여 침범하지 않는다. 부부간 정교행위는 서로 동의(또는 부인의 승낙)하에서만 가능하고 위 기간 동안은 부인의 감정을 고려하여 일상적 필요한 대화 외에는 당분간 대화를 단절한다. 단, 자녀들 앞에서는 이러한 속내를 보이지 않도록 가급적 밝은 표정으로 상호 노력을 게을리 하지 않는다.

남편은 다짐 이 후부터 술은 줄이고 퇴근 후에는 귀가를 서두르는 등 신의 있는 행동을 보여주어야 한다.

3. 위 기간 동안은 남편의 스마트폰과 이메일 등 인터넷소통서비스를 부인이 검색할 수 있다. 단, 위 기간 전이라도 남편의 신뢰성이 회복되었다고 확신될 경우는 검색을 즉시 중단할 수 있다.

4. 1달 이내에 부부는 함께 부부상담 전문가나 전문기관을 방문하여 부부사이의 문제점이나 개선할 부분은 없는지에 관해 상담을 받기로 하는 등 부부관계 개선에 적극 노력한다.

5. 이혼할 경우

위의 노력에도 불구하고 남편에게 전과 유사한 파탄사유가 발생할 경우 부부는 이혼한다(또는 부인의 이혼요구에 남편은 이를 거절할 수 없다). 이혼은 많은 시간과 비용이 소요되는 재판상 이혼을 피하고 협의이혼하기로 한다.

▷ 자녀에 대한 양육권 등 -- 이혼할 경우는 자녀가 아직 어리므로 부인을 친권자 및 양육자로 정하고, 남편은 자녀들이 만 20세가 될 때까지 매달 80만원씩의 양육비를 지급하며, 대신 자(子)의 복리를 충분히 고려하는 방법으로 면접교섭권을 적절히 행사한다.

▷ 사생활 존중 -- 이혼하기로 의사가 합치한 날부터 이혼종료 때까지는 각자의 사생활을 존중하고 상대방의 인격권이나 행복추구권 · 성적자기결정권 등의 권리를 일체 침범할 수 없다. 사생활에는 타인과의 전화 · 이메일 등 정보통신교환과 타인과의 교제 및 정교행위 등 모두 포함하고 이를 서로 일체 관여하지 않기로 한다.

▷ 위자료 · 재산분할 -- 남편의 파탄사유로 이혼할 경우는 위자료 3,000만원을 부인에게 지급한다. 지급일시는 이혼절차가 종료한 날(가족관계등록관서인 시 · 읍 · 면사무소에 이혼확인서를 제출하고 신고하는 날)로 정한다.

재산은 부부쌍방이 혼인 전부터 소유하던 특유재산을 제외한 나머지 혼인생활 중 공동으로 이룩한 재산 모두를 동산 · 부동산 · 채권으로 각 분류하고 합산(시가 합산)하여 5 : 5의 비율(각 1/2씩)로 분할한다.

6. 이혼 후 서로의 장래에 대해 상호 걸림돌이 되지 않도록 각별히 노력한다. 특히 자녀에 대한 친권자이자 양육자인 김이순이 재혼할 경우, 자녀들의 성을 재혼남편의 성으로 변경하더라도 남편 최일식은 기꺼이 그에 동의하기로 한다.

7. 위 사항들은 부부 쌍방이, 특히 남편은 각별히 주의하여 신의에 좇아 성실히 이행하기로 한다.

2012. 0. 00.

협의인 남 편 최 일 식 (날인 또는 서명)
부 인 김 이 순 (날인 또는 서명)

글 속에는 남편의 K행위 인정문구가 들어가 있으므로 혹 부부가 이혼 시 부인이 남편의 파탄사유를 입증함에는 어려움이 없다.

또한 양육비는 자녀가 만 20세의 성년이 되는 때까지 지급하여야 하는데 정확하게는 만 20세가 되는 생일의 전날까지가 된다. *민법의 개정으로 2013. 7. 1.부터는 만 19세로 성년이 된다.

부부가 아직 이혼절차를 종료하지 않았더라도 이혼의사의 합치가 이루어진 후에는 다른 이성과 정교행위를 하더라도 이는 K죄가 성립하지 않는다. K행위에 대한 사전 '종용' 이 되어 처벌할 수 없다고 한다.

현실은 위와 같이 1회성·우발적 K행위에 그치는 형태 외에도, 상간자가 기혼인 경우 또는 미혼인 경우, 부부사이에 이혼의사의 합치가 이루어져 사실상 혼인관계가 파탄이 났으나 법률상 이혼이 이루어지지 않은 상태에서 새로운 이성과 교제하는 형태, 부부나 가족의 걱정과 만류를 뿌리치고 공개된 상태에서 장기간 지속적으로 한 사람과 K행위를 하는 형태 등 다양하다.

이런 경우에도 부부의 관계가 개선되거나 혹은 단절될 때까지는 현명하면서도 법에도 부합하는 '룰' 을 찾고 이로써 타협점을 찾아야 할 것이며, 명시적 서식이 필요할 경우에는 위 서식을 그 형태에 맞도록 잘 원용하면 될 것이다.

K행위와 혼인의 파국

대부분의 사람들은 이성과 혼인을 하고 자녀를 얻어 가정을 이루며, 또 살면서 어쩔 수 없이 헤어지는 선택을 하기도 한다.

결혼은 축복 속에 성대히 이루어지나 이혼은 쉬쉬하며 마치 죄지은 듯, 인생의 큰 오점인양 본인 스스로는 물론이고, 타인의 눈길도 아직은 곱지 않은 것이 현실이다. 2000년대 이후부터 매년 30여만 건의 결혼과 10만 여 건의 이혼(협의상 이혼 및 재판상 이혼 모두 포함)이 이루어지고 있다.

결혼할 무렵에 미리 이혼을 예상하는 부부는 단 한 명도 없겠지만 그들의 1/3 정도가 이혼을 하고 있는 것이 엄연한 현실이다. 이에 이혼도 현대문화의 범주 속에 넣을 수밖에 없다. 그러나 현재의 이혼문화 질은 매우 낮은 수준에 머물러 있고 당사자들의 이혼에 접근하는 마음가짐도 비합리적이며 일시적 · 충동적 감정의 지배를 받아 이혼을 결정하고 있는 것이다.

이에 따라 이혼도 결혼에 못지 않는 격려와 용기, 합리적 사고방식과 나아가 또 다른 의미의 축복까지 받아야 마땅하다고 생각하는 것이 필자의 지론이다.

반드시 헤어져야 할 형편이라면 가능한 한 재판까지 가지 않고 서로에게 씻을 수 없는 큰 상처를 남기지 않으면서도 한편으로 분쟁을 최소화하고, 쉽지는 않겠지만 나아가 오히려 그 간의 혼인생활에 대해 서로에게 감사하고 격려하면서, '아름답고 성숙한 이혼' 을 선택할 수는 없을까? 그리하여 결혼문화의 질에 비해 형편없이 낮은 수준의 이혼문화의 질을 조금이라도 높여졌으면 바램이다.

이혼사유는 다양하다. 그 중에서도 배우자의 K행위나 부정한 행위로 헤어지는 경우가 가장 많다. 그러나 이혼을 하려해도 배우자 및 자녀와의 사이에 관한, 협의해야 할 많은 사실적 · 법률적 과제에 부닥치게 된다.

즉, 상대방 배우자와의 사이에 이혼의사의 합치 및 이혼 시 K행위라는 불법행위에 따른 위자료(손해배상) · 재산분할 · 양육할 자녀가 있을 경우는 친권자 및 양육자지정 · 양육비 · 면접교섭권 등에 관한 협의를 하여야 하고, 협의에 있어 분쟁이 존재할 경우는 협의가 쉽게 이루어지지 않는다.

위 협의사항들은 모두 재판상 이혼의 판결서 주문에도 나오는 사항들로서 미리 모든 사항에 대해 '일괄타결' 하는 협의에 이를 수 있다면 추후 법적 분쟁을 예방할 수 있다.

만일 협의가 성립되어 법원에 쌍방이 출석하여 협의이혼의사확인신청서를 제출 할 경우에는 법원의 정해진 서식인 '자의 양육과 친권자결정에 관한 협의서(면접교섭권의 행사 여부 및 그 방법도 포함)' 를 반드시 첨부하도록 하고 있으며, 부부사이에 위자료나 재산분할에 관해 협의한 합의서가 별도로 있는 경우에는 그 합의서도 제출(임의적) 가능하다.

이혼 후 2년 내까지도 청구 가능한 재산분할과 같이, 이혼 먼저 한 후 가까운 시일 안에 위 사항들을 협의할 수도 있으나 경험칙 상 이혼 후 재산분할 등 각종 협의에 도달할 가능성은 매우 적은 것이 현실이다.

2012년 현행법상(민법 · 가족관계의등록등에관한법률 및 동법 규칙), 협의상 이혼을 할 경우 가정법원이 제공하는 이혼에 관한 안내를 받아야 하고, 전문상담인의 상담을 받도록 권고할 수 있으며(임의적), 숙려기간(1개월 또는 3개월)이 경과한 후에 가정법원의 확인을 받아 가족관계의 등록 등에 관한 법률이 정한 바에 의해 가족관계등록지(구 본적지), 주소지 또는 현재지의 가족관계등록관서인 시(구) · 읍 · 면사무소에 신고함으로써 혼인이 해소되는 법률효과가 발생하게 된다.

법률지식을 모르는 등의 이유로 결국 협의가 성립되지 않아 변호사를 선임하여 재판상 이혼을 청구할 수 밖에 없는 경우에는 이에 따른 시간(가사소송 제1심은 보통 7 ~ 8 개월 이상 때론 1년도 소요되며, 1심 판결에 불복하여 항소 또는 대법원에 상고할 경우까지 포함하면 2~3년이 걸리기도 한다.)과 상당한 액수의 변호사 선임료 등 재판비용이 소요된다.

또 재판 중 소송상의 공격과 방어권을 행사하다보면 서로의 치부를 법정에서 적나라하게 드러내게 되어 승소 여부와 상관없이 쌍방이 인생에 있어 크나큰 상처를 입게 된다. 따라서 헤어질 수밖에 없는 상황이라면 원만한 협의를 위해 분쟁 당사자 사이에 ±5%의 양보(특히 재산분할 또는 자녀 양육권에 있어서)와 타협과 상대를 배려하고 측은해 하는 마음이 반드시 필요하다.

협의상 이혼은 아무런 파탄사유 없이도, 또는 단순한 성격상의 차이로도 혼인이 해소되는 경우이지만 실무 경험칙상 대체로 민법 제840조의 재판상 이혼 원인사유와 동일하며 파탄원인의 정도 및 협의의 불성립 차이만 있을 뿐이다.

가정법원의 이혼 판결문은 일반 민·형사의 판결문에 비해 과거보다 많이 길어졌고 앞으로 더욱 길어지리라 예상한다.

이유는 현재의 가정 및 사회생활이 복잡다단해져 이혼의 파탄사유도 이를 반영해 과거보다 더욱 다양해졌고, 과거 파탄사유 있는 유책배우자가 주로 남성위주였는데 최근엔 여성의 경우도 많아져서 남·녀의 비율도 큰 차가 없다. 또한 재산분할에 있어서도 재산의 종류와 그 소유형태가 다양해져 분할함에 있어서의 다툼도 치열해졌다.

친권자 및 양육자지정, 양육비 및 면접교섭권에 있어서는 법 개정으로 이혼 시 자녀의 복리를 우선 고려하여야 하는 등, 이와 같은 여러 분쟁들을 판결로서 일거에 해소하기 위해서는 판결문이 길어질 수 밖에 없다.

이에 따라 협의상 이혼함에 있어 분쟁당사자 사이에 작성하는 협의서도 판결문 못지않게 자세히, 나아가 판결문보다 더 자세하고 구체적으로, 장래 발생하리라 예상되는 상황 및 예상할 수 없는 돌발적인 상황의 경우에는 '어떻게 하기로 한다.' 까지에 대해서도 협의하여 정해둔다면 이혼 후 발생할 수 있는 여러 가지 분쟁을 미리 예방하는데 도움이 될 것이다.

위 모든 협의사항들에 대해서 협의가 성립될 경우 판결문과 같이 '일괄타결' 하고 그에 따른 협의서를 작성하는 것이 바람직하며 자녀의 친권자 및 양육자지정에 있어서는 나 아니면 절대 안 된다는 생각을 버리고 자녀의 복리를 우선 배려하는 방향으로 협의에 임하여야 할 것이다.

면접교섭권에 있어서는 이를 행사하는 일방당사자 또는 상대방은 면접교섭이 단순히 비양육자인 부 또는 모가 자녀와 만나 대화하고 식사하는 것에서 벗어나서 자녀의 형편과 학업·시간·가족애 등을 고려하면서 자녀의 복리를 도모하고 정신적·육체적 성장에 기여할 수 있는 면접교섭이 될 수 있을지데 대해 의논하고 공부하고 또 필요 시 전문가의 도움도 받아야 할 것이다.

*** 자녀를 각자 1명씩 데리고 재혼한 상태에서 일방의 파탄사유(K행위)로 협의상 이혼할 경우에 이혼협의서를 작성하는 예를 본다.**

재산 및 자녀에 관해 원만히 협의가 이루어진 사항 -- 혼인 전 '부부재산약정서' 에 따라 각자의 재산은 이혼 시에도 재산분할의 대상으로 하지 않기로 하며, 따라서 각자 명의의 고유재산을 포함한 특유재산은 혼인 전과 다름없이 각자 소유로 한다.

갑이 관리하고 있던 을의 급여통장의 잔액 3,000만원 중 그 1/2인 금 1,500만원씩을 분할하기로 한다.

가재도구와 가전제품 등을 포함한 모든 생활용품(동산)들은 각 1/2씩 별지 첨부한 '동산의 분할 내역표' 에 따라 분할하기로 하였으며, 혼인 시 각자 데리고 온 자녀들은 이혼 시에도 각자 친권행사자 및 양육자로 하기로 했다.

이혼 후에도 서로 상대편 자녀들과의 가족애 및 형제애를 유지하기 위해 면접교섭권을 인정하기로 하였으며, 동거장소인 을(남편) 소유의 주택에서 갑(부인)과 그 자녀가 분가하기로 원만하게 협의가 이루어졌다.

※. 이혼협의서

이 혼 협 의 서

동거인 갑 (부인) 곽 ○ ○ (720930-0000000)
주 소 : 서울 노원구 공릉동 12-90 00아파트 제000호
연 락 처 : 010-0000-0000
* 갑의 자녀 : 김 ○ ○ (중 2. 15세)

동거인 을 (남편) 장 ○ ○ (701228-0000000)
주 소 : 서울 마포구 공덕동 35 000연립 제0호
연 락 처 : 010-0000-0000
* 을의 자녀 : 장 ○ ○ (중 1. 14세)

위 갑과 을은 2012. 0. 00. 현재 법률상 부부로서 다음과 같은 조건으로 이혼에 합의하며 합의사항 외에 이혼성립 후 쌍방이 별도로 어떠한 법률상 청구를 하지 않기로 한다.

단, 합의사항 중 이행하지 않는 사항에 대해서는 상대편이 법률상 청구를 제기하여도 이의하지 않기로 한다.

다 음

1. 이혼

갑(부인)과 을(남편)은 이혼에 합의하며 관할법원에 협의이혼의사확인신청서를 제출하고 확인서등본을 교부받은 후 누구든지 3개월 이내에 가족관계등록관서에 이혼의 신고를 할 수 있으며,

갑은 협의서 작성일인 2012. 0. 00. 로부터 1 개월 이내에 분가 및 주민등록의 이전을 완료하며 분가할 때까지는 숙식은 같이 하되 일상가사에 소요되는 비용은 종전과 같이 갑이 모두 부담키로 하며 분가 시 갑의 개인소유품과, 생활집기 및 가전제품은 1/2 범위 내에서 갑과 을이 협의한 '동산의 분할 내역표' 에 따라 반출키로 하고 분가 시까지 서로의 사생활을 침범하지

않으며 자녀들이 있는 곳에서는 서로 다투지 아니하고 대화할 경우 좋은 소재를 택하며 동거 종료 시까지 원만한 관계를 유지키로 노력한다.

2. 위자료

을이 비록 민법 제840조 제1호의 파탄사유(부정한 행위)로 인해 갑과의 혼인이 파탄에 이르렀으나 갑과 을은 지나간 결혼생활에 있어서는 서로에게 감사하고 다만, 유책배우자인 을은 위자료조로 갑에게 협의서 작성일로부터 1개월 이내에 금 2,000만 원을 지급키로 한다.(또는 갑의 계좌에 입금키로 한다.)

단, 이를 1개월 이상 지체할 경우는 연 5%의 지연이자를 추가로 지급한다.

갑의 계좌번호 (ㅇㅇ은행 00-000-000)

3. 갑은 을로부터 금2,000만원을 지급받는(또는 갑의 통장에 입금 되는) 즉시 관할 ㅇㅇ경찰서에 을(남편)을 상대로 제기한 간통죄의 고소를 즉시 취소(취하)하고 관할 ㅇㅇ법원에 제기한 이혼소송도 취하하며, 이 후 이 점에 대하여 일체 민 · 형사 · 가사상의 문제를 제기하지 않는다.

4. 이혼 후의 조치

이혼 후 갑과 을은 필요 시 전화 연락할 수 있으며 혼인생활 중에 갑과 을이 꾸준히 같이하여 왔던 등산 또는 연극관람과 찜질방 중에서 하나를 정하여 월 1회 자녀들과 함께 서로 동의하에 동행할 수 있는데, 강요는 할 수 없고 동행하는 동안 상대편을 배려하고 격려하는 자세를 유지하며 서로의 의사가 합치할 경우 정교행위도 가능하고 이혼 후 일방이 재혼할 경우는 타방이 결혼식에 참석하여 축하하고 격려하여 줄 수 있다.

5. 재산분할

을(남편)은 두 사람의 협의에 따라 을의 급여통장 잔액 금 3,000만원 중 그 1/2인 1,500만원을 인출하여 갑이 분가하기 하루 전인 2012. 0. 00까지 갑에게 지급키로 하며, 모든 동산에 대하여는 다음과 같이 분할하기로 한다.

< 동산의 분할 내역표 >

구 분	갑(부인) 소유	을(남편) 소유
동 산	장롱 1셋트	세탁기
	김치냉장고	냉장고
	에어컨	전자레인지
	34인치 TV	25인치 TV
	책꽂이	- 이하 생략 -
	컴퓨터 및 복사기	

6. 갑과 을 쌍방은 과거 혼인 중 발생하였던 법률적·사실적 처분행위 등에 관하여 장래에 일체 문제를 삼지 않으며 그 밖의 갑과 을 각자 명의의 적극재산(+채권)과 소극재산(-채무)은 현재 각자 명의대로 귀속하는 것으로 확정한다.

7. 갑과 을의 이행의무 위반 시

을이 갑에 대한 제2항 위자료지급과 갑이 을에 대한 제5항 재산분할에 관하여 각 이행을 하지 않거나, 이행을 1개월 이상 지체할 경우 갑은 을을 상대로 관할 법원에 소송 상 청구를 제기할 수 있고 소송비용은 을의 부담으로 한다.

8. 자녀들에 대한 조치

갑과 을은 혼인 시에 각자 데려 온 자녀들을 분가 시에 각자 데리고 분가하며 자녀들에게는 부모의 이혼사실을 정확히 알리되 부모의 이혼으로 인한 충격을 최소화하는데 쌍방은 최대한의 노력을 기울이기로 하며 이혼 후에도 각자의 자녀들이 종전 가족공동생활 중에 자녀들끼리 서로 쌓아 온 가족애와 우정을 고려하여 2개월마다 한 번씩 주말에 자녀들끼리의 만남의 시간을 허락하며 상황을 보아 서로의 동의하에 갑과 을의 참석도 가능하다.

9. 갑과 을은 향후 상호간 이혼과 관련하여 위에서 정한 외의 위자료나 재산분할 등 일체의 재산상 청구를 하지 않기로 한다.

10. 위 각 합의이후 사정변경으로 인해 일부 협의사항에 대해 변경이 필요시 쌍방은 협의에 의해 일부 사항을 변경할 수 있고 이 경우 다른 협의사항의 효력에는 영향이 없다.

11. 갑과 을은 이 협의서를 작성한 후 공증을 받고 각 1부씩을 보관한다.

첨 부 서 류

1. 갑과 을의 각 인감증명서 각 1부
2. 갑의 통장사본(계좌번호가 나오는 앞뒷면만) 1부
3. 부부재산계약서사본 1부
4. 동산의 분할내역표 1부

2012. 0. 00.

협의인 갑(부인) 곽 ○ ○ (인)
을(남편) 장 ○ ○ (인)

* 아래의 자녀들은 위 내용을 잘 숙지하였습니다.
자녀 1. 김 ○ ○ (싸인)
2. 장 ○ ○ (싸인)

(* 입회인이 있는 경우)
입회인 정 ○ ○ (인)
(* 연대보증인이 있는 경우)
연대보증인 경 ○ ○ (인)
주 소 : 서울 마포구 공덕동 25-13
연 락 처 : 010-0000-0000
주민번호 : 000000-0000000

제목은 '협의상 이혼에 따른 약정서' 또는 합의각서, 이행각서, 계약서라 기재해도 무방하며 제목이 어떻든 내용상으로 민법상 하나의 계약에 해당하며 계약법리가 적용된다. 일반 민사상의 약정을 하는 경우에도 마찬가지로서 제목도 중요하지만 분쟁당사자들의 약정에 대한 내심의 의사의 합치 및 그 구체적 기재 내용에 따라 법률효과가 발생한다.

▶부부의 일방은 다음 각 호의 사유가 있는 경우에는 가정법원에 이혼을 요구할 수 있다.

1. 배우자에 부정한 행위가 있었을 때, 2. 배우자가 악의로 다른 일방을 유기한 때, 3. 배우자 또는 그 직계존속으로부터 심히 부당한 대우를 받았을 때, 4. 자기의 직계존속이 배우자로부터 심히 부당한 대우를 받았을 때, 5. 배우자의 생사가 3년 이상 분명하지 아니한 때, 6. 기타 혼인을 계속하기 어려운 중대한 사유가 있을 때(민법 제840조)

최근 가족법규가 많이 손질 되어 호주제도는 이미 폐지되었고 '가족관계의 등록 등에 관한 법률' 이 새로이 시행되고 있으며, 협의상 이혼이든 재판상 이혼이든 자녀의 양육에 관한 사항을 정함에 있어서 자녀의 복리를 우선 고려하도록 하였다. 협의상 이혼에 관한 규정에 있어서는 2007년과 2009년 이에 해당 법조항들이 대폭 개정 또는 신설된 바 있고 앞으로도 자녀의 복리를 우선하는 경향이 더욱 강화될 것이다.

협의가 성립하지 않아 소송을 제기할 경우 항상 판결로만 사건이 종결되는 것은 아니고 재판상 조정 또는 화해(법원 직권으로 하는 화해권고결정 포함)로 종결되는 경우도 있으며, 재판 외 합의 즉 재판진행 중이지만 당사자가 법정 외에서 임의로 만나 원만히 협의가 성립하여 이에 따라 소송을 취하하면서 사건이 종결되기도 한다.

또 협의상 이혼에 있어서는 우발적 충동으로 인한 성급한 이혼을 방지하고자 이혼숙려기간과 이혼 前 전문상담인제도를 새로 시행하고 있으며, 실지로 가정법원의 이혼숙려기간제도를 시범적으로 실시한 결과 충동적인 이혼이 많이 감소하였다는 통계가 나왔으므로, 이 제도가 장래에 잘 정착되리라 예상한다.

자녀에 대한 양육자 지정에 있어서 종래에는 서로 양육권을 취득하기 위해 한 치의 양보도 하지 않는 경향이었는데, 최근엔 간혹 드문 경우이긴 해도 서로 자녀를 양육하지 않기 위해 치열하게 다투는 경우도 있다. 이는 우리 사회의 이기적이고도 어두운 단면을 단적으로 보여주는 사례이다. 부모의 이혼 후 자녀의 복리를 위해서는 매우 불행한 경우다.

이런 경우는 가정파탄의 책임소재와 분쟁 배우자들의 경제적 형편 등 모든 사항을 고려하여 가정법원이 양육할 자를 지정하게 되며, 지정된 양육자는 그 결정의 구속을 받게 된다. 만일 부모 중에 양육할 자를 지정하는 것이 적당하지 않을 경우에는 사회복지시설 등 제3의 기관을 택하기도 한다.

재산분할에 있어서는 주부의 가사노동에 대한 경제적 가치기준이 많이 향상되어 현재는 거의 선진국수준에 이르러 결혼생활 10년 또는 20년 이상의 장기적인 혼인생활을 하고 이혼하게 될 경우 가정법원에서는 다른 경제활동을 전혀 하지 않은 주부라 하더라도 분할대상재산의 40%~50%에 달하는 분할결정을 하고 있다.

가정법원의 판결 중 면접교섭권부분에 관한 판결주문을 보면 면접교섭의 일시 · 장소 · 면접시간 · 방법 · 횟수 · 대상자 등을 매우 구체적이고도 자세하게 정하고 있어 비양육자인 타방 배우자의 면접교섭권이 정당하게 충분히 행사 되도록 하고 있고 2007년 해당 법조문 개정으로 자녀에게도 일방부모에 대해 면접교섭을 행사할 수 있는 권한을 부여하였다.

민법에 의하면, 친권자 및 양육자의 지정과 양육비의 청구, 재산분할청구권, 면접교섭권 등에 관하여는 우선 분쟁당사자 사이에 협의가 성립되면 그대로 법적효과가 발생하고, 협의가 성립되지 않거나 협의할 수 없을 때에는 가정법원은 직권 또는 당사자의 청구로 이에 관한 결정을 하게 된다.

친권자 및 양육자 지정과 양육비 청구, 재산분할, 면접교섭권 등에 관해서는 분쟁당사자 사이의 협의내용은 당사자 및 자녀의 신분에 관한 중요한 법률적 효력을 발생시키므로 일반 계약서의 형태와 마찬가지로 작성하되 가급적 자세하고 정확하게, 법규정에 저촉됨이 없이, 또한 이행하지 않을 경우의 단서조항까지 빠짐없이 잘 기재하는 것이 좋다.

새로 시행하고 있는 '양육비부담조서제도(민법 제836조의 2 제5항)'를 살펴본다.

자녀의 양육비와 관련하여, 만약 부부가 협의상 이혼하면서 일방이 양육비를 지급할 의무가 있는데도 이를 이행하지 않는 경우를 대비하여,

법원에서는 협의상 이혼 시 협의이혼의사확인신청서에 법원의 서식인 '자의 양육과 친권자결정에 관한 협의서' 도 작성하여 반드시 제출케 한다.

여기에 양육비용의 부담에 관한 내용을 기재하게 하고 법원은 이를 확인한 후 '양육비부담조서' 를 작성하게 되는데, 이때의 조서는 확정판결과 같은 효력이 있어 강제집행할 수 있는 채무명의(집행증서라고도 합니다.)가 되어 양육비미지급자의 재산(동산 · 부동산 · 임금 · 예금 · 임대차보증금 · 증권 · 타인에게 빌려준 대여금채권 등의 채권)에 대해 별도의 재판절차 없이 법원으로부터 집행문을 부여받아 바로 강제집행할 수 있도록 하였다.

이는 양육비부담 할 자가 협의상 이혼 후 전혀 이행하지 않거나 일부라도 이행 하지 않는 경우가 현실적으로 너무 많아 상대편 배우자의 자녀 양육에 심대한 지장을 초래하게 되므로, 이를 법으로 강제하기 위해서는 일반 민사소송을 거쳐 확정판결을 얻어야 하는데, 이에는 많은 비용과 시간이 소요되므로 자녀의 복리를 고려하여 추가된 중요한 법조항이다.

위와 같이 부부가 이혼에 합의하고 주소지 또는 등록기준지(구 본적지) 관할 법원에 협의이혼의사확인신청서를 접수하였다 하더라도 부부사이에 사정변경이 있어 이혼을 하지 않기로 합의하였다면 법원으로부터 이혼의사확인을 받기 전까지는 부부의 일방 또는 쌍방은 법원에 그 신청을 취하할 수 있다.

취하 없이 예정대로 관할법원으로부터 이혼의사확인을 받고 그 확인서등본을 교부 받게 되면 가족관계등록관서인 시(구) · 읍 · 면사무소에 3개월 이내에 당사자 쌍방 또는 일방이 그 확인서등본을 첨부하여 이혼신고서를 제출하면 되는데, 만약 그 무렵 당사자들 사이에 사정변경이 있어 이혼할 의사가 없어졌

다면 이혼의 신고를 하지 않으면 되고 그 확인서등본은 발급일로부터 3개월을 지나게 되면 효력이 자동 소멸된다.

▶ 사례를 하나 더 본다. ◀

을(남편)의 갑(처)에 대한 민법 제840조 제3호 이혼원인에 해당하는 심히 부당한 대우(폭행 등 가혹행위)로 협의상 이혼하며 부부사이에 16세의 자녀가 한 명 있고, 친권행사자 및 양육자로 갑(처)을 지정하였으며 양육비는 매달 정기금으로, 재산은 갑과 을이 각 50%씩 분할하기로 한 경우

◆ 적극재산현황(+)
 * 을(남편) 명의의 아파트 34평 : 시세 2억2,000만 원
 * 을이 직장동료에 대여해 준 대여금채권 : 3,000만 원
 * 중형승용차 : 시세 1,000만 원
 * 통장예금액 : 3,000만 원
 * 보장성 보험의 해약금 : 1,000만 원 [합계] 3억 원

◆ 소극재산현황(−)
 * ㅇㅇ은행에 대한 아파트 근저당채무 : 2,500만 원
 * 차량할부금 잔액 : 500만 원 [합계] 3,000만 원

◆ 순자산(+) = 2억 7,000만 원 (3억 원−3,000만 원)

****

※. 협의서

협 의 서

갑.(처) 형 ㅇ ㅇ (680605-0000000)
주 소 : 청주시 수곡동 102-29
연 락 처 : 010-0000-0000
을.(남편) 소 ㅇ ㅇ (651124-0000000)
주 소 : 청주시 수곡동 102-29
연 락 처 : 019-000-0000
자녀 소 ㅇ ㅇ (950218-0000000)

위 갑과 을은 2012. 0. 00. 현재 법률상 부부로서 다음과 같은 조건으로 이혼에 합의하며 합의사항 외에 이혼성립 후 쌍방이 별도로 어떠한 법률상 청구를 하지 않기로 한다.

단, 합의사항 중 이행하지 않는 사항에 대해서는 상대편이 법률상 청구를 제기하여도 이의하지 않기로 한다.

다 음

1. 이 혼

갑과 을은 이혼에 동의하며 관할법원에 협의이혼의사확인신청서를 제출하 고 확인서등본을 교부받은 후 누구든지 3개월 이내에 가족관계등록관서에 이혼의 신고를 할 수 있으며, 갑과 을은 협의서 작성일인 2012. 0. 00. 로부터 2개월 이내에 현 거주지 에서 각자 분가할 주택을 구한 후 분가하고 주민등록의 이전을 하며 일상 가사에 필요한 생활집기 및 가전제품은 각 1/2씩 배분하기로 하고 쌍방은 분가할 때까지 위 거주지 내 각자 거주하는 방을 상대편의 의사에 반하여 침범하지 않고, 부부간 정교행위는 서로의 동의하에서만 가능하며, 을은 갑에게 폭언을 하 는 등 부당한 대우를 일체 하지 않으며, 자녀 소ㅇㅇ가 있는 데서는 서로 다투거나 시비 걸지 않고 필요상 대화를 하는 경우 가급적 밝은 표정으로 대화하기로 노력한다.

2. 부당한 대우 등의 금지

을이 만약 갑에게 제1항의 부부관계를 강요하거나 폭행 또는 폭언 등의 심히 부당한 대우를 할 경우는 위반행위마다 금 000만 원을 배상키로 하는데(또는 갑의 통장에 입금키로 한다.),

만약 이 또한 이행하지 않을 경우에는 갑은 수사기관(관할경찰서)에 고소하여 의법처리하며 을은 이에 이의를 제기할 수 없다.

3. 사생활침해금지 및 접근금지 등

쌍방은 분가할 때까지 숙식은 위 거주지 내의 정해진 방에서 각자 하되, 각자의 여가생활 및 통신 등을 포함한 사생활은 서로 침해하지 않기로 하며, 밤 12시 이내에는 귀가를 완료하여 서로의 평온한 취침에 방해되지 않기로 한다.

한편, 각자 분가한 후 을은 갑의 새로운 주거지를 일체 출입할 수 없으며 갑의 의사에 반해 접근하거나 찾아와 괴롭혀서도 아니 되며 갑에게 연락을 취하여야 할 필요성이 있을 경우에는 반드시 문자메시지를 이용하여야 하며 단, 아들의 건강, 진학과 장래진로, 혼사와 관련해서 협의가 필요할 경우는 전화연락을 하여 긴밀히 협의할 수 있다.

4. 위자료

을은 갑에게 위자료조로 2,000만 원을 이 협의서 작성일로부터 1개월 이내에 지급한다.

단, 이를 지체할 경우 연 10%의 지연이자를 추가로 지급한다.

갑의 통장번호 : ㅇㅇ은행 00-000-000

5. 재산분할

가. 갑(처)과 을(남편)은 순자산 2억7,000만 원을 각 50%인 1억3,500만 원씩 분할하기로 결정하며,

나. 을은 을 명의인 아파트를 협의서 작성일로부터 2개월 이내에 매도하고 매도와 동시에 그 매도 대금으로 ㅇㅇ은행에 설정된 근저당채무 2,500만 원을 즉시 변제하며, 차량할부금 500만 원도 일시불로 전액 변제한 후 잔액인 1억9,500만 원으로 그 1/2인 9,500만 원씩 갑과 을이 배분하며 이에 소

요되는 부동산중개수수료, 법무사의 등기비용 및 제세공과금은 모두 을이 부담하기로 한다.

다. 을 명의의 중형승용차 및 을이 직장동료 김ㅇㅇ에게 대여한 3,000만원의 채권은 을에게 귀속하고,

갑 명의의 ㅇㅇ은행 통장(협의서 작성일 현재 잔고 : 3,000만 원) 및 ㅇㅇ보험주식회사의 보장성보험 해약금 1,000만 원은 그대로 갑에게 귀속한다.

* 갑과 을의 재산분할 내역

갑 1억3,500만 원 = 9,500만원 +통장예금액 3,000만원 +보험해약금 1,000만원을 1억3,500만 원 = 9,500만원 +대여금채권 3,000만원 +승용차 1,000만 원

6. 갑과 을 쌍방은 과거 혼인 중 발생하였던 법률적 · 사실적 처분행위 등에 관하여 장래에 일체 문제를 삼지 않으며 그 밖의 갑과 을 각자 명의의 적극재산(+채권)과 소극재산(-채무)은 현재 각자 명의대로 귀속하는 것으로 확정한다.

7. 을이 이행의무 위반 시

을이 위 제5항의 나항을 이행하지 않거나, 또는 이행을 2개월 이상 지체할 경우 갑은 을에 대하여 법원에 재산분할청구 또는 민사상 부동산소유권 1/2지분이전등기절차이행청구의 소를 제기하더라도 을은 이의하지 않으며 소송에 소요되는 소송비용 또한 모두 을의 부담으로 한다.

8. 자녀 소ㅇㅇ에 대한 조치

자녀에게는 부모의 이혼사실을 정확히 알리되 부모의 이혼으로 인한 충격을 최소화하는데 쌍방은 최대한의 노력을 기울이기로 하며 이혼 후에도 면접교섭 외에 자녀에 대한 부모 쌍방의 변함없는 사랑을 베풀기로 최대한의 노력을 기울인다.

9. 친권자 및 양육자지정, 양육비의 부담에 관하여

가. 자녀에 대한 친권행사자 및 양육자로 갑을 지정한다.

나. 을은 갑에게 자녀 소○○에 대한 현재 및 장래의 양육비조로 자녀가 민법상 성년에 달하는 2015. 2. 17.까지 매월 40만 원씩을 갑의 통(번호 : ○○은행 00-00-000)에 매달 말일에 입금키로 한다.

다. 위 양육비의 정기금지급 외에 장래 자녀의 예상치 못한 병원의 치료비나 자녀가 대학에 진학할 경우 대학등록금 및 해외 어학연수비용 등 에 대해서는 을이 별도로 1/2을 부담하기로 한다.

라. 자녀가 성년이 되어 혼인을 하게 될 경우 갑과 을은 연락을 취하여 만나 자녀의 결혼에 소요될 주택임차보증금 및 결혼식비용 등의 부담 과 양가부모의 상견례 및 결혼식행사 참여에 대해 진지하게 의논하기로 하되 혼인비용은 우선 1/2씩 부담하기로 원칙을 세우되 구체적 비용에 대하여는 그 무렵 갑과 을의 경제형편에 따라 부담비율 1/3과 2/3 등으로 원만하게 협의하여 변경할 수 있다.

10. 친권자 및 양육자로 지정된 갑이 장래 만약 자녀에 대한 양육에 소홀하거나 자녀의 복리에 반하는 양육을 할 경우, 을이 갑에 대해 친권자 및 양육자의 변경을 요구할 수 있고 갑이 만약 이에 응하지 않을 경우는 을이 관할 가정법원에 변경 청구할 수 있다.

11. 갑이 장래 재혼하게 될 경우는 을과 만나 자녀에 대한 친권자 및 양육자의 변경에 대해 다시 원만하게 협의키로 하며,

만일, 위 협의에 따라 갑이 재혼하면서 여전히 자녀에 대한 친권자 및 양육자로 갑이 지정될 경우 자녀의 복리, 학교생활 및 장래를 위하여 관할 가정법원의 허가를 받아 자녀를 갑과 새로운 배우자의 친양자로, 또 자녀의 성을 새아버지의 성으로 변경하는 데에 을은 전적으로 동의하기로 한다.

12. 을(남편)의 면접교섭권

가. 을은 2012. 0. 00.부터 매월 둘째 주 토요일 오후 3시부터 다음날 오전 11시까지, 설날과 추석 등 명절연휴 중 각 1일씩은 을의 거주지에서

자녀를 면접 교섭할 수 있는데 면접교섭 시마다 을이 자신의 차로 갑의 거주지까지 와서 자녀를 인도하여 가고 종료 시에도 갑의 거주지까지 자녀를 인도하기로 한다.

나. 한 달에 한 번은 피아노를 전공하는 자녀를 위해 음악회에 갈 수 있으며 이 경우 갑과 을은 서로 동의하에 자녀와 동행할 수 있고 식사도 같이 하면서 좋은 모습을 보여주기로 최대한 노력한다.

다. 만일 위 면접교섭 일시 또는 장소 등 방법을 변경하여야 할 필요성이 발생할 경우 3일 전에 서로 고지한 후 면접교섭을 다시 협의하여 정하기로 한다.

라. 갑과 을은, 특히 을은 면접교섭의 시행과 관련하여 자녀의 복리를 최대한 고려하고 자녀의 의사와 형편을 우선 존중하며 바람직한 면접 교섭을 위하여 공부하고 필요 시 전문가의 도움도 받기로 한다.

마. 양육자인 갑은 만일 자녀가 병원치료를 받을 경우 을에게 즉시 고지하여야 하며 입원할 경우는 을이 병원에서 함께 간호하며 면접교섭할수 있다.

바. 갑은 위 을과 자녀의 면접교섭이 원활히 이루어 질 수 있도록 협조하여야 하고 만약 을의 면접교섭이 자녀의 복리를 해하거나 정당한 방법이 아닐 경우에는 을의 면접교섭을 제한할 수 있다.

13. 갑과 을은 향후 상호간 이혼과 관련하여 위에서 정한 외의 위자료나 재산분할, 양육비 등 일체의 재산상 청구를 포기한다.

14. 위 각 합의이후 사정변경으로 인해 일부 협의사항에 대해 변경이 필요 시 쌍방은 협의에 의해 일부 사항을 변경할 수 있고 이 경우 다른 협의사항의 효력에는 영향이 없다.

15. 갑과 을은 이 협의서를 작성한 후 공증을 받고 각 1부씩을 보관한다.

첨 부 서 류

1. 갑과 을의 각 인감증명서 각 1부
1. 갑의 통장사본 1부

2012. 0. 00.

협의인 갑. 형 ○ ○ (인)

을. 소 ○ ○ (인)

* 아래의 자녀는 위 제12항 면접교섭권의 내용을 잘 숙지하였으며 자녀 소○○도 필요 시(희망 시) 비양육자 인 을(부)에 대해 면접교섭을 구하겠습니다.

자녀 소 ○ ○ (싸인)

사랑받는 아내와 남편이 되기 위한 '부부헌법'

미안해 ! 사랑해 !

칠순이 다 된 노부부가 성격 차이 등으로 이혼했다. 노부부는 이혼절차를 종료한 날, 선임했던 변호사와 함께 저녁 식사를 했다. 주문한 통닭이 나오자 할아버지는 자기가 좋아하는 날개 부위를 찢어서 할머니에게 권했다. 그 순간 할머니가 벌컥 화를 내며 말했다. "지난 사십 년간 당신은 늘 그래왔어. 내가 어떤 부위를 좋아하는지 한 번이라도 물어 본 적 있어?" 그러자 할아버지가 말했다. "날개 부위는 내가 제일 좋아하는 부위야, 나는 내가 먹고 싶은 부위를 사십 년간 꾹 참고 항상 당신에게 먼저 건네준 건데····." 화가 난 노부부는 서로 씩씩대며 각자의 집으로 향했다.

집에 도착한 할아버지는 깊이 생각해 보았다. "정말 나는 한 번도 아내에게 무슨 부위를 먹고 싶은지 물어본 적이 없었구나. 그저 내가 좋아하는 부위를 주면 좋아하겠거니 생각했지." 할아버지는 전화를 걸었다. 그런데 할아버지의 전화임을 안 할머니는 전화를 받지 않았다. 다음날 아침, 할머니는 '그러고 보니 지난 사십 년 동안 남편이 날개 부위를 좋아하는 줄 몰랐네. 나에게 그렇게 마음을 써 주는 줄은 몰랐구나.' 이번엔 할머니가 할아버지 핸드폰으로 전화 했지만 할아버지는 받지 않았다. '내가 어제 전화를 안 받아서 화가 났나?' 생각하고 있는데 낯선 전화가 걸려왔다. "전 남편께서 돌아가셨습니다." 할아버지 댁으로 달려간 아내 할머니는 핸드폰을 꼭 잡고 죽어있는 남편을 보았다. 그 핸드폰에는 남편이 마지막으로 자신에게 보내려고 찍어둔 문자 메시지가 있었다.

미안해 ! 사랑해 !

상대방에 대한 배려는 확실히 존재하지만 '소통'이 부재함에 따라 벌어진 일이다. 요즘의 화두가 바로 소통이다. 소통이 잘 이루어지지 않아 서로 힘들어하는 부부나 커플들이 너무 많다. 부부가 연을 맺어 수십 년 오래 살다보면 굳이 대화하지 않더라도 표정이나 몸짓만으로도 어느 정도 소통이 되기는 한다. 그러한 소통은 불완전하다. 속내를 털어놓는 진솔한 대화가 필요한 것이다. 소통의 반대말은 '불통' 이라 할 수 있는데, 진정한 소통이 이루어지기 위해서는 동전의 양면처럼 불통까지 끌어안고 가려는 자세가 필요할 것이다.

사랑받는 남편이 되기 위한 헌법 10개 조항

아내를 키워라.
아내를 식모로 취급하지 말라. 아내도 자라가야 한다.
어리석은 사람은 아내와 싸워 이기려는 사람이다.
제일 어리석은 사람이 아내와 싸워 이기려는 사람이다.
꼭 이기고 싶거든 자신을 이겨라.
승리자 곁에는 언제나 패배자만 남지만 사랑하는 이들 곁에는 사랑하는 이들로 가득하게 된다.
아내가 아니라 여성으로 대하라.
아내는 소유의 개념이지만 연약한 여성은 보호의 개념이다.
내 아내이기 이전에 한 사람의 여성임을 기억하고 보살펴주라.
아내를 관리하려 들지 말라.
아내는 재산이 아니라 파트너이다.
돈을 맡겨라.
아내가 가장 듣기 싫어하는 말은 가계부 좀 보자는 소리다.
보여주기 전에는 훔쳐 볼 생각을 말아라.
정 보고 싶거든 이렇게 말하라. "모자라지 않아? 힘들지?"
여성에 대한 지식을 가져라.
아내를 연구하라. 아내와 사는 것은 군대를 지휘하는 것보다 힘들다.
아내를 알지 못하고 아내와 살 수 없다.
행복비타민을 먹여라.
표현되지 않은 사랑은 사랑이 아니다.
하루에 열 번이라도 사랑한다고 말하라.
사랑은 보약과 같다.

베개 밑 대화를 나누어라.

가장 깊은 대화는 침실에서의 대화이다.

아내가 원하는 것은 코고는 소리가 아니다.

침실에서 돌아눕지 말라.

마주보고 누우면 가장 가까운 사이지만, 돌아눕는 순간 부부 거리는 10만 리가 되고 만다. 지구를 한바퀴(40,350km) 돌아야 간신히 만날 수 있기 때문이다.

가족들을 위해 보험을 들어라.

저축한 것 이상을 찾아 쓸 수는 없다.

가족을 위해 시간을 투자하는 것은 이익이 눈덩이처럼 불어난다.

잠시라도 가족들을 위해 투자해 보라.

가정은 시간으로 쌓아 올려지는 성(castle)과 같다.

가장 깊은 사랑은 기다림이다.

사랑의 핵심은 기다림에 있다.

제트기도 나는데 시간이 필요하다.

기다릴 수 없는 사랑은 사랑이 아니다.

최소의 리더십은 기도로부터 시작된다.

잔소리와 꾸지람 대신 기도하라.

기도를 이겨낸 잔소리는 없다.

기도야말로 하루를 여는 열쇠이며 하루를 닫는 자물쇠와 같다.

아내와 자녀를 위해 기도하라.

사랑받는 아내가 되기 위한 헌법 10개 조항

친정보다는 시댁을 우선하라.

시댁을 돕는 일에는 군말을 말라.

친정과 비교 말고 최선을 다하라. 친정은 그 다음의 문제다.

진심으로 시댁을 위하면 남편은 당연히 친정문제를 책임져 준다.

칭찬과 격려를 하라.

아내의 말 한마디는 남편에게 살맛을 부여 한다.

바가지를 긁는 것은 방축에서 물이 새는 것과 같다.

얼굴에 항상 미소를 머금어라.

이 세상이 눈물과 절망의 골짜기라면 미소는 절망의 골짜기에 띄워 놓은 무지개와 같다. 미소로 소망을 심어 주어라.

왕과 왕비의 법칙

남편을 왕으로 만들어라.

그러면 나는 저절로 왕비가 된다.

대접 받고자 하는 대로 대접하라.

남편만의 시간을 주라.

모든 남자는 '동굴' 을 가지고 있다.

남자들은 자신만의 '동굴' 에서 휴식을 취하는가 하면 상처를 치료하기도 한다.

때문에 남편을 들들 볶지 말라.

위대한 사랑은 딱딱한 논리나 빡빡한 일정에서 오는 것이 아니다.

영감은 낮잠을 자고 장작을 패며 낙엽을 쓰는 작은 일들에서 시작된다.

남편의 자존심을 세워 주라.

남편을 어떤 경우에도 비교하지 말라.

남자가 가장 듣기 좋아하는 말은 '역시 당신이야' 이 한 마디이다.

그 외에는 어떤 말도 하지 말라.

남편을 돈 주머니로 여기지 말라.

남편을 지위나 수입으로 평가하지 말라.

남편은 정신적 지주여야 한다.

생활비를 받을 때마다 '성은이 망극하다' 는 식으로 감사의 마음을 표현해라.

남편의 요구를 무시하지 말라.

가장 큰 불만은 '욕구불만' 이다. 채워지지 않은 욕구는 폭력만을 남긴다.

기다리지 말고 먼저 다가가라.

남편과 취미생활을 같이 하라.

같이 나누어야 할 것은 잠자리만이 아니다.
남편을 혼자 내 버려두지 말라.
남편과 더불어 같이 할 수 있는 시간과 공간의 무대를 넓혀라.
가족의 입맛을 사로잡는 요리사가 되라.
불평과 짜증으로 요리하지 말라.
가장 좋은 양념은 사랑과 감사하는 마음이다.
가족들의 입맛을 사로잡지 못한다면 아예 사표를 써라.

* 미국의 레드북 매거진이 최근 '행복한 부부가 되는 9가지 비결'을 소개하였다. 공개된 9가지 비결은 수많은 남녀의 관계를 관찰해 온 저명한 심리학자들과 결혼 전문가들의 의견에 바탕을 둔 것이다.

현재 결혼을 앞둔 우리의 예비부부들이나 권태로움의 울타리에 갇혀있는 중고참 이상 부부들의 보다 나은 관계개선에 좋은 감초가 될 것이라 짐작한다.

1. 애정 표현을 해라.

애정 표현의 가장 쉬운 법은 서로 애칭으로 부르는 것이다. 실제로 공공장소에서 애칭을 사용하는 부부도 많다는데, 목소리 톤을 달리하거나, 상대의 신체 부위에 애칭을 붙이는 것도 한 방법이 될 수 있다고 한다. 두 사람만의 메시지를 사용하는 것은 심리적 거리를 줄여주기 때문에 가정을 자신을 받아들여 줄 안전한 장소로 실감시켜주는 방법이라고 미국 맨해튼의 캐롤린 펄라 박사는 권장하고 있다.

2. 함께 할 일을 공유해라.

미국 댄버대학 하워드 마크맨 박사의 연구에 따르면 원만한 부부는 함께 방을 재배치하거나 운동을 하고 서로 음식을 해주는 등 할 일을 공유한다. 가끔 함께 영화와 쇼핑을 즐기는 기회를 가지는 것도 좋은 방법이라고 한다. 마크맨 박사는 "아이를 맡기고 휴대전화도 꺼둬라" 면서 "비용이 많이 드는 일도 필요 없으며 함께 골동품 상점을 구경하거나 고전 영화를 보는 것도 도움이 될 수 있다" 고 말했다.

3. 부모에게 무작정 전화하지 마라.

직장이나 이사, 육아 문제 등으로 고민하거나 부부싸움을 했을 때 등 무슨 일이든지 바로 자신의 부모에게 상담하는 것은 바람직하지 않다고 샌프란시스코의 주디스 월러스틴 박사는 말한다. 물론 부모와 사이좋게 지내는 것은 좋은 일이지만 중요한 것은 자신이 부모 슬하를 떠나 새로운 가정을 마련했다는 의식을 가지는 것이다. 먼저 상의해야 할 배우자를 건너 띠고 부모에게 말하는 것은 부부 관계를 약하게 만든다고 한다.

4. 부모 형제와 사이좋게 지내라.

언뜻 보면 세 번째 비결과 일치하는 듯 보이지만 이전 비결이 부모와의 단절을 추천하는 것은 아니다. 부모, 형제나 친척과 친하게 지내는 것은 결혼이 상대방의 가계와 혈맥의 연결에 관련된 것을 실감시키고 중요한 것을 나누고 있다는 안정감을 준다고 제인 그리어 박사는 말한다.

5. 집안일을 하찮게 여기지 말라.

맞벌이 가정이 증가하고 있는 가운데, 가사나 아이를 돌보는 것을 어떻게 분담할지는 각 가정마다 다르게 정한다. 많은 사람이 대등하게 반반으로 분담하고 싶어하는데, 서로가 최대한 할 수 있는 만큼 집안일을 하는 것이 이상적이라고 펄라 박사는 말한다. 대부분의 행복한 부부는 "자신은 여기까지 밖에 하지 않는다" 라고 결정하지 않고, 할 수 있는 것을 아낌없이 주는 자세를 갖고 서로 감사하는 것을 잊지 않는다고 한다.

6. 건설적으로 이야기하라.

서로 의견이 다를 때 어떻게 대처하는지, 결혼 생활의 행복을 좌우하는 중요한 요소다. 캐나다 버몬트대학 정신과 조교수 폴리 영-아이젠드래스 박사는 부부가 10 ~ 15분간 티격태격하는 모습을 관찰하면 그 관계가 얼마나 지속할지 알 수 있다고 한다. 고함을 치거나 물건을 던지고 지금까지의 불만을 단번에 털어 놓는 것은 아무것도 개선하지 못한다. 원만한 관계를 지속하는 부부는 일단 머리를 식히고 상대방의 말을 끝까지 들으며, 결코 상대방을 매도하지 않는다는 황금 규칙을 갖고 있다고 한다.

7. 상대를 기쁘게 하는 것을 잊지 마라.

결속이 강한 부부는 기념일 선물은 물론, 일상적으로 메시지 카드를 쓰고, 로맨틱하게 촛불을 켜놓고 저녁 식사를 준비하는 등 상대를 기쁘게 하는 노력과 연구를 잊지 않는다고 한다. 선물 받는 것은 자신이 사랑 받고 있다는 것을 실감하고 결혼 생활에 있어서도 큰 충족감을 준다고 토마스 무처 박사는 말한다.

8. 유머를 잃지 마라.

많은 심리학자들의 관찰 결과 유머는 부부 관계의 접착제 역할을 하며 부부가 더 이상 함께 웃을 수 없을 때 이혼 등의 문제가 나타날 신호라고 무어 박사는 말한다. 농담하거나, 재밌는 사건을 화제로 즐거운 대화를 이끌어 가는 것도 관계 개선의 한 방법이 될 수 있다고 한다.

9. 상대를 비판하지 마라.

감봉이나 실업 등 나쁜 일이 일어나거나 실수했을 때 상대를 비판하거나 비난하지 말아야 한다. 망연자실해 있는 상대방에게 시비를 거는 것은 신뢰를 떨어뜨리고 관계 악화만을 가져올 뿐이다. 관계가 좋은 부부는 먼저 상대를 격려하고 도우려고 한다.

남편과 아내는 서로 가장 가까운 상대이기에 그 존재의 중요성을 잊어버리기 쉽다. 부부의 모습은 제각각이지만 중요한 것은 상대방에 대한 존중과 감사, 배려를 잃지 않고 그것을 태도와 말로 나타내는 것이라고 영-아이젠드래스 박사는 말하고 있다.

혼인신고절차는 강화하고, 이혼은 쿨하고 신속하게? -- 결혼과 이혼제도를 확 바꾸고, 단순동거를 법의 보호영역 내에 둔다면….

필자는 현재의 법률상 혼인과 이혼에 관한 제도, 젊은 층을 위주로 한층 증가하고 있는 동거경향 및 미래의 가족과 생활형태를 내다보며 다음의 세 가지 해법을 생각해 보았다.

첫째, 현행 혼인신고절차를 강화하여 부부의 법률상 권리·의무가 담긴 '혼인서약서' 도 신고서에 같이 제출케 하고, 신고서 접수 시 당사자들의 진정한 혼인의사를 반드시 확인한다.

둘째, 협의이혼의 한 달 또는 석 달 숙려기간제도와 이혼을 지연시키는 각종 절차를 간소화하여, 이혼하겠다는 부부는 신속하고도 쿨하게 법원이 허가하며,

셋째, 아무런 법적·제도적 장치가 없는 단순한 동거인(혼인의사의 합치가 존재하지 않는)들의 동거형태도 법의 보호영역내로 편입한다.

일부 사항은 현실과의 괴리감이 있다고 할 수 있으나 한 50년·100년 쯤 뒤에는 충분히 실현가능성이 있으며, 동거제도에 관한 사항은 당장 실시할 필요성도 있다.

결혼의 절차를 까다롭게 하여 국민에게 부담을 주자는 취지가 아니고, 예비부부들이 지금보다는 좀 더 결혼에 대해 공부하고 배워서 진지하게 임하도록 하여, 혼인 후 세찬 비바람에도 흔들림 없이 튼실한 혼인생활이 되도록 하자는 것이다. 그렇다면 반사적 효과로 이혼도 줄어들 것이다. 반면 일방이라도 헤어지길 원하는 부부는 어렵지 않게 이혼을 허용하자는 취지이다.

현재 세간의 풍속은 결혼식 자체에 대해서만 너무 이벤트식으로 화려하게 치장하는 경향이 있다. 물론 결혼예식도 중요하다. 친·인척과 지인들로부터 인정을 받고 축하를 받는 오래된 관례상 절차인 것이다.

법률혼주의인 우리나라는 '가족관계의 등록 등에 관한 법률' 에 정한대로

가족관계등록관서에 ‘신고’ 함으로써 혼인이 성립한다(민법 제812조). 여기에는 당연히 진정한 혼인의사의 합치가 존재해야 하고, 공동생활의 실체도 있어야 한다. 부부는 동거 · 부양 · 협조의무가 있기 때문이다(민법 제826조).

‘결혼식’ 또는 ‘결혼예식’ 은 법률상 혼인의 성립에 있어 필수적 요소는 아니나 관습상 중요한 절차인데, 우리 대법원판례에서는 다음과 같이 정의하고 있다.

“결혼식이란 혼인할 것을 전제로 한 남녀의 결합이 결혼으로써 사회적으로 공인되기 위한 관습적인 의식으로서 부부공동체로서의 사회적인 인증을 목적으로 하는 것이다” (대법원 1984. 9. 25. 선고 84므77 판결)

1. 동거에 관하여는,

최근에 나타난 사회현상인 저출산 및 이로 인한 혼인적령기의 여남의 점진적인 감소· 경제난으로 인한 젊은이들의 취업난· 전세 및 임차보증금의 급등뿐만 아니라, 혼인적령기의 여남이 결혼보다는 단순동거(혼인의사의 합치가 존재하지 않는), 또는 동거혼적 형태(서구 유럽의 동거혼, 즉 혼인의사는 있되 동거만 하는 경우. * 이들 나라에서는 법적 보호장치가 있다)를 택하는 등의 사유들로 결혼률이 최근 감소하고 있고, 이에 따라 출산율도 거의 세계 최저 수준이다.

현행법상 단순동거는 법의 보호영역 밖에 존재한다. 즉 이를 법에서 규정하고 있지 않다. 동거행위에 관해서는 ‘선량한 풍속과 사회질서에 위반한다(민법 제103조)’ 고 하면서 법률적 효력이 없는 행위, 즉 무효로 보고 있다. 사실혼처럼 판례에 의해서도 보호받지 못하고 있는데, 갈수록 동거가 증가하고 있는 현실을 고려하여 머지않은 장래에 어떤 형태로든 법의 테두리 내에 두도록 해야 할 것이다.

반면, 혼인의사의 합치와 동거의 실체가 존재하는데 단지 혼인신고만 하지 않은 ‘사실혼적 동거’ 는 가족관계와 일방 사망 시의 상속효과만을 제외하고는 법률상 혼인에 준하여 보호하고 있다.

제16장에서 동거에 관한 글 보따리를 풀어볼 예정이다.

2. 혼인신고 등 혼인절차와 관련하여,

필자도 그랬지만 누구나 결혼에 대한 평범한 도덕과 상식정도만 알고 법률상 부부의 연을 맺는다. 혼인신고 시에 위 혼인신고서만 제출하였지 결혼으로 인한 가족관계의 발생 및 법적인 책임과 의무는 어떠한 지 법조문 한 번 찾아본 적이 없었고 다른 부부들도 별반 차이가 없을 것이다.

그러나 우리 가족법(친족 · 상속법)에는 합리적이고 행복한 혼인생활을 위한 권리 · 의무가 충분히 구비되어있다. 대체로 권리보다 의무조항이 많은 편이다.

현행법상 법률상 혼인의 형식적 요건으로 가족관계등록관서에 혼인신고서 1장(앞뒤 2페이지)을 작성하여 제출하도록 하고 있다. 앞면에는 각종 기재사항을 기재해야 하고, 뒷면에는 그 작성방법과 첨부서류에 대한 설명이 있다. 필자가 25년 전 혼인신고를 할 당시와 변함이 없다. 또한 신고 시 당사자의 혼인의사 확인 없이 서류심사만으로 혼인신고를 수리한다.

이제는 이 절차를 좀 개선하거나 강화해야 하지 않을까 생각하고, 위에서 언급했던 '혼인서약서' 와 '혼인의사의 실질적 확인' 두 가지절차의 추가를 제안해 본다.

혼인서약서에 관하여서는, 혼인신고 시에 법률상 혼인의 효력 즉, 남녀가 결혼하면서 민법의 가족법에서 정한 법률상 부부의 가족관계 성립과 권리 · 의무 등을 기재한 '혼인서약서' 라는 서식을 읽고 서약하며 날인하도록 한 후 혼인신고서에 첨부하여 제출하도록 한다. 1부 또는 사본을 부부에게 교부하여 집에서 보관하고, 필요시 숙독할 수 있도록 하자는 것이 필자의 생각이다.

물론 서약서의 제출로 인한 법적 구속력은 전혀 없으므로, 즉 서약내용들에 대한 이행여부는 사적자치의 영역으로서 법이 개입할 여지가 전혀 없어, 불이행 또는 위반 시 이를 강제할 법적 수단이 전혀 없다. 그러나 심리적으로 강제하는 긍정적 효과를 기대할 수 있을 것이다.

혼인서약서의 주요기재 내용으로는 제767조 친족의 정의, 제770조 혈족의 정의, 제777조 친족의 범위, 제779조 가족의 범위, 제781조 자의 성과 본, 제826조 부부간의 동거 · 부양 · 협조의무와 제827조의 부부간의 가사대리권, 제830조 특유재산과 귀속불명재산, 제832조의 가사로 인한 채무의 연대책임,

제833조 생활비용, 제840조 재판상 이혼원인, 친권에 관한 제909조 ~ 912조, 제974조 부양의무 등의 각 조항이다. 법 개정으로 자녀 출산 시, 부부가 미리 협의하였다면 자녀의 성을 어머니의 성으로도 할 수 있는 세상인 것이다.

결혼에 임하는 자세로서 도덕적 책임의식 뿐만 아니라 위와 같은 법적 책임과 의무를 고취시키고 결혼으로 인한 새로운 가족관계 성립과 관련된 중요한 법조항들을 숙지하도록 한 후 결혼생활에 임하도록 한다면 이혼율을 낮출 수 있고 정부의 출산장려정책에도 부응하며, 여남의 법률적 평등의 실행과 건전한 가정의 보호에도 기여할 수 있지 않을까.

'진정한 혼인의사의 실질적 확인' 과 관련해서는 현행 혼인신고제도를 살펴볼 필요가 있다. 현행법상 '신고(민법 제812조)' 만으로 혼인의 효력이 발생하므로, 신고인 당사자들의 혼인의사의 실질적 확인 없이 신분증이나 인감증명서 등 서류만 완비하여 신청하면 혼인의 효력이 발생한다. 또 신고 시 양당사자 모두 출석할 필요가 없고, 우편으로 신청서를 제출해도 본인 확인 없이 혼인은 성립한다.

이와 같은 부실한 혼인신고제도 탓에 남의 인감증명서나 신분증을 위조한 허위의 신고로 피해를 보는 사례도 속출하고 있다. 이로 인한 피해자들은 오랜 시간과 비용을 들여 소송을 통해서만 바로잡을 수밖에 없어 혼인무효소송도 덩달아 늘고 있다.

진정한 혼인의사의 확인은 혼인신고 접수 시 양당사자를 가족관계등록관서(시 · 읍 · 면사무소)에 출석시키면 된다. 어려운 일이 아니다.

3. 이혼절차는 쿨하고 신속하게 할 필요가 있다.

IMF 이후 이혼이 급속히 증가하면서 요즈음은 한해 평균 10만 쌍 이상이 이혼을 하고 있다. 10만 쌍이면 20만 명이다. 한 해 결혼하는 숫자의 1/3 정도 비율로 이혼하고 있다한다. 재판상 이혼과 협의상 이혼이 포함된 숫자이다. 물론 시간과 비용이 훨씬 적게 드는 협의상 이혼이 재판상 이혼보다 훨씬 많다. 그 비율이 대략 7 : 3 ~ 8 : 2 정도이다.

재판상 이혼이야 가사소송법절차에 따른 것이라 어쩔 수 없지만, 어차피 헤어지는 부부들에게는 이혼절차가 거추장스럽고 부담스러운 게 사실이다.

충동적 이혼을 방지하고자 몇 년 전부터 시행되고 있는 숙려기간(양육하여야 할 자녀가 있는 경우 3개월, 없는 경우 1개월)이 다소 약빨이 있어 이를 실시한 이후 이혼이 약간 줄었다고 하여 계속 시행하고 있다.

그러나 협의상 이혼에 있어서, 이 제도를 시행하고 부터 숙려기간 없이 바로 이혼할 방법은 없느냐고 질문하는 상담자들도 꽤 많았다. 자녀의 존재 여부와 상관없이 결혼생활이 무척 고통스럽고 하루라도 빨리 벗어나고자 하는 남편 또는 부인이 상당히 많은 것이다. 물론 제도상으로보면, 폭력으로 인하여 당사자 일방에게 참을 수 없는 고통이 예상되는 등 이혼을 하여야 할 급박한 사정이 있는 경우에는 그러한 사정을 소명하여 그 기간을 단축하거나 면제할 수 있기는 하다(민법 제836조의2).

국가나 사회 또는 당사자들이 가정을 지키고 자녀의 복리를 위해 혼신의 노력을 하였음에도 불구하고 해마다 20만 명 이상이 어쩔 수 없이 이혼을 선택하는 것이라면 최소한 이들에게는 신속한 이혼이 절박하게 필요한 것이다. 그래야 당사자들의 고통을 하루라도 줄일 수 있다. 남의 일이라고 함부로 해서는 안 되고 그들만의 사정을 이해하여야 한다.

물론 가정은 최대한의 노력으로 지키고 보호해야 할 대상이긴 하다. 그러나 지금껏 가정을 보호하고 자녀의 복리를 위한다는 논리로 당사자 개인의 무조건적이고 무한대적인 인내와 희생을 강요하고 방임해서는 더욱 안 된다는 것이 필자의 생각이다. 개인인 사람 하나하나가 다 보호대상이기 때문이다. 가혹한 현실을 무방비하게 참아내는 것도 본인 스스로가 자신에게 행하는 가혹행위가 될 수 있다.

당장 이혼하고 싶어도 자녀들 때문에 절대 이혼 못 한다는 사람이 주위에 흔하다. 그런 생각은 부모로서 당연하다. 그러나 최근 몇 년 사이 민법이 강화되어 이혼할 경우 자녀의 복리(민법 제837조, 제837조의 2)를 위한 장치가 많아졌고, 친권자 · 양육자 · 양육비 · 면접교섭권도 아주 구체적으로 이혼 후의 미성년 자녀들이 성년이 될 때까지 챙겨주고 있다. 그렇다면 당사자들인 부부는 누가 챙길까? 자신 말고는 아무도 없다. 자녀도 물론 중요하지만 스스로도 자신을 챙길 줄 알아야 한다.

다음과 같이 '혼인서약서'에 대해 법률적 창작을 해 본다.

****

법률상 부부의 가족관계 성립과 권리 · 의무에 관한 서약서

신고인들은 이 혼인신고로서 이제 법률상 부부가 되었음을 (국가가)축하하며, 건강하고 행복한 가정이 새롭게 탄생하였으므로, 파탄 없이 이를 건전하고 오래도록 유지하기 위해서는 다음의 관련 법규정을 잘 숙지하고 신의와 성실로서 실천하여야 하며, 이 법에 따라 국가와 사회도 여러분의 가정을 아끼고 보호하며 잘 가꾸도록 그 책무를 다 할 것입니다.

* 혼인의 법률상 효과 (민법의 친족법)

제767조 [친족의 정의] 배우자, 혈족 및 인척을 친족으로 한다.

제768조 [혈족의 정의] 자기의 직계존속과 직계비속을 직계혈족이라 하고 자기의 형제자매 와 형제자매의 직계비속, 직계존속의 형제자매 및 그 형제자매의 직계비속을 방계혈족이라 한다.

제769조 [인척의 계원] 혈족의 배우자, 배우자의 혈족, 배우자의 혈족의 배우자를 인척으로 한다.

제777조 [친족의 범위]1. 8촌 이내의 혈족2. 4촌 이내의 인척3. 배우자

제779조 [가족의 범위]1. 배우자, 직계혈족 및 형제자매2.직계혈족의 배우자, 배우자 의 직계혈족 및 배우자의 형제자매

제781조 [자의 성과 본]자는 부의 성과 본을 따른다. 다만, 부모가 혼인신고시 모의 성과, 본을 따르기로 협의한 경우에는 모의 성과 본을 따른다. 자의 복리를 위하여 자의 성과 본을 변경할 필요가 있을 때에는 부, 모 또는 자의 청구에 의하여 법원의 허가를 받아 이를 변경할 수 있다.

제826조[부부간의 의무]부부는 동거하며 서로 부양하고 협조하여야 한다. 그러나 정당한 이유로 일시적으로 동거하지 아니하는 경우에는 서로 인용하여야 한다. 부부의 동거 장소는 협의에 따라 정한다. 그러나 협의가 이루어지지 아니하는 경우에는 당사자의 청구에 의하여 가정법원이 이를 정한다.

제827조 [부부간의 가사 대리권] 부부는 일상의 가사에 관하여 서로 대리권이 있다. 전항의 대리권에 가한 제한은 선의의 제3자에 대항하지 못한다.

제828조 [부부간의 계약취소] 부부간의 계약은 혼인중 언제든지 부부의 일방이 이를 취소 할 수 있다. 그러나 제3자의 권리를 해하지 못한다.

제830조 [특유재산과 귀속불명재산] 부부의 일방이 혼인 전부터 가진 고유재산과 혼인중 자기의 명의로 취득한 재산은 그 특유재산으로 한다.

제831조 [특유재산의 관리등] 부부는 그 특유재산을 각자 관리, 사용, 수익한다.

제832조 [가사로 인한 채무의 연대책임] 부부의 일방이 일상의 가사에 관하여 제3자와 법률행위를 한 때에는 다른 일방은 이로 인한 채무에 대하여 연대 책임이 있다. 그러나 이미 제3자에 대하여 다른 일방의 책임 없음 을 명시한 때에는 그러하지 아니하다.

제833조 [생활비용] 부부의 공동생활에 필요한 비용은 당사자간에 특별한 약정이 없으면 부부가 공동으로 부담한다.

제840조 [재판상 이혼원인] 부부의 일방은 다음 각호의 사유가 있는 경우에는 가정법원에 이혼을 청구할 수 있다.

1. 배우자에 부정한 행위가 있었을 때
2. 배우자가 악의로 다른 일방을 유기한 때
3. 배우자 또는 그 직계존속으로부터 심히 부당한 대우를 받았을때
4. 자기의 직계존속이 배우자로부터 심히 부당한 대우를 받았을때
5. 배우자의 생사가 3년이상 분명하지 아니한 때
6. 기타 혼인을 계속하기 어려운 중대한 사유가 있을 때

제844조 [부의 친생자의 추정] 처가 혼인중에 포태한 자는 부의 자로 추정한다. 혼인성립 의 날로부터 2백일후 또는 혼인 관계종료의 날로부터 3백일내에 출생한 자는 혼인중에 포태한 것으로 추정한다.

제909조 [친권자] 부모는 미성년자인 자의 친권자가 된다. 양자의 경우에는 양부모가 친권 자가 된다. 친권은 부모가 혼인중 인 때에는 부모가 공동으로 이를 행사한다. 그러나 부모의 의견이 일치하지 아니하는 경우에는 당사자의 청구에 의하여 가정법원이 이를 정한다.

제911조 [미성년자인 자의 법정대리인] 친권을 행사하는 부 또는 모는 미성년자인 자의 법정대리인이 된다.

제912조 [친권행사의 기준] 친권을 행사함에 있어서는 자의 복리를 우선적

으로 고려하여야 한다.

제913조 [보호, 교양의 권리의무] 친권자는 자를 보호하고 교양할 권리의무가 있다.

제914조 [거소지정권] 자는 친권자의 지정한 장소에 거주하여야 한다.

제915조 [징계권] 친권자는 그 자를 보호 또는 교양하기 위하여 필요한 징계를 할 수 있고 법원의 허가를 얻어 감화 또는 교정기관에 위탁할 수 있다.

제974조 [부양의무] 다음 각호의 친족은 서로 부양의 의무가 있다.

1. 직계혈족 및 그 배우자간 2. 삭제 3. 기타 친족간(생계를 같이 하는 경우에 한한다.)

위 내용들을 잘 숙지하였으며 신고인들은 서로 상대방 배우자에 대해 위 사항들을 신의와 성실로써 지켜나갈 것을 서약합니다.

2012. 0. 00.

신고인 부 인 0 0 0 (인)

남 편 0 0 0 (인)

****

4. 불현듯 부부와 남녀에 관한 글에 추가해 보고 싶은 게 있다.

'남녀' 는 '남남북녀' 의 준말이라고 가정해 본다. 남남북녀란 말은 꽤 오래 전부터 있던 말이다. 그러나 최근에는 남남남녀가 맞지 않을까 할 정도로 여성도 남쪽이 훨씬 아름다운 것 같다. 예쁘게 태어나기도 하지만 잘들 키우고 있다. 또 부족하면 성형으로 쉽사리 가꾼다.

여하튼 북녀라 하였으니 북녀에 관심 있는 남(南)의 남(男)들이 많을 것이다. 아직은 건강한 남성인 필자도 마찬가지이고. 필자의 경우는 북의 여성 자체 보다 '여성스러움' 이 어떤지 궁금하다. 아직 이루지 못한 이산가족 찾기가 최대한 열매를 더 맺고, 남북의 경제협력도 현재처럼 꾸준하게 지속하면서, 문화교류까지 하고는 있으나 뭔가 많이 부족한 걸 느끼게 될 것이다.

먼 장래의 남북통일 방식을 독일과 같은 외국의 선례를 굳이 따라갈 필요는 없고, 한국식의 풍토에 어울리는 시도를 하면서 만들어가야 한다고 생각한다.

남과 북이 관계개선을 하고 진정한 소통을 하려면 이념이 전혀 개입되지 않은 사람과 사람의 만남이벤트를 시도해 보는 것은 어떨지 · · · .

단, 신원파악이 확실히 전제되어야 하고, 국가안보에 지장이 전혀 없다는 보장을 기초로 하여 · · · .

민간단체를 통해 남과 북의 젊은 청춘들은 물론 중년 · 노년도 포함하여 만남의 장을 열고 서로 교제할 수 있게 하면서 러브스토리가 자연스레 이루어질 경우 그것도 밀알같이 작은 것이지만 하나의 소중한 통일이라 할 수 있지 않을까?

다소 황당한 것 같지만,

"일구야! 이 세상에 안되는 게 어디 있어, 그치? 아, 짜장면 참 맛있다."

어른이란? 문득 시 한수 쓰고 싶어지는 나이 -- 과천의 가을에서 詩 를 거두다

어느 공중파 TV 문화토크프로에서 게스트로 나온, 젊고 앞날이 촉망되는 여성 영화감독이 질문을 툭 던진다.

"어른이란?"

시청하고 있던 필자가 속으로 얼른 답한다. "문득 시 한수 쓰고 싶어지는 나이."

인생이란 시인들의 시각으로 볼 때 서사적·서정적 이미지를 넘칠 정도로 내포하고 있는 종합 장편시라 할 수 있을 것이다. 오늘날 우리 삶은 애당초 개인에게 부여된 일정 용량을 훨씬 초과하는 힘겨운 과제들을 대책 없이 떠안고 이를 피할 길이 없어 특단의 인내와 용기로써 헤쳐 나가고 있다. 그 모습은 아름답기까지 하다.

이에 누구든지 자신표 인생의 발자취에 대한 느낌과 감동을 글로써 표현하는 순간 詩人이 된다.

잘 쓰든 못 쓰든, 고뇌의 끈적한 땀이 배여 있는 싯구(詩句)들을 마주하게 될 때 우리 가슴은 뭉클 요동치며, 간단치 않은 삶들 속에서 누구에게서든 명시(名詩)로 탄생되어 우리의 가슴배를 또한 충분히 부르게 할 것이다.

일찍 어른이 되고 싶거나, 어른임을 확인코자 하면 얼른 시를 써 보라 권하고 싶다. 시를 쓴다는 것은 그동안 메말랐던 손가락으로 인생과 자연의 본질을 더듬으며 접촉을 시도하는 것이라 생각한다. 한밤 중, 원고를 쓰던 중에 갑자기 시상이 떠올라 잠시 즉흥시 한 수 읊는다.

어 른

어른이란
불현듯 시 한수 쓰고 싶어지는 나이

어른은 시를 짓고
아해는 시를 읊조린다.

2011년 초, 평소 딱딱한 법률원고와 씨름하다보니 앙상한 나뭇가지 끝에 맴도는 삭막함과 갈증이 느껴졌다. 여기저기 두리번거려 보니 지역문화센터에서 '시 창작교실' 이 열린 것을 알고 무턱대고 얼른 등록하였다. 2012년 초에는 '수필교실' 에도 용감하게 등록하였다. 3 ~ 4 년이면 필자도 환갑을 맞게 되어서일까. 이제사 철이 들기 시작하나보다.

물론 시인이나 수필가가 되고자 하는 것이 아니고, 또 되고 싶다고 아무나 전문시인이나 수필가가 되는 것이 아니다. 하지만 습작시를 써 보면서 인생이 무엇이고 또 내 자신의 존재감은 어떠한지 캄캄 안개속이지만 어렴풋하게나마 정리정돈 되는 것이 느껴진다. 시를 배우고 습작 시를 써 보니 뭐든 할 수 있다는 용기까지 생긴다. 시는 무조건 어렵다고만 생각했었는데 -- 사실 쉬운 건 아니지만.

둘러보면 완성된 시는 많이 있고 시집도 넘쳐난다. 그러나 습작 시를 쓰고, 이를 지도하는 전문시인(* 강사는 시인이자 소설가인 운정 최연숙 선생님이시다. 대표작으로는 시집 '기억의 울타리엔 경계가 없다' 이외에 시집 · 소설 다수)과 문우들의 합평 과정 속에서 또 다른 보석을 발견한다. 각자의 습작시가 애벌레에서 탈바꿈 하듯 합평을 거쳐 완성된 시로 탄생하는 과정자체가 신기롭다. 사회가 발전할수록 결과보다는 과정과 절차가 중요하다했던가.

봄부터 씨를 뿌려 과천의 늦가을에서 거둔 필자의 습작 시 몇 편 애벌레들을 올려본다.

詩 낭송에서

눈으로 조용히 들어보고

쫑긋 귀 세워 찬찬히 훑어보니

배고픈 구름 관악산 삼키듯이

가슴배가 부르다.

문우들의 습작 시 발표와 낭송에 감사하며, 필자가 첫 애벌레 습작시로서 그에 화답하였다. 최근의 기성시인이나 신인들의 시는 우선 외형상 길고 두툼하다. 수많은 사물과 현상이 공존하는 현재와 미래를 충분히 표현하자면 그럴 것이다. 이와 달리 이태주시인의 한 편시는 단촐하면서 감동은 넓고 깊다.

풀 꽃
자세히 보아야
예쁘다

오래 보아야
사랑스럽다
너도 그렇다

(나태주 시인, 1945~)

http:WWW.@#ID비번QR.SNS.net.co.kr

춘풍에 꽃향기 시끄러운 때,

키 작은 기러기들
작정한 듯
신대륙을 점령한다

몸은 겨우 성한 놈
말라깽이나 범상찮게 보이는 놈
상처하여 홀로 된 놈
여덟 자식 꽁무니에 달고 15평 아파트 한 채 없는 놈
게을러 배 나온 놈
맞아서 이빨 빠지고 날갯죽지 헐은 놈
술 취하고 배고픈 놈

인터넷법전을 꿀 발라 바베큐한 채
의기양양히
꾸꾸룩 꾸꾸 꾸우꾸꾸

태생이 어디든
어느 기러기학교 졸업장을 가졌든
뉘 집 혈통이든
@와 ID만 이름표에 붙었으면
꾸꾸룩 꾸꾸 꾸우꾸꾸

홀연, 떼 지어
힘차게 솟구친다

노오픈 구름창을 뚫고
분주히
신천지를 또 찾아간다

21세기 콜럼부스들 인 양......

인터넷디지털 · 스마트시대의 장 · 단점보다는 현재와 미래의 사이버세계 특성을 객관적 시각에서 한번 묘사해 보고 싶었다. 제목이 외래어일색

이란 평이 있었으나 인터넷 · 사이버용어는 이제 국제적 언어로서 만국공용어이므로 외래어로 배격하는 것은 구시대적 발상이라고 필자는 옹고집 부려본다.

바보들의 음모

양재천 거슬러 힘껏 꼬리질 한다
마침내 마주하는, 과천
바보들만 사는 데다

오래 전
물 밖 덩치 큰 괴물들이 전쟁을 걸어왔고
어뢰 · 독약 · 낚시 · 컴컴한 오물로 종적이 사라진
조상들의 혼이 춤추는 물결

무척 오랫만 !
감회로 껌벅이는 눈들
향수에 꼬리치는 움직임

큰 덩치 괴물들은 이제 바부탱이들이다
싸움 짓을 망각한 듯
작은 놈들까지 살기없이 우릴 내려다보고만 있다
순간 눈이 마주치고......

천치들이다
다행이고
물진주목걸이라도 선물할까

터를 잡을 지 회의하고
달 뜨거울 때 꼬리춤 축제도 열 것이다

< 물 가 수상한 판때기 >

> **사 람 은　자 연 보 호**
> **자 연 은　사 람 보 호**
> **※ 낚시행위를 하는 자는 법에 의거**
> **000만원 이하의 벌금에 ~~~~**

혹 우릴 유인해서 한꺼번에?
어(魚)갈공명을 불러 물어도 모른다 한다

분명, 덩치 큰 바보들이 꾸민 음모일게다

몇 년 전까지만 해도 관악산 내린 물이 과천 시내를 거치면서 오 · 폐수가 범벅된 죽은 물이었다. 그런데 우째 이런 일이! 시민과 관청에서 애를 써 맑은 시냇물로 바꾸어 놓았다. 그 푸른 물이 양재천 거쳐 한강에 다다르니, 강고기들이 이를 알고 떼 지어 과천천까지 찾아올라와 수고했다며 우릴 격려해 주고 돌아간다.

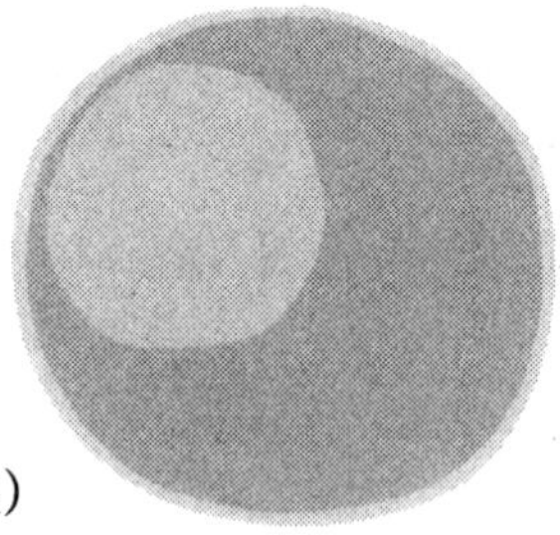

시간과 생의 사용대차

生은 시간의 사용차주(使用借主)

시위를 떠난 생의 화살은 찰나에 과녁을 조우하고

각설이타령 한 소절 길이 닮은 한 해는 너무 짧다

한 달간의 투쟁이나 휴식은 짧은 듯 긴 듯,

파파라치 해바라기가 쫓는 하루해는 제법 길다

합평시간에 평생을 대기업 경영파트에서 혼신을 다했던 B문우께서는 '경영학 용어가 훌륭한 시어가 될 수 있음을 보여 준다' 고 평하였다. 그러나 법을 전공한 필자는 민법 채권편의 제609조 '사용대차' 는 분명한 법률용어인데 "왜 경영 쪽 용어라고 할까" 의아했다. 조문의 내용을 다시 현미경으로 들여다보니 분명 경영· 경제적 세포로 이루어져 있다. 같은 사물과 형상을 두고도 여러 관점에서 정의가 확연히 다를 수 있음을 깨닫는다. 이에 중국 청대 말기 사상가·문학자·역사학자인 왕국유의 "나의 입장에서 사물을 보기 때문에 사물마다 나의 색채가 드러나기 마련이다(以我觀物, 故物皆著我之色彩)." 고 하였다.

금태섭 변호사의 명저 '확신의 함정' 에 빠지지 말아야할 듯. 혹 장래 꾸준히 창작공부를 하게 된다면 수많은 법률용어 중 맛있고 함축성 있는 것을 골라 양념까지 쳐서 詩語로 삼아 보고자 한다.

'합평' 이란 예술 또는 문학작품에 대해 여러 사람이 모여서 의견을 주고받으며 비평하는 것을 말한다.

화살, 활쏘기에서 비롯된 말들이 생경스럽다.

· 긴장(緊張) – 활을 쏘기 위해 시위를 매는 것
· 해이(解弛) – 활 시위를 푸는 것
· 목적(目的) – 과녁에 시선을 집중하는 것
· 정곡(正鵠) – 과녁의 한복판 점
· 효시(嚆矢) – 전쟁 등의 시작을 알리는 신호용 화살
· 접장(接長) – 오중을 한 사람

* 오중(五中)이란 다섯 발을 쏘아 모두 명중하는 것을 말한다.

목마른 세상 -- 누구나 아티스트·로맨티스트를 꿈꾼다.

詩란 상상과 영감의 산물이고, 수필이란 체험적인 글이다. 이에 덧붙여 필자는 수필이란 '산 체험을 철학적으로 탈바꿈시키는 작업' 이라 정의하고 싶다. 또한 자신을 대상으로 한 사색이고 탐구이며, 거기엔 자신이 이룩한 인성의 깊이와 내면의 풍요가 저절로 스며들게 된다.

숨 가쁘게 살아들 오셨으니 숨 한 번 돌리고 문학과 친구하며, 습작 시나 수필을 써 볼 생각들은 없으신지? 시나 수필을 접한다는 것은 인생과 자연의 본질을 노크해 보는 것과 같은 의미이지 않을까. 생뚱맞게 로맨티스트도 되어 볼 수가 있다. 그러기 위해서는 골프를 적당히 치고 각종 게임과 술도 줄여야 한다.

IMF의 큰 어려움을 슬기롭게 극복하고 난 2000년대 초, 되살아난 경제 형편에 다행으로 여기면서 사람들은 무엇보다도 가족의 소중함을 되새기게 되었고, 이에 따라 한 때 유언장 쓰기 열풍도 있었다.

경제가 이전보다 오히려 더욱 호전되고 부동산과 증권까지 덩달아 폭등하자 사람들의 눈이 다시 어두워져, 경제와 돈만을 최고 가치로 삼았다. 그에 따라 글로벌 금융위기 직전까지 '부자 되세요' 란 인사말이 순식간에 전국적으로 유행했었고, 서점에는 각종 재테크 관련 책들로 넘쳐났다.

강제집행절차로서, 이 제도를 통해 법률·경제전문가가 아닌 일반인이 재테크하기가 결코 만만치 않은 부동산경매 마저도 손만 대기만 하면 금방 떼 부자가 되는 것처럼 눈속임하는 온갖 경매서적들도 판을 쳤다. 하지만 오래가지 않아 금방 들통 났다. 지금은 아무도 '부자 되세요' 란 인사를 하지 않는다. 부자 되는 것이 나쁜 가치는 아니지만, 겨우 한 때 일회성의 유행에 지나지 않았음은 물론이고 전 국민적 인사말로 오래오래 삼기에는 55% 부족했던 것이다.

그보다는 '시 한수 하시죠' 나 '수필 한편 같이 하죠' 란 말이 훨씬 의미 있는 인사가 아닐까. 시나 수필, 둘 다 열심히 해 보았자 돈 안 되는 것만큼은 확실하고, 그래서 더욱 의미가 있는 장르가 아닐지.

지금은 건강 · 백세 시대라 '건강하세요' 가 인사말의 확실한 대세이다.

책을 쓰다 보니 때때로 책을 구입한다. 거기에도 즐거움은 두 가지 이상이다. 우선은 내가 필요한 책을 구매한다는 즐거움과 동시에 다른 작가의 땀과 혼에 대한 필자의 정중한 '경의감 1표' 를 드린다는 기쁨도 · · . 책을 한 번 출간하면 사람이 겸손해 지고 착해 진다한다.

습작 시나 수필을 써보니 평소 서점에 가서도 전혀 관심 없던 얇은 시집과 수필집이라 할지라도 무한한 존경과 찬사가 우러난다. 고개가 숙여진다. 짧은 시나 수필에 배어 있는 전문시인과 수필가들의 묵직한 고뇌의 냄새를 맡으면 온몸으로 감동이 수혈된다. 시와 수필에서 잠시 빠져나와 필자가 좋아하는 김경남의 '님의 향기' 곡 외 몇 곡을 피아노로 연주할 때면 필자야 말로 로맨티스트를 꿈꾸는 부류가 아닐까 라는 생각도 든다.

수필가 이경은(수필집 '내 안의 길' 외 다수)선생님이 수필창작반을 지도하고 있으며, 필자는 이제 겨우 습작 한 편 써 보았다. 역시 애벌레 수준이다.

삼 * 교 * 대

('삼교대는 근로기준법에 부합하는 이상적 근무형태이다 · · .')

여름 한가운데였지만 이른 아침이라 제법 싸알하다. 레일 표면이 녹슨 정도를 보아 폐쇄된 지 꽤 오래된 역 같다. '수영' 이라하면 비행장이 있고 근처 바닷가도 쉽게 연상되지만, 이처럼 한적한 역도 있었었나 싶다. 교육을 마친 수료생들로 꽉 찬 기차가 숨을 죽이고 하명을 기다리듯 엎드려있다.

걷어 올린 차창마다 황토색 작업복에 박박 밀은 머리를 무릎에 처박고 있는 모습들이다. 지시가 있었는지 미동도 없고 맥박도 죽은 듯하다. 기차 좌우 5미터 간격으로 총 든 경비병들이 길게 늘어 서 있다. 거기엔 나도 보인다. 지휘관인 장교들의 표정도 굳어있다. 침묵이 소란스럽던 그 순간, 멀지 않은 곳으로부터 심장을 찌르는 아낙의 울부짖는 소리가 아침공기를 쓸어낸다. 소리나는 곳으로 모두 고개를 돌렸고, 철조망 밖 언덕에 한무리가 있었다. '○○야' 하고 계속 부르짖는다. 가서 제지하라는 명령이 곧 떨어질 것 같았는데 장교들도 잠잠하다. 소리는 더욱 높게 처량해지며 뼈속을 때린다. 교육생들의 숙인 어깨가 들먹이고 있고, 기차는 서서히 북쪽으로 무거운 발걸음질을 시작한다. 기적 대신 울부짖는 소리를 내며 · · ·,

1980년 초여름, 낙동강 하구 을숙도가 건너편에 보이는 '하단' 이란 곳의 해안경계근무를 마친 우리중대는 대대본부에 주둔하며 교육훈련 중, 부산 · 경남지역 관할의 삼청교육대 경비임무를 명받고 파견되었다. 명찰위에는 공수마크를 닮은 삼청교육부대마크를 달고. 헌데 그 곳은 군부대 유격장이다. 현역군인들도 1년에 한번 1주일 씩 유격훈련으로 힘겨워 하는 곳.

군데군데 임시 막사가 쳐져있고, 내무반처럼 조성되어있다. 안에는 다양한 연령층의 교육생들로 넘쳐나고 비릿한 악취 외엔 보이는 것이 없다. 정문입구는 초병의 검문도 받지 않고 까만 찦차들이 검독수리마냥 눈을 부라리며 기세등등 들락거린다. 경비병인 나는 물론 조교나 교관들까지도 두려워하는 찦차들. 여기저기 힘찬 구령소리가 진동하고 이에 놀란 주변산과 초목들도 긴장한 표정이다. 신병훈련소 보다 더 엄격하고 교육진행도 F.M(보병 야전교범) 대로이다. 어려운 유격코스나 얼차려에도 낙오자가 거의 없는 것이 현역군인보다 잘한다. 한밤에 취하는 점호는 엄격하고 살벌하기 짝이 없다. 바싹 든 군기는 해병대 · 공수특전단 · 특공대에 전혀 손색없다. 엉치뼈의 살이 닳고 곪아 도너츠 모양의 깊은 상처를 갖고도 치료 대신 훈련을 잘 받고 있는 사람, 굽신대며 부탁하는 담배를 거절 못 해, 한 개피 주자, 맛있게 피우며 이에 보답하려는 듯 왕년의 월남전 근무얘기를 들려주는 사람, 취사장 밖 한켠에선 10대 중반과 5, 60대로 보이는 교육생이 거칠게 말다툼하고 있다. 두 사람의 입에선 쌍소리가 공평하게 들려온다. 군대동기처럼 교육생동기 사이에도 수 십 년의 나이차를 쉽게 극복하고 맞먹는 모양이다. 두 인격체의 절대적 평등이 온전히 실현되는 장면을 목격하는, 감격적인 순간이다. 총을 든 내가 10대를 불러 아버지, 큰아버지도 없냐며 혼 내줄까 하다가 그만둔다. 그냥 너나 잘하고 경비임무나 잘 수행하라는 생각이 들어서다.

교육생들은 사안별로 A · B · C 세 등급으로 분류하여, A급은 수료 후 귀가시키고, B와 C급은 전방으로 가며, 거기서 뭘 하고 어찌될 지 알 수 없다 한다.

□

□대대 복귀 후 파견 공로로 휴가가 곧 주어졌다. 군복을 칼같이 다리고 삼청교육 마크도 명찰위에 폼 나게 달았다. 혹 '휴가 중 이를 본 교육생이 린치라도 하면 어쩌지?' 란 생각도 잠시 스쳤지만 군인은, 특히 휴가군인은 어쨌든 폼이 최고다. 고생한 보람이 있구나 생각하며 가족이 있는 서울행 기차에 몸을 실었다.

부산을 벗어나 한참 후, 옆자리 저 건너 미소를 띤 중년남자가 다가오더니 마크를 보며, 삼청교육대에 근무했는지 예의 있게 물었다.

"네, 그렇습니다. 근데 혹시 교육을 받으신 분인가요?" 묻자,

"그랬습니다." 고 답한다.

"아, 네! 정말 고생 많으셨습니다. 날도 무척 더웠었는데" 라고 하자,

"아닙니다! 조교님이나 기간병님들이 더 고생하셨지요. 우리 땜에 · ·," 라고 가식 없이 말한다.

('경비를 서면서 괜히 미안한 감 있었는데, 오히려 나를 위로하고 있다')

⇩ 지도 선생님과 문우들의 1차 합평을 거친 후 제목을 변경하고 내용도 손보았으며, 시제도 일치시켰다.

위 로

1980년 초여름, 낙동강 하구 을숙도가 건너편에 보이는 '하단' 이라는 곳의 해안경계근무를 마치고 대대본부에서 교육훈련을 받던 중 부산 · 경남지역 관할의 삼청교육대 경비임무를 명받고 파견되었다. 공수부대마크를 닮은 삼청교육부대마크를 달고. 그 곳은 군부대 유격장이었다. 꽉 찬 긴장감에 신병훈련소 같다. 파파라치 해바라기가 아침부터 쫓는 여름 하루해는 남방무더위까지 더해 무척 길고 지루했는데도 두 달은 금새 지나갔다.

교육생들은 사안별로 A · B · C 세 등급으로 분류하여 A급은 수료 후 귀가시키고, B와 C급은 전방으로 가며, 거기서 뭘 하고 어찌될 지 알 수 없다 한다.

여름 한가운데였지만 이른 아침이라 제법 싸알했다. 레일 표면이 녹슨 정도를 보아 폐쇄된 지 꽤 오래된 역 같았다. ‘수영’ 이라 하면 비행장이 있고 근처 바닷가가 연상되지만, 이처럼 한적한 역도 있나 싶다. 삼청교육대 교육을 마친 수료생들로 꽉 찬 기차가 숨을 죽이고 하명(下命)을 기다리듯 엎드려 있었다.

걷어 올린 차창마다 황토색 작업복에 박박 밀은 머리를 무릎에 처박고 있는 모습들이었다. 지시가 있었는지 미동도 없고 맥박마저 죽은 듯했다. 기차 좌우 5미터 간격으로 총 든 경비병들이 길게 늘어 서 있었고. 지휘관인 장교들의 표정도 굳어 있었다. 침묵이 가라앉은 위로 갑자기 멀지 않은 저 편에서 심장을 찌르는 아낙네의 울부짖는 소리가 아침공기를 억눌렀다. 소리 나는 곳으로 일제히 고개를 돌리자 철조망 밖 언덕에 어떻게 알고 왔는지 한 무리가 있었다. “ㅇㅇ야” 하고 계속 애처롭게 부르짖는다. 낯익은 목소리 같다는 착각이 잠시‥‥. 가서 제지하라는 명령이 곧 떨어질 것 같았는데 장교들도 잠잠했다. 소리는 더욱 높게 처량해지며 뼈속을 때렸다. 교육생들의 숙인 어깨가 들먹이고, 기차는 서서히 북쪽으로 무거운 발걸음질을 시작했다. 기적 대신 울부짖는 소리를 내며.

대대 복귀 후 파견 공로로 휴가가 곧 주어졌다. 군복을 칼같이 다리고 가지고 있던 삼청교육 마크도 명찰위에 달았다. 혹 ‘휴가 중 이를 본 교육생이 린치라도 하면 어쩌지?’ 란 생각도 잠시 스쳤지만, 군인은 특히 휴가군인은 어쨌든 폼이 최고다. 고생한 보람이 있구나 생각하며 가족이 있는 서울행 기차에 몸을 실었다.

부산을 벗어나 한참 후, 옆자리 저 건너 미소를 띤 중년남자가 다가오더니 마크를 보며, 삼청교육대에 근무했는지 예의있게 물었다.

“네, 그렇습니다. 근데 혹시 교육을 받으신 분인가요?” 묻자,

“그랬습니다.” 고 답한다.

“아, 네! 정말 고생 많으셨습니다. 날도 무척 더웠었는데” 라고 하자,

“아닙니다! 조교님이나 기간병님들이 더 고생하셨지요. 우리 땜에‥‥.” 라고 가식 없이 말한다.

경비를 서면서 그들에게 괜히 미안한 감 있었는데 오히려 그가 나를 위로

하고 있다. 삼청교육이 무엇이며 저런 사람까지 교육해야했는지 머릿속 액정화면에 선명한 물음표가 떠오른다.

30년도 더 지난 때라 기억의 함정으로, 역과 지명· 위치 등이 다소 다를 수 있다. 중학 때까지 부산에 거주하다가 이 후 서울· 수도권이 제2의 고향이 되었다. 타향살이 중 운 좋게 군 생활을 고향 해안가에서 보내게 되었다. 주로 부산의 서편 해안가인 다대포· 태종대· 을숙도가 보이는 낙동강 하구인 하단 등이었다. 어릴 때 부산에서 놀던 주 무대는 용두산공원· 자갈치시장· 부산항 등이다. 특히 부산항은 1960년대 초, 6.25동란 후의 미국 등에서 보내주는 원조물자가 큰 배에 실려 들어오던 항구이다. 밤에는 배에서 밝히는 화려한 불빛과 바닷물에 반사· 굴절되는 빛 까지 하여 밤항구의 화려하고 눈부신 전경이 황홀하였다. 동광동 언덕 중턱의 집 마당에서 바라보면 오른쪽은 영도, 왼쪽으로는 오륙도가 보였고, 마당의 평상에 누워 밤하늘을 보면, 수도 없이 많은 별들이 보석처럼 쏟아져 내렸다.

우선 동거부터 하려는데 괜찮을까? -- 법률적 효력은?

앞서 결혼율과 출산율이 낮아지고 있는 이유 중 하나는 주로 젊은 층들이 선택하는 동거, 즉 '혼인의사의 합치' 가 존재하지 않은 단순동거의 증가 추세이다. 대체로 고등학교를 졸업하고 대학에 진학하든, 취업을 하여 사회에 즉시 진출하든, 2013년 7월 1일부터는 만 19세 되는 남성과 여성은 민법상 확실한 성년이 된다.

이들 젊은 층은 기성세대와는 다소 다른 생각과 행동양식을 가지고 있어 이성과의 관계에서도 법적 테두리에 진입하는 법률상 혼인 보다는 큰 고민 없이 동거를 선택하기도하고 그러한 현상이 갈수록 증가하고 있는 추세이다. 따라서 머지않은 장래에는 이러한 단순한 동거도 법적 테두리에서 다루고 보호하는 국가적·사회적 시스템이나 구조를 갖추어야 할 것이다. 그동안은 동거인들 사이에 '동거계약(서)' 과 같은 룰 또는 약속이라도 정해 놓을 필요가 있다.

한국사회에서 동거란 현재까지는 올바른 정체성 없는 계약이란 인식이 강하다. 하지만 젊은 층의 동거증가경향과 법률상 부부의 이혼이 급증하면서 동거에 대한 궁금증은 커져만 가고 있다. 법률상 혼인에 의한 동거나 혼인의사의 합치가 존재하는 사실혼적 동거· 단순한 동거, 이 모든 것들은 사람과 사람 사이에 있어 새로운 인간관계가 성립되는 매우 중요한 행위이다.

IMF이후 이혼이 급속히 증가하면서 그 무렵부터 동거관계도 함께 증가하기 시작하였다. 남들에게 이상하게 보일까봐 쉬쉬해서 그렇지 최근엔 젊은 층 뿐만 아니라 다양한 연령층에 있어서도 법률상 혼인 외의 동거생활을 하는 경우가 많다. 때문에 이제는 이런 현상을 받아들일 수 있는 인식의 변화가 요청된다.

인터넷을 떠도는 동거계약서를 살펴보면 너무 단순하고 허점투성이 이다. 이에 필자는 우리 민법의 가족법 및 계약법과 아주 밀접한 연관성이 있는 동거의 바람직한 방향을 제시해 주고 싶었다. 즉 동거를 하기 전 우리의 가족법을 미리 짚어보고 상대와 진지하게 심사숙고하여 결정했으면 해서이다.

결혼에 관한 지침서는 넘쳐나고 있지만, 정작 요즘 관심이 증가하고 있는 동거에 관해서는 조언을 주는 책이 전무하다. 필자는 이런 사람들과 관련 관청에서도 이를 미리 대비할 수 있도록 동기부여를 하고자 한다.

아직은 부정적 측면이 강한 '동거' 라는 것을 명확하게 계약관계로 보아야 할 필요성이 있는지와 그 근거에 대해서 중점적으로 고민해 보았다.

부모세대나 기성세대는 동거에 대해 무조건 색안경을 끼고 바라보는 것이 현실이다. 또한 남녀 동거인(동거부부)들 사이에 동거계약 또는 동거행위가 과연 법적 효력이 있는지의 여부가 관심사인데, 현재 그 부분에 대한 정확한 정보제공이 불충분하고 법적 장치 또한 전무하다 할 것이다. 때문에 동거라고 하면 명확한 미래 계획 없는 충동적인 면만 부각될 수 있다.

그러나 필자는 동거도 결혼에 못지않는 중요한 하나의 복합적(가족법적 · 계약법적) 계약의 한 종류로 인식한다. 그 이유는 동거하다보면 자녀를 가질 수도 있고, 동거인들 사이에 새로이 '혼인의사의 합치' 가 발생하면 사실혼 또는 법률상 혼인으로 얼마든지 발전할 수도 있기 때문이다.

이렇듯 동거행위가 현행법상 단순히 무효라고 판단을 내리기에는 경솔한 측면이 있다. 이에 필자는 동거(또는 동거계약)를 가족법적 측면과 계약법적 측면에서 분석할 필요성이 있다고 본다. 동거계약(서)에 쓰여 있는 약정 내용에 따라 동거인들 사이에 권리 · 의무(민법상 채권 · 채무)가 발생하기도 하므로 계약법리가 적용될 수 있다고 보기 때문이다.

한편 동거나 결혼이나 이를 대비한 준비도 필요하다. 요즘 젊은 사람들은 혼수나 결혼예식 등 형식에 너무 치우치고 있으나 더 중요한 것은 간과하고 있는 듯하다. 동거든 결혼이든 그것의 본질적인 의미에 대해서는 전혀 대비하지 못한 채, 결혼과 동거를 그냥 하나의 제도로만 보면 이 후에 어려움이 따를 수도 있다. 따라서 결혼이나 동거를 하기 전 미리 이에 대한 법 규정들을 살펴보고 학습하는 것이 반드시 필요하다고 본다.

오늘날 우리의 일상이 사회 · 문화 · 경제적으로 매우 빠르게 변모하고 있는 가운데 개인적인 삶의 형태도 기존의 고정관념에서 벗어나 개인적 취향에 따라 매우 다양하고도 복잡한 형태를 보이고 있어 그야말로 개성시대에 살고 있다.

특히 이성관이나 결혼관에 있어서도 근래에 많은 변화가 있어 기존의 전통적인 결혼관 외에 독신주의적 경향 및 이혼의 증가, 약혼 · 혼인을 전제로 한 동거시도, 또는 주로 젊은 층을 위주로 혼인과 무관한(혼인의사 없는), 살아보고 괜찮으면 혼인하겠다는 조건부的, 또는 혼인의사가 불명확한 각 동거들의 급속한 증가를 엿 볼 수 있는데, 2009년도에 이르러 전년대비 결혼률이 처음으로 감소하였다는 사법연감의 통계는 이와 같은 동거의 증가 현상과 결코 무관하지 않을 것이다.

이로써 우리 사회도 선진 구미각국의 경우와 마찬가지로 현재 및 장래에 있어 결혼률은 점차 감소하면서 이에 반비례하여 동거율은 점차 더욱 증가할 것을 예측할 수 있으며, 단순동거 중에서도 실질적으로는 법률상 혼인과 다를 바 없는 형태의 동거가 점차 보편화되어 간다면 장래에는 프랑스 · 네덜란드 · 벨기에 · 캐나다 등 유럽과 미주 여러 국가들의 경우처럼 입법과 제도적 장치를 통해 일정 수준의 확실한 보호 · 보장조치가 요청된다 할 것이다.

동거의 형태로는, 일부 공통적인 목적달성을 위한 동성 간에 성립할 수도 있겠으나, 애정과 사랑을 기초로 한 여 · 남 이성 간에 성립하는 것이 대부분인 바, 이에는 미혼 여 · 남 사이의, 이혼한 여 · 남 사이 및 노년의 동거 뿐 만 아니라, 혼인의 의사가 존재하는 사실혼 및 법률상 혼인에 의한 각 동거 등 다양한 형태가 존재한다.

동거인들은 누구나 성장하면서 혈연인 가족과의 필연적 동거에서 벗어나 타인과의 선택적 동거를 통해 새로운 사실적 · 생활적 · 법률적 인간관계를 맺게 되는데, 이는 의사의 합치만 이루어지면 계약서의 작성 없이도 성립할 수 있고, 동거계약을 체결('구두 계약' 도 계약이다)하는 경우에 계약내용 중 민법상의 강행법규 또는 선량한 풍속 및 기타 사회질서에 반하는 내용이나 그러한 조건이 붙은 계약은 물론 당연 무효(처음부터 무효)가 되겠지만, 이와 무관한 약정에 대해서는 계약법리에 의해 민법상의 권리 · 의무가 발생할 수도 있다.

♥ 동거와 관련해 고려할 사항 들을 다음과 같이 추려 보았다.

* 동거 임차주택을 임차할 경우 임대차계약서의 임차인을 누구로 정하느냐 하는 문제 및 임차보증금(월세계약이라 하더라도 보증금이 있으므로)에 관해 주택임대차보호법 상 대항력을 확보하고 유지하는 문제,
* 동거인들의 정보 · 통신을 포함한 개인사생활 침해의 금지,
* 동거비용의 부담 및 동거기간 중 재산이 증식된(또는 감소된) 부분이 있을 경우 청산 시 이들 재산의 분할 문제(부채 포함),
* 또한 여 · 남 이성 간의 동거생활에 있어서 원하든 원치 않든 자녀가 출생하는 경우도 많은데 이 경우 가족법적 신분관계가 성립하여 민법의 가족법(친족 · 상속편) 및 가족관계의 등록 등에 관한 법률에 따라 자녀의 성(姓)을 정하고 인지(認知) 또는 준정(準正)의 문제와 헤어질 경우 자녀에 대한 친권행사자 및 양육자지정과 양육비부담, 면접교섭권의 행사여부 등에 관한 협의문제,
* 혼인과 무관한 단순 동거에서 시작하였으나(또는 혼인의사가 불명확하나 동거 중 조건이 충족 시 혼인하겠다는 조건부 동거 포함), 동거 중 혼인의 의사가 있어 사실혼적 동거 또는 법률상 혼인으로 발전하게 되는 경우에 있어서 혼인에 관한 가족법상 문제,
* 또 한편으로 단순동거 중 헤어지는 경우의 청산문제
* 사실혼관계 해소와 법률상 혼인의 이혼으로 인한 동거의 해체 시에 재산분할, 위자료(일방에 파탄사유가 존재 시), 자녀가 있을 경우 자녀에 대

한 면접교섭권 및 친권자행사자 · 양육자 · 양육비 · 면접교섭권 등의 가족법적 문제 등이다.

동거와 관련하여 위와 같이 사적자치의 영역인 사실적 · 생활적 약정사항뿐 만 아니라 검토하여야 할 중요한 법적(재산적 · 신분관계적) 사항들이 많은데 동거계약서를 작성할 경우 이들을 소홀히 하다 보면 동거의 성립과 유지 및 그 해소에 있어 위 각 문제들에 관해 난관에 봉착하는 경우가 많을 것이다.

법률상 혼인에 의한 동거가 아니더라도 위와 같은 형태의 동거를 통하여 타인의 인생과 동반하며 협조 또는, 때로는 충돌도 하고 이를 극복하기도 하면서 서로 간에 고충상담자 · 배려자 · 응원자 · 협력자 · 베푸는 자의 역할들을 통해 인생에 대한 삶의 질도 향상시킬 수 있는 매우 소중한 인연과 기회가 될 수도 있는 것이다.

'동거' 에 대한 포괄적인 사전(辭典)적 정의는
'같은 집이나 같은 방에서 같이 삶' ,
'부부가 아닌 여남(女男)이 부부관계를 가지며 같은 집에서 삶'
'가족이 아닌 사람이 어떤 가족과 같은 집에서 함께 생활함'
'두 사람 이상이 한 집에서 공동의 생활을 함' 과 같이 나 외에 다른 사람과 결합하여 함께 살고 있는 형태라 할 수 있는데 법률상 혼인의 경우에 있어서의 동거는 그 법적 효과로서 위와 같은 동거에 대해 민법 제826조 '부부간의 의무' 의 규정에 따른 부부 쌍방의 본질적인 권리 · 의무 중 하나이기도 하다.

또한 동거는 하나의 작은 소(小)사회라 할 수 있는데 따라서 초미니 사회적 공동체로서 역시 그 틀의 균형과 유지를 위한 질서가 필요하고 이는 동거구성원들의 구두약속 또는 서식화할 경우 동거계약서 형태로 나타난다.

필자는 동거에 관한 목적이나 동기 또는 형태에 따라 가장 일반적인 사례인, 이성간의 혼인의사 없는 단순동거, 이성간의 혼인의사가 불명확한 단순동거(살아보고 괜찮으면, 또는 조건 충족 시 혼인도 괜찮다는 경우), 공동목적의 단순동거, 노년의 혼인의사 없이 상호 부조를 위한 단순동거, 혼인이 불가능한 동성애자들의 동거, 사실혼 관계 성립에 의한 동거, 약혼에 의한 혼전(婚前) 동거, 법률상 혼인에 의한 동거 등 8가지로 크게 구분해 본다.

단순동거에 있어서는 여남 이성간의 애정과 사랑에 기초한 동거 뿐 만 아니라 어떠한 공통적 목적(학문적 · 업무적 성취 또는 경제적 목적)에 따른 동성 사이의 경우도 많이 성립하고 있고 이들 동성 사이에는 둘 또는 셋 이상의 다중이 구성원일 수도 있으며 동거인 수가 다수일수록 질서와 규칙이 더욱 요구될 것이다.

♥ 동거계약(서)의 법적 성질은?

동거계약도 계약이라는 명칭과 형식을 띠고 있는데,

동거인들이 필요에 의해 계약서를 작성할 경우 특별한 형식을 요하지는 않겠으나 일반적인 民 · 商事上의 계약과는 그 내용면에 있어서 성질이 판이하다 할 수 있다. 계약서라는 형식과 명칭으로 작성될 경우, 유효한 계약이라면 계약법의 규율을 받게 되고 따라서 그 형식이나 내용이 적법하게 구성될 것이 요구된다.

그러나 동거계약(서)에 관한 법규정이 전혀 없고, 가족법의 범주에서는 판례를 통해 '동거하면서 간헐적인 정교만으로는' 사실혼관계의 성립을 명확하게 부정하고 있는데, 계약법의 범주에서는 전혀 논의조차 되지 않고 해당 판례조차 없는 실정이므로 과연 동거계약(서)도 하나의 계약으로서 법적으로 유효한 지 여부를 반드시 검토할 필요성이 절실하다 하겠다.

단순동거계약(서)의 가족법적(친족 · 상속) 효력과 계약법적 효력여부에 관해 살펴보기로 한다.

⚑. 가족법(家族法)적 효력 여부에 관해서는,

법률상 혼인은 민법의 가족법(친족 · 상속편) 각 규정이 적용되어 동거 · 부양 · 협조의무(상대편에서는 이에 대응한 권리가 각 부여) 등 각종의 의무를 지거나 일상가사대리권 등 권리도 부여되며,

사실혼에 관해서는 위와 달리 전혀 법규정이 없으나, 혼인신고를 전제로 형성

되는 가족 · 친족관계 및 배우자 사망 시 개시되는 상속을 제외한, 법률혼에 관한 위 각 규정이 거의 모두 유추적용 되어 '혼인에 준하는 관계(準婚關係)' 로서 법의 보호를 받거나 일정한 권리도 행사할 수 있으며, 사실혼관계의 해소(=사실혼 관계의 이혼)의 경우에도 법률상 혼인의 이혼에 관한 각 규정이 유추적용 되며 판례에서 이를 재판상 이혼의 경우에 준하여 폭 넓게 인정하고 있다.

사실혼 관련 대법원판례를 보면,

'**일**반적으로 약혼은 특별한 형식을 거칠 필요 없이 장차 혼인을 체결하려는 당사자 사이에 합의가 있으면 성립하는 데 비하여(대법원 1998. 12. 8. 선고 98므961 판결), 사실혼이 성립하기 위하여는 그 당사자 사이에 주관적으로 혼인의사의 합치가 있고, 객관적으로 부부공동생활이라고 인정할 만한 혼인생활의 실체가 존재하여야 한다.' (대법원 2001. 1. 30. 선고 2000도4942 판결)

반면에 단순동거의 경우에는 사실혼의 경우와 같이 관련 법규정도 전혀 없을 뿐 만 아니라, 법률혼에 관한 가족법상의 위 각 규정이 전혀 유추적용 되지 않아 법의 사각지대라고 볼 수 있다.

결혼 전의 단순동거 인정 여부 관한 다수의 여론조사에서도 찬 · 반 양론이 매우 팽팽하고, 미풍양속의 가치기준이 아직까지는 엄격하다 할 수 있는 동양적 · 한국적 사고방식에서 그 허용여부에 관한 도덕적 논란도 많은 부분이다. 최근 이성관 · 결혼관 · 가치관의 각 변화 등 여러 가지 사유로 성년 여남 사이의 단순동거 형태가 점점 증가하고 법률상 혼인에 못지않는 보편적 사회현상으로 점차 자리 잡아 간다면 지금처럼 법의 사각지대로 계속 방치해 둘 수는 없고 입법활동을 통해 법제화 또는 제도적 장치를 하여 법률혼에서 인정하는 권리 · 의무 중 일부분만이라도 인정하는 한편 사회적 보장장치도 따라야 할 것이다.

단순동거가 가족법적 효력이 모두 부인됨은 물론 사실혼 관계의 성립도 인정되지 못하는 경우의 대법원판례를 살펴보면,

'동거 또는 내연관계를 맺은 사정만으로는 사실혼관계를 인정할 수 없다.' (대법원 2008. 2. 14. 선고 2007도3952 판결)

'이혼한 후 독신으로 지내는 청구인과 미혼남성인 피청구인이 남의 이목을 피하면서 동침하는 등 교제하면서 그 관계에 관하여 피청구인의 부모에게 알린다든가 이혼승락을 받은 바 없고 더군다나 결혼식을 치른 바도 없다면, 양인 사이의 간헐적 정교관계만으로는 비록 그들 사이에 자식이 태어났다 하더라도 서로 혼인의사의 합치가 있었다거나 혼인생활의 실체가 존재한다고는 할 수 없어 사실상의 혼인관계가 성립하였다고 볼 수 없다.(대법원 1984. 8. 21. 선고 84므45 판결)'

☞ 계약법(契約法)적 효력여부에 관해 살펴보면,

우리 민법은 제103조에서 '반사회질서의 법률행위' 및 제104조에서 '불공정한 법률행위' 는 각각 무효로 하고 있다. 따라서 법률혼 또는 사실혼이 아닌 단순한 이성간의 동거계약은 위 민법 제103조에 정한 바에 따라 '선량한 풍속 기타 사회질서에 반하여 무효' 라고 주장하는 전문가도 있다.

그러나 필자가 보건대, 이를 무효라고 판단한 대법원판례 등 선례가 현재 전무(全無)하고, 헌법에 보장된 개인의 행복추구권 실현과 나아가 성적(性的) 자기결정권이 존중되는 오늘날의 시점에서 이성간의 동거계약을 법규범적 잣대만으로 단순히 무효라고 한다면 매우 타당하지 않음은 물론 시대에 뒤떨어진 판단이 될 것이다.

물론 동거계약자들이 약정한 동거계약의 내용 또는 계약에 조건을 붙인 경우 그 조건이 위법하고 강행법규에 반(反)하거나 선량한 풍속 기타 사회질서에 위배될 경우에는 당연히 무효('처음부터' 무효 * 이에 반해 '취소' 의 법률적 효과는 '소급해서' 무효)가 될 것이다.

결국 혼인의사 없는 단순한 동거계약(또는 계약동거)의 법적 성격이나 효력에 관하여는 우리 민법이나 다른 법률에서 이를 전혀 규정하지 않고 있고, 가족법의 범주에서는 법률혼에 관한 위 규정이 사실혼의 경우처럼 유추적용이 되지도 않으며, 계약법의 범주에서는 동거계약의 법적 효력 유·무가 재판의 전제가 된 적도 없어서 이에 관한 대법원판례 및 하급심(1·2심)판례도 현재 전무하다.

물론 장래에 민사상 분쟁으로서 동거계약의 효력에 다툼이 있어 그 효력에 관한 유·무효가 재판의 전제가 된 때에는 판결로서 동거계약의 법적 성격 및 효력이 판단될 것이겠지만, 법적 잣대만으로 논하기 보다는 헌법에 보장된 개인의 행복추구권과 사적자치영역으로서, 법률상 혼인과는 또 다른 별개의 삶의 한 형태로서, '동거혼(同居婚)'에 대해 법률혼에 못지않는 법적·제도적 장치로서 보호를 하고 있는 서구 선진 각국의 경우처럼 우리나라에서도 점차 보편화 되어가는 새로운 사회현상의 관점에서 논하는 것이 바람직할 것이다.

위 사정을 종합하여 필자는 성년 여남 사이의 혼인의사 없는 단순한 동거계약의 계약법적 효력 유·무에 관하여, 명시적으로 무효라고 규정한 법조항이 전혀 없고, 법률혼의 규정이 유추적용 되지도 않으며, 이를 무효라고 판단한 대법원판례 등 선례가 현재까지 없고, 동거문화가 점차 증가하여 보편화되어가는 오늘날의 가치기준에서 보면 선량한 풍속 기타 사회질서에 위배한다고도 할 수도 없다(이에 위반하는 계약내용이나 조건이 붙은 경우는 물론 무효임).

이에 따라 단순동거인들 사이의 동거계약(서)도 그 법적 성질을 하나의 계약으로 보아 유효를 인정하는 것이 사회적 타당성이 있고, 권리침해가 있을 경우 피해 당사자의 구제에 있어서도 그 실효성이 있을 것인 바, 따라서 우리 민법상(民法上)의 계약법리(계약자유의 원칙)가 당연히 적용되어야 할 것이다.

동거계약이 성립하기 위해서는 서식으로 계약서를 작성하지 않더라도 동거예정자들 사이에 동거에 관한 객관적인 의사의 합치가 있어야 하는데, 구두로 약속(약정)을 하더라도 당연히 계약의 효력이 있다.

의사의 합치를 이루고 요건을 갖추면 법적 효력이 발생하여 계약에 따른 당연한 효과로서 동거인들 사이에 권리와 의무가 발생하는 부분이 있을 수 있고 이 경우에는 성실히 이행하여야 동거관계가 평화롭게 유지될 것이다.

법률상 혼인은 민법 제826조 '부부간의 의무'에 정한 바에 따라 부부간 동거·부양·협조하여야 하는 의무 및 그에 대응하는 권리가 발생하고, 사실혼의 경우도 이 규정이 유추적용 되지만,

단순동거계약(또는 계약동거)은 위의 가족법적 권리·의무가 전혀 발생하지 않아 부담이 전혀 없고 그 성립에 절차가 전혀 필요 없어 간편하며, 책임질 일이 없다는 점 등으로서 이를 선택하는 이유가 되기도 하나, 동거인들 사이에 동거와 관련된 여러 가지 약정들로 인해 얼마든지 민사상 권리·의무가 발생할

수 있다.

동거계약서 작성방법

동거인들의 의사 합치에 따라 동거계약서를 작성할 경우에는 약정사항을 빠짐없이 정확하게 잘 기재하면 되는데, 동거에 관한 중요사항이나 본질적 사항에 대해서는 반드시 기재를 하여야 하고, 세부적인 사항 및 이에 더하여 장래 혹 다툼의 소지가 있을 수 있는 사항까지 미리 협의하여 기재하는 것이 좋다. 만약 이를 위반하거나 불이행하였을 경우에는 단서조항을 두어 그 벌칙이나 제재까지 잘 약정해 둔다면 이행을 심리적으로 강제할 수 있어 동거 중 분쟁의 소지가 없거나 최소화 할 것이며, 이에 따라 원만하고 평온한 동거관계를 유지할 수 있을 것이다.

약정사항은 가능한 무리 없이 지킬 수 있는(이행 가능한) 내용으로 정한다. 또 일단 약정한 사항은 반드시 이행하며 계약서 작성 시 가능하다면 입회인(참여인 *이를테면 동거계약자들의 사정을 잘 아는 동료나 친구, 선·후배 또는 지인)이 입회한다면 계약의 명확과 이행의 확보에 도움이 될 수 있을 것이다. 입회하는 형식은 계약서 작성이 완료된 후 입회인이 싸인이나 서명 또는 기명날인(간인도 포함)하면 된다.

드문 경우이겠으나 동거 해체 후 법정분쟁이 발생할 경우 입회인이 증인(법정에서 증언)이 되기도 한다.

동거계약도 계약법상 불요식계약(不要式契約)으로서 특별한 형식을 요하지 않으므로 구두로도 계약이 가능하고, 직접 수기로 작성하거나 타자로 활자화하여 출력해도 된다. 구두로는 기억이 어렵고 불명확하여 다툼의 소지가 있으므로 계약서를 작성하여 서식화하는 것이 바람직하다. 최근 젊은 층에서도 동거계약 뿐 만 아니라 일상에서 계약을 체결할 경우, 명확하게 서식화하는 추세이므로, 이는 후일 혹 발생할 지도 모르는 분쟁에 대해 효과적으로 대응 할 수 있을 것이다.

제목은 동거계약서, 동거약정서, 공동생활계약서 또는 단순히 계약서, 약정서라 하여도 무방하다. 일반 민사상이나 상거래상의 약정을 할 경우도 마찬가지인데, 물론 제목도 중요하겠지만 계약서상 구체적으로 기재된 내용 뿐 만 아니라, 약정당사자들이 실현하고자 하는 내심의 의사의 합치내용에 따라 법률적 효력이 발생하게 된다.

계약서를 작성한 후에는 사본하여 2부를 만든 후 1부씩 나누어 각자 보관하면 되는데, 이 때 계약당사자들이 싸인 또는 막도장을 날인해도 되나 경험칙상 가급적 인감도장을 날인 및 간인하고 인감증명서를 첨부하는 것이 서류 성립의 진정성(眞正性)을 확보할 수 있다.

현실적으로 동거계약에 조건이나 기한을 붙이는 경우가 많은 데, 이를테면 '공동생활 중 자녀가 출생할 경우에 동거인들은 혼인여부에 대해 진지하게 협의하여 정하기로 한다.' 는 식의 조건은 무방할 것이나, 자녀 출생 시 반드시 혼인하기로 한다는 식의 일방적 조건은 타당성이 결여되어 허용될 수 없다.(따라서 무효) 이에 따라 계약체결 시 전문가인 법조인(변호사 · 법무사)의 조력을 받는 것도 좋은 방법이 될 수 있다.

만약 계약서작성에 공증을 받고자 할 경우는 공증사무실이 설치된 가까운 법무법인이나 합동사무실 또는 공증인사무실에 가서 소정의 수수료(2~3만원 내외)를 지급하고 공증(정확하게는 '사서증서의 인증' 이라 한다.)을 받으면 되는데 공증사무실에서는 3부를 작성하여 한 부는 보관하고 신청인(공증용어로는 '촉탁인' 이라 합니다.)들에게 각 한 부씩 교부하여 준다.

계약서를 공증 받는다면 이행의무가 있을 경우 이행을 심리적으로 강제할 수 있고, 그 성립의 진정성(眞正性)을 확보할 수 있으며, 진정한 공문서로 추정받아 강한 증명력(證明力)이 인정된다.

물론 공증을 받지 않더라도 계약서 자체로서의 증명력은 충분하나 , 동거계약에 관해 법적 분쟁이 발생하여 일방이 계약의 성립자체를 부정하고 계약서가 위조 또는 변조 되었다고 적극 주장하는 경우에는 그 상대방에서 성립의 진정성에 대한 입증책임(立證責任)을 지게 되므로 이러한 경우 공증서류만으로서 입증하는 데에 전혀 문제가 없을 것이다.

가장 일반적인 경우로서 이성간의 혼인의사 없는 단순동거계약서 사례를 본다.

미혼의 20대 중후반 여남이 직장상사의 소개로 만나 사랑과 애정을 키워오다가 동거를 하게 되었다. 둘 다 직장인으로서 본가는 타 지방이라 각각 자취와 하숙을 하던 중인데, 동거장소는 남자의 임차주택인 오피스텔에 여성이 입주하는 형태로서 혼인의사는 전혀 없는 경우이다.

****

※. 동거계약서

♥♥♥ 동 거 계 약 서 ♥♥♥

동거인 갑. (여) 박 ㅇ ㅇ (841022-0000000)
주 소 : 경기 고양시 주교동 32-2 00연립 000-000호
연 락 처 : 010-0000-0000

동거인 을. (남) 정 ㅇ ㅇ (831202-0000000)
주 소 : 경기 파주시 금촌동 12 00오피스텔 000-000호
연 락 처 : 010-0000-0000

위 갑과 을은 서로에게 소중한 존재로서, 상대편에게 그 사랑과 베품을 더욱 실천하고자 오랜 기간 머리를 맞대고 숙의한 결과, 2012. 0. 00. 현재 다음과 같은 내용과 약속으로 공동생활을 영위하기로 의사의 합치를 이루었는 바, 이에 이 계약서를 작성하며 두 사람은 약정한 사항들에 대해 동거의 종료 시까지 성실하고 즐거운 마음으로 지켜나갈 것을 언약한다.

단, 어느 일방이 동거를 유지할 수 없을 정도의 중요한 약정사항을 준수하지 않았을 경우에는 이에 대한 상대편의 동거청산요구 등 정당한 요구를 거절할 수 없다.

다 음

1. 동거의 개시 및 계약기간에 관하여

동거기간 중에는 인생여정의 동반자로서 갑(여)과 을(남) 두 사람의 공동생활은 '믿음 · 소망 · 사랑' 을 그 기초로 하고, 환한 웃음이 넘치는 '안락한 휴식처' 를 모토로 한다.

동거의 종료 시까지 혹 다툼이나 난관에 봉착하더라도 서로에 대한 신뢰와 배려 · 희생으로 이를 극복해나가기로 하고, 또한 행복하고 유익한 공동생활이 되도록 혼인으로부터도 완전히 자유롭게 서로를 배려하기로 하는데,

동거의 시작은 갑이 자신의 가재도구를 모두 소지하고 2012. 0. 00. 을의 주거인 위 오피스텔에 입주함으로써 시작하고, 입주 첫날은 근사한 이벤트를 을이 준비하며 검소하면서도 아름다운 반지를 구입하여 나누어 끼워줌으로써 이를 기념하며, 각자의 생일 등 기념일에도 서로 아낌없는 축하와 격려를 베푼다.

갑은 입주 후 14일 이내에 을의 주소지로 주민등록을 이전하고, 이후 동거를 청산할 경우 주민등록을 다시 이전키로 하는데,

동거의 종료시기는 기본적으로 ① 관계를 청산하기로 하는 두 사람의 의사의 합치 또는 ② 일방의 청산통보가 있을 때까지로 하며, 일방이 중요한 약정을 준수하지 않거나, 또는 관계를 청산하여야 할 중대한 개인사정이 발생할 경우도 청산사유로 한다.

2. 공동생활에 관한 규범 등

서로에게 방해가 되지 않는 범위 내에서 인터넷 등 정보· 통신을 포함한 사생활의 자유는 최대한 보장을 하고, 특히 상대방의 e메일 등은 동의 없이 검색할 수 없다.

쌍방이 직장인으로서 서로간의 취침에 방해가 되지 않도록 귀가시간은 밤 12시 이내로 하며,

식사준비· 설거지· 청소· 세탁 등 일상 가사(日常 家事)의 분담은 각 1/2 씩 부담키로 원칙을 세우되 상황에 따라 서로를 배려하고, 공동생활 에 사용되는 전기· 수도· 가스 등 물자와 생활비는 최대한 절약하고 아끼 도록 하며, 일상가사에 소요되는 비용(공동생활비)은 갑(여)이 40%, 을 (남)이 60%를 각 부담키로 하는데 지급방법은 매월 말일에 갑이 40%를 을 에게 현금으로 교부하든지 또는 을의 통장에 입금한다.

단, 갑이 그 지급기일인 매월 말일을 도과할 경우 완납 시까지 연 5%의 지연이자를 가산하여 지급한다.

* 을의 계좌 (농협 : 00 - 00 - 0000)

손님을 초대하고, 행사에 동반하여 참석하는 등 필요할 경우에는 상대편

의 동의 또는 협의를 거치도록 하며, 등산· 미술전시회 또는 음악· 연극회에 참여하는 등 취미를 같이 할 경우도 협의를 요하고 상대방에게 일방적으로 강요하지 않으며, 동거사실에 대하여는 가족· 친지· 직장 등 외부에 가급적 알리지는 말되 필요한 경우 떳떳하게 밝히기로 한다.

두 사람은 동거 개시하는 날에 주민등록초본 또는 주민등록증사본과 건강진단서를 각 1부씩 교환하며,

정교행위는 반드시 서로의 의사가 합치하는 경우에만 가능하고, 일방의 기분과 감정만으로, 또는 강요에 의해서는 절대 이루어 질 수 없으며, 이에 따른 피임에 관하여도 서로 상의하여 갑의 건강에 영향이 없는 적당 하고도 효율적인 방법을 선택키로 하며, 동거기간 동안 서로 간에 정조의 의무를 반드시 지키기로 한다.

만일 자녀가 출생할 경우(원하든, 원치 않든)에는 동거인들의 법률상 혼인(또는 사실혼)을 할 지 여부에 대해 진지하고도 자유스러운 분위기 속에서 숙의하여 결정키로 하며, 자녀의 출생사실만으로 일방에 대해 혼인을 절대 강요하지 않기로 하는데, 만약 혼인하지 않기로 결정하더라도 이 후 '子의 복리' 를 위해 두 사람은 최선을 다하기로 한다.

3. 소유권에 관한 사항

동거 전부터 각자가 소유하던 물품 등 동거인 명의의 고유재산은 동거기간 중 또는 청산 후에도 그대로 유효하며, 다만 동거기간 중 필요할 경우 얼마든지 쌍방이 서로의 물품 등을 사용할 수 있도록 미리 동의하고, 청산 시에는 각자의 소유대로 원상회복에 협조하여야 하고 물품들에 대한 감가상각은 각자 부담을 원칙으로 한다.

을(남)이 임차하고 있는 17평 오피스텔은 보증금 3,000만원 외에 매월 차임(월세) 30만원을 지급하고 있는데, 이 중 1/2인 15만원을 갑(여)이 부담하며 을 명의의 중고 중형승용차는 필요 시 공동이용하기로 한다.

가계부의 정리는 경리전문가인 갑이 맡기로 하며, 매월 말일에 을과 이면밀하게 검토한 후 생활비 등을 제2항의 비율(갑 40%, 을 60%)로 정산한다.

갑과 을은 동거개시 후 다음과 같은 재산목록을 만들어 계약서에 한 부씩 첨부한다.

재 산 목 록 2012. 0. 00. 현재

구 분	갑(여) 소유	을(남) 소유
동 산	컴퓨터 · 복사기	중고 자동차
	T V	세탁기
	냉장고	컴퓨터 · 복사기 ·스캐너
	자전거	냉장고, 자전거
	- 이하 생략 -	T V
		- 이하 생략 -
부 동 산	무	무
채 권	00 은행 예금 550만원	임차보증금 3,000만원
	저축성 보험 180만원	정기적금 380만원
	- 이하 생략 -	- 이하 생략 -

4. 청산(계약해지) 및 방법

가. 청산사유

두 사람의 자유스러운 의사의 합치로 공동생활은 언제든지 종료할 수 있는 것을 원칙으로 하고,

위 제2항의 정조의무 등을 비롯한 중요한 약정사항을 위반하여 상대편이 정당하게 청산을 원할 경우에 상대방은 이를 거절할 수 없으며,

또한 관계를 청산해야 할 정도의 개인사정이 발생했을 경우에도 위 계약을 해지(또는 해제)할 수 있다.

나. 청산절차

동거계약을 해지하고 청산하는 방법은 갑(여)이 을(남)의 임차주택으로부터 분가 및 주민등록을 복귀하여 이전하는 것이며, 갑의 소유물건들과 가재도구를 반출하면 되고 을은 이에 적극 협조한다.

청산 후에도 각자에게 소중한 추억으로 남기며, 만남에 못지 않는 멋지고 아름다운 이별이벤트도 함께 준비하고 각자 소지하고 있던 동거계약서를 한데 모아 파쇄(破碎)하거나 소각한다.

이 후 두 사람의 동거사실로 인해 서로의 장래에 조금도 지장을 초래하지 않도록 주의를 기울이기로 한다.

5. 계약의 변경

위 계약체결 이 후 사정변경으로 일부 약정사항을 변경할 필요가 있을경우에는 원만히 협의하여 그 부분 만에 대한 사항을 얼마든지 변경할 수있고, 이 경우 나머지 약정의 효력에는 변함이 없다.

6. 갑과 을은 이 계약서를 작성한 후 2부를 만들어 각각 서명 또는 기명날인(싸인도 가능)한 후 1부씩을 나누어 보관한다.

첨 부 서 류

1. 갑과 을의 주민등록증사본 또는 주민등록초본 각 1부
2. 갑과 을의 건강진단서 각 1부
3. 을의 통장사본(계좌번호가 나오는 앞면과 뒷면만) 1부
4. 재산목록 1부

2012. 0. 00.

갑 (여) 박 0 0 (인)
을 (남) 정 0 0 (인)
입 회 인 최 0 0 (인)
주 소 :
연 락 처 :

성년의 여 · 남 이성(異性) 사이에 애정과 사랑을 기초로 하여 성립하는 가장 흔한 형태의 동거로서, 사실혼 동거나 법률상 혼인에 의한 동거와 비교하여 가장 큰 차이는 동거인들 사이에 '혼인의사' 없이 공동생활이 이루어지는 점이다.

그러나 동거관계가 유지되는 동안에 이미 약정했던 동거계약의 내용과 상관없이(또는 약정하지 않았다 하더라도) 단순동거인들 사이에 새로이 '혼인할 의사'가 생겨 사실혼 동거나 법률상 혼인의 가족법적 신분관계로 얼마든지 발전할 수 있다.

또한 원하든 원치 않았든 자녀가 출생하게 될 경우, 이는 동거인들 사이에 '새 생명의 탄생'이라는 매우 축복할 경사이자 국가의 출산장려정책에도 부응하게 되는데, 이에 의해서도 혼인으로 발전하는 사례가 적지 않은 것이 현실이다. 물론 여기서 '혼인할 의사'는 일방만의 의사가 아니고 동거인들 쌍방에 혼인할 '의사의 합치'가 있어야만 한다.

'혼인할 의사의 합치'는 주관적이고 눈에 보이지 않으므로, 반지라든지 기념물을 주고받는 것이 좋다. 장래 그 의사의 합치를 증명해야 할 경우도 있으므로.

위 민법상 성년(만 20세 이상, 민법 제4조)들의 동거와는 달리 미성년자(만 20세 미만) 및 만 19세 미만의 청소년(청소년보호법 제2조)들의 동거에 대해서는 우리 사회의 미풍양속과 사회질서에도 반하므로 결코 허용되어서는 안 될 것이다.

또한 성년 여남의 동거라 하더라도 청소년기본법 제3조에 '청소년'이라 함은 9세 이상 24세 이하의 자(者)라 하고 있으므로 성년이라 하더라도 청소년에 해당하는 24세 이하인 여남의 동거까지도 결코 바람직하지 않다.

청소년은 아직 미성숙의 자로서 국가 · 사회와 부모들로부터 안전하고 쾌적한 환경 속에서 건전하게 정신적 · 신체적인 육성을 좀 더 받아야하는 한편, 유해한 환경으로부터도 보호받아야 할 대상이기 때문이다.

그 중에서도 특히, 만 19세 미만의 청소년은 성적(性的)자기결정권을 행사할 주체가 아직 될 수 없으므로 청소년의 성적(性的) 인권을 침해하는 위법행위자들에 대해서는 '청소년의 성보호에 관한 법률'에 정한 바에 따라 매우 엄하게 처벌하여 청소년의 성(性)을 강력히 보호하고 있다.

이와는 별개로 현재에 이르러 개인의 행복추구권과 성적(性的)자기결정권의 존중으로 형법상의 혼인빙자간음죄가 폐지되었고 성개방풍조도 만연해 가고 있으나, 이와는 정반대로 성적 인권을 침해하는 성폭력 등에 대해서는 '성폭력범죄의 처벌 및 피해자보호 등에 관한 법률' 에 따라 역시 엄하게 처벌하고 있다.

위 두 사람사이에 동거계약을 2012. 0. 00. 자로 해지하기로 하고 그 한 달 전에 미리 청산계약서를 작성하는 경우이다.

※. 청산계약서

♥♥ 청 산 계 약 서 ♥♥

동거인 갑. (여) 박 ㅇ ㅇ (841022-0000000)
주 소 : 경기 파주시 금촌동 12 00오피스텔 000-000호
연 락 처 : 010-0000-0000

동거인 을. (남) 정 ㅇ ㅇ (831202-0000000)
주 소 : 경기 파주시 금촌동 12 00오피스텔 000-000호
연 락 처 : 010-0000-0000

위 갑과 을은 2012. 0. 00. 현재 동거인들로서 사정변경으로 말미암아 다음과 같은 내용으로 동거관계를 종료하고 원상회복으로서 각자 별거하기로 합의하였으며, 합의사항 외에 동거 관계 종료 후 쌍방이 어떠한 사실적· 법률적 청구를 하지 않기로 한다.

단, 합의사항 중 이행하지 않는 사항에 대해서는 상대편이 법률상 청구를 제기하여도 이의하지 않기로 한다.

다 음

1. 청 산

갑(여)과 을(남)은 이 청산계약서를 작성하는 날로부터 한 달 뒤인 2012. 0. 00.자로 동거관계를 해지하기로 합의하였고,

갑은 한 달 이내에 분가 및 주민등록의 이전을 완료하며 갑의 분가에 소요되는 이사비용은 갑의 부담으로 정하며,

분가할 때까지는 전과 다름없이 숙식은 같이 하되 일상가사에 소요되는 비용(생활비 등)은 여전히 갑 40%, 을 60%씩 부담키로 하고 갑이 분가 시에는 갑 소유의 가재도구 및 개인용품들도 반출하는데 을도 이에 적극 협조하며 서로의 사생활은 여전히 침범하지 않고 분가 마지막 시간까지 원만한 관계를 유지키로 노력한다.

또한 갑과 을 쌍방은 과거 공동생활 중 발생하였던 사실적· 법률적 처분행위 등에 관하여 장래 일체 문제를 삼지 않으며, 멋진 이별여행 등 이별

이벤트를 을이 준비하기로 하며 각자 소지하고 있던 동거계약서를 한데 모아 소각하거나 파쇄한다.

2. 위자료(慰藉料)

을(남)의 귀책사유로 인해 갑과 을의 평온했던 공동생활이 파탄에 이르렀으므로 을은 갑에게 이를 위자(慰藉)하기 위하여 갑이 분가하는 날인 2012. 0. 00. 갑에게 금 300만원을 지급한다.(또는 갑의 계좌에 입금키로 한다.)

단, 이에 대한 지급을 지체할 경우는 다 지급할 때까지 연 5%의 지연이자를 추가하여 지급하키로 한다.

갑의 계좌번호 : ㅇㅇ 은행 00 - 000 - 000

3. 동거관계청산 후의 조치

갑과 을 쌍방은 동거기간 중 맺은 인연을 소중히 간직하고 서로에게 항상 감사하는 마음을 가지며, 이에 따라 별거 후라도 갑과 을은 필요 시 서로 연락하여 친구 같은 좋은 관계를 유지하면서 영화나 연극을 관람하거나 찜질방에 동행할 수 있으며,

두 사람의 동거사실로 인해 서로의 장래에 조금도 지장을 초래하지 않도록 주의를 기울이기로 한다.

4. 이 청산계약서 작성 이 후 사정변경으로 계약서의 변경이 필요할 경우는 협의하여 변경할 수 있고 2부를 만들어 날인한 이 후 각 1부씩 나누어 보관키로 한다.

2012. 0. 00.

갑 (여) 박 0 0 (인)
을 (남) 정 0 0 (인)
입 회 인 최 0 0 (인)
주 소 :
연 락 처 :

동거관계를 종료할 경우도 이와 같이 계약해지 날짜까지 포함하여 명확하게 청산계약서를 미리 작성하는 것이 경험칙 상 좋다. 제목은 청산계약서 외에 '협의서 · 합의서 · 계약서 · 동거계약해지서(동거계약해제서) 또는 계약해지서' 라고 하여도 무방하다.

그 주된 내용은 공동생활을 아름답게 마침표를 찍는 유종의 미를 거두면서 공동생활 전(前)의 상태로 서로의 감정적으로나 재산적으로 모두 '원상회복' 하는 것이 될 것이다. 최초의 동거계약서를 모아 소각 또는 파쇄하고 이 후 두 사람의 동거사실로 인해 서로의 장래에 조금도 지장을 초래하지 않도록 주의를 기울이기로, 또 가능하면 이별 후에도 좋은 친구 사이로 남을 수 있도록, 약속하는 페어플레이를 보여주고 있다.

동거의 청산은 계약법리 상 동거의 해제 또는 해지라 할 수 있다. 동거생활을 영위하는 중 여러 가지 사유로 인해 이성과 결별한다든가 또는 계약기간의 만료, 공동목적의 동거에 있어서는 목적이 달성 되었거나, 목적달성이 불가능해 진 사유 등으로 동거관계가 해체되기도 하는데 이 경우 동거의 성립 당시와 같이 원만하게 협의하여 청산하면 된다.

만약 이성의 동거기간 중 자녀가 출생하였을 경우는 법률상 혼인의 이혼의 경우와 반드시 동일하지는 않지만, 결별 후 자녀를 누가 양육(친권 포함)하며 비양육친(자녀를 직접 양육하지 아니하는 부 또는 모)의 자녀에 대한 양육비부담 및 면접교섭권행사여부 등의 문제에 대해 원만히 협의가 이루어져야 한다. 이에 대한 협의 시 민법 제834조 '협의상 이혼' 이하 이혼에 관한 각 조항들을 '참조' (적용 또는 유추적용 안되므로)하는 것도 하나의 방법인데 협의시 '자(子)의 복리' 를 우선적으로 고려하여야 할 것이다.

자녀가 출생하였는데도 혼인(혼인신고)하지 않고 그대로 단순동거를 유지하다가 헤어질 경우에, 혼인을 하지 않은 단순동거 중에 출생한 자(子)는 '혼인외의 출생자' (속칭 '사생아')가 되어 그 부(父) 또는 모 (母)가 민법상 인지(認知. 제855조)하지 않으면 모(母)의 성과 본을 따르게 된다.

결별 후 모(양육친)가 자녀를 양육할 경우에 친부는 비양육친으로서 위와 같이 자녀에 대한 면접교섭과 양육비부담의 등을 협의하여야 한다. 이 경우 면접교섭의 행사여부 및 행사할 경우 그 절차와 방법, 그리고 양육비(부담할 경우 원칙적으로 자녀가 민법상 성년인 만 20세에 달할 때까지. *2013년부터는 만 19세)에 대해서는 친부의 경제형편 및 자녀의 양육에 소요되는 총양육비 등을 고려하여 그 부담비율에 대해서도 동거인 쌍방이 원만하게 협의하여야 한다. 이 경우 민법 제834조 '협의상 이혼' 이하 이혼에 관한 각 조항들을 '참조' 하거나 재판상 이혼의 판결례 등에 따라 정할 수 밖에 없으며 별다른 기준이 따로 없다. 동거에 대한 법의 사각지대라 할 수 있다.

결국 자녀가 있는 단순동거의 청산 후 위 각 협의사항들에 대해 일방이 불이행하거나 일부만 이행할 경우에 사실혼 및 법률상 혼인의 이혼 경우 처럼 가족법상의 권리 또는 의무가 존재하지 않으므로, 예를 들어 양육비청구 등 가사소송상의 청구가 불가능하며, 청구하더라도 판결에서 인정되지 않을 것이다. 따라서 협의가 이루어졌을 경우에는 '자(子)의 복리' 를 위하여 이를 신의와 성실로서 자발적으로 이행하여야 한다.

※. 이성간의 혼인의사가 불명확한 단순동거계약서

살아보고 괜찮으면, 또는 조건충족 시 혼인도 괜찮다는 경우로서, 교회 청년부 활동 중 만나 교제하던 중, 여성은 24세로 졸업하여 취업한 직장인이고 남성은 군필의 26세로 대학 4학년 졸업반이다. 동거를 통하여 서로의 됨됨이를 살펴보고 남성이 취업에 성공하게 되면 서로 장래를 약속할 수도 있다는 경우이다.

****

※. 동거계약서

♥♥♥ 동 거 계 약 서 ♥♥♥

동거인 갑. (여) 곽 ○ ○ (871129-0000000)
주 소 : 강원도 삼척시 성내동 23-10 삼척연립 제00호
연 락 처 : 010-0000-0000

동거인 을. (남) 김 ○ ○ (850701-0000000)
주 소 : 강원도 동해시 천곡동 15 ○○ 아파트 제000호
연 락 처 : 010-0000-0000

위 갑과 을은 평소 꿈꾸어 오던 아름답고 행복한 동행을 실천하기 위해 2012. 0. 00. 현재 다음과 같은 믿음과 약속으로 주님의 축복 속에서 2012. 0. 00.부터 동거생활을 개시하기로 의사의 합치를 이루었으며 이에 이 계약서를 작성한다.

단, 어느 일방이 신뢰를 깨뜨리거나 중대한 약속을 이행하지 않는 등의 사유가 발생할 경우, 상대방이 이를 용서하되 동거청산 등 정당한 요구를 할 경우 이를 거절하지 못한다.

다 음

1. 소망하는 목표

갑(여)과 을(남) 두 사람의 동거는 혼인 등 어떤 목표를 결코 지향하지는 않기로 하면서, 서로의 빈자리를 채워주며 최선을 다하여 주님과 같은 강한 믿음과 헌신적인 사랑을 베풀고 실천할 수 있는 소중한 기회로 삼으면서, 동반하여 세상에 나아가 '빛과 소금' 이 되고자 한다.

이에 더하여 동거를 통하여 두 사람의 신앙생활이 더욱 굳건해지고 서로에 대한 자신감과 신뢰감이 쌓이면서 한편, 을도 학업을 마치고 취업을 하

여 사회인으로 우뚝 서게 되고, 동거의 기간이 최소한 1년이 경과한 후에 특별한 난관이 없을 경우, 두 사람은 결혼에 대해 진지하게 숙의하기로 하며, 숙의 결과 혼인을 선택하지 않기로 하더라도 이로 인해 결코 동거를 종료하지는 않는다.

2. 동거장소 및 동거기간

갑과 을의 동거장소는 두 사람이 협력하여 새로이 임차한 임차주택의 소재지인 강릉시 교동 210-34 경포대 연립 제0동 000호로 정하며,

동거기간은 2012. 0. 00.부터 개시하되, 그 기간의 만료일은 원칙적으로 두 사람의 의사합치로서 청산하는 날로 하되,

서로에 대한 믿음을 확신하게 된 결과, 위 제1항과 같이 혼인하기로 결정할 경우, 동거기간은 이에 따라 자동 연장된다.

3. 동거의 개시 및 생활규범

2012. 0. 00. 자로 위 임차주택에 두 사람이 입주하면서 동거를 개시하며, 입주일에 거주지관할 주민센터에 전입신고를 마치며,

가재도구나 가전제품 등 생활용품은 두 사람이 평소 사용해 오던 것을 잘 수선하여 그대로 사용하며, 모든 살림을 아끼고 절약하며 가계부의 작성 및 관리는 현재 시간이 다소 여유 있는 을(남)이 우선 맡아하기로 하고, 매월 말일에 월간 정산을 갑(여)과 같이 한다.

임차주택은 방2개 이므로 각자 1개씩 이용하거나 공동이용 하기로 하며, 각자 1개씩 사용할 경우는 서로 상대방의 의사에 반하여 침범하지 않기로 한다.

일상가사에 대한 분담은 갑과 을이 각 1/2씩 공동부담을 원칙으로 하되, 상황에 따라 또는 여· 남의 신체적 특성도 고려하여 서로 배려하며 궂은 일을 상대방에게 결코 미루지 않는다.

정교행위는 일반적인 부부들과 다를 바 없이 서로에게 허용하되 상대방의 감정을 존중하고 한 쪽의 일방적인 감정만 내세우지 않으며, 이에 부수하는 피임에 대해서는 충분히 서로 상의하기로 하며,

동거사실에 대해서는 갑과 을의 가족들과 주변의 지인들에게 시간을 두고 천천히 알리기로 하나, 두 사람의 가족들에게는 추후 반드시 알리고 이해를 구하며, 동의나 승낙을 얻도록 각자 양가 부모들을 잘 설득하기로 하고,

특히 명절 등 기념일에는 양가를 각각 교차 방문하여 집안 어른들에게 인사를 드리고 주시는 좋은 말씀이 있을 경우 경청하며 사랑받도록 노력한다.

갑과 을은 동거기간 내내 평소와 다름없이 주일을 잘 지키며, 신앙생활을 게을리 하지 않고 전도에도 항상 힘쓰기로 하면서 동시에 갑과 을의 장래를 위한 기도를 평소에 게을리 하지 않는다.

4. 임차보증금을 포함한 재산사항에 관하여,

위 제2항과 같이 갑과 을이 공동으로 협력하여 임차한 동거장소인 강릉시 교동 210-34 경포대 연립 제0동 000호의 임차주택의 임대차조건은,

‘ 임대차기간 : 2012. 0. 00. ~ 2014. 0. 00. 의 2년간
임차보증금 : 보증금 1,000만원 및 월차임(월세) 20만원
임차인 : 갑과 을 공동임차인(갑 500만원 + 을 500만원) ’

으로 정하였는데 월세 20만원은 갑과 을이 그 1/2인 각 10만원씩 공동부담 키로 하고 동거생활에 소요되는 모든 비용도 같은 비율로 부담하기로 한다.

또한 입주 후 즉시 두 사람은 임차주택 소재지관할 주민센터에 ① 주민등록을 필하고 주택임대차계약서上의 ② 확정일자를 득하여 주택임대차보호법上의 ‘대항력’ 과 ‘우선변제권’ 을 확보한다.

동거 개시일에 갑과 을 공동명의의 통장을 개설하고 우선 공동생활비조로 각 100만원씩 합계 200만원을 입금하여 생활비에 소요되는 모든 비용을 이 통장에서 인출하여 지출키로 하고, 가계부는 갑과 을이 공동으로 작성하여 매월 말일에 결산한 후 위와 같이 각자 부담액을 정산한다.

입주 후 다음과 같이 두 사람의 재산목록을 작성하여 동거계약서에 첨부하기로 한다.

< 재 산 목 록 >　　2012. 0. 00. 현재

구 분	갑(여) 소유	을(남) 소유
동산	피아노	80cc 오토바이
	장롱 1셋트(2개)	T V
	냉장고	컴퓨터, 복사기
	전자레인지	헬스기구
	전기밥통	세탁기
	- 이하 생략 -	- 이하생략 -
부동산	무	무
채권	00 은행 550만원, 00 은행 정기적금 150만원 임차보증금 500만원	농협 400만원, 00 은행 정기적금 250만원 임차보증금 500만원
	- 이하생략 -	- 이하생략 -

자신 소유의 재산뿐만 아니라 상대방의 재산도 얼마든지 사용· 수익이 가능한데 상대방 소유의 재산관리에 대해서도 나의 재산처럼 선량한 관리자로서의 주의의무를 다한다.

5. 동거의 청산

일방이 동거계약을 해지(또는 해제)하고자 할 경우 이를 상대방에게 명확하게 의사표시를 하고 상대방은 이를 존중하여 특별한 사유 없을 시 일방의 의사대로 청산에 협조키로 한다.

청산의 방법이나 절차는 재산을 포함한 모든 상황을 동거 전의 원래 상태대로 회복하는 '원상회복' 이 될 것이며,

위 임차주택을 임대인에게 명도(明渡)할 경우는 임차보증금도 반환받아 각자의 투자금 만큼 정산하고 동거계약서를 모아 소각 또는 파쇄하며,

이후 두 사람의 동거사실이 서로의 장래에 지장이 되지 않도록 각별히 주의하고 비밀을 유지한다.

6. 계약의 변경

위 계약체결 이 후 동거중의 사정변경으로 일부 약정을 변경할 필요가 있을 경우에는 원만히 협의하여 그 부분 만에 대한 사항을 얼마든지 변경할 수 있고, 이 경우 나머지 약정의 효력에는 변함이 없다.

7. 갑과 을은 이 계약서를 작성한 후 2부를 만들어 각각 서명 또는 기명날인(싸인도 가능)한 후 1부씩을 나누어 보관한다.

첨 부 서 류

1. 갑과 을의 주민등록증사본 또는 주민등록초본 각 1부
2. 갑과 을의 건강진단서 각 1부
3. 공동명의 통장사본(계좌번호가 나오는 부분만) 1부
4. 재산목록 1부
5. 임대차계약서 사본 1부

2012. 0. 00.

갑 (여) 곽 0 0 (인)
을 (남) 김 0 0 (인)
입 회 인 하 0 0 (인)
주 소 :
연 락 처 :

혼인의사 없는 단순동거 외에 이성간에 혼인의사가 불명확한 단순동거, 이를테면 '살아보고 괜찮을 경우', 또는 '조건이 충족 된다면' 혼인도 무방하다는 형태의, 이른바 '조건부 단순동거'의 형태도 최근 증가하고 있다. 주로 혼인적령기의 여남들 사이에 성급한 법률상 혼인으로 인해 이혼을 하느니 먼저 혼전동거를 통하여 신중하게 짚어보고 확신이 생길 경우에 혼인을 선택한다면 이혼도 방지할 수 있어 합리적이라는 이유로 선택하는 사례라 할 수 있다.

본질은 혼인의사 없는 단순동거와 같고 가족법의 각 규정이 유추적용 되지 않는다. 따라서 판례에서도 사실혼에 이르지 못하는 관계로 인정하고 있어 역시 법의 사각지대라 할 수 있다. 다만 혼인의사 없는 단순동거보다는 혼인의사 있는 사실혼이나 법률상 혼인으로 발전할 가능성이 높은 형태라 할 수 있다. 이러한 사례에 있어서도 혼인의사 존재 여부와 상관없이 자녀가 출생할 경우는 가족법상의 신분관계가 형성되어 출생신고 및 부 또는 모가 인지신고를 하여야 한다.

※. 사실혼 관계의 성립에 따른 동거계약서

결혼정보회사를 통해 만남을 가진 후, 서로가 한 눈에 반하여 혼인할 의사의 합치도 이루었으나 우선 사실혼 동거를 하고 시기를 보아 결혼하기로 하였으며, 을(남)은 초혼이고 갑(여)은 재혼이며 자녀가 1명 있는 경우이다.

※. 동거계약서

♥♥♥ 동 거 계 약 서 ♥♥♥

동거인 갑○○. (여) 하 ㅇ ㅇ (700719-0000000)

주 소 : 경기 미금시 지금동 28 000아파트 제000호

연 락 처 : 010-0000-0000

* 갑의 자녀 : 김 ㅇ ㅇ (중 1. 14세)

동거인 을○○. (남) 서 ㅇ ㅇ (741202-0000000)

주　소 : 서울 영등포구 문래동 2가 57-2　00연립 제0호
연 락 처 : 010-0000-0000

위 두 사람의 아름다운 만남을 통해 상대방의 깊은 우정과 사랑을 경험하고 확인한 바, 이제 서로를 통해 숨 쉬고 살아 있는 의미를 깨닫고, 장래의　행복을 향유키 위해 혼인할 의사의 합치를 이루었으며, 이에 다음과 같은 내용으로 2012. 0. 00.부터 갑(여)의 거주지주택에서 동거를 개시하기로 계약을 체결한다.

단, 어느 일방에게 파탄사유가 발생할 경우 사실혼 관계는 해소(사실혼 관계의 이혼)될 수 있다.

다　음

<제1조> 동거장소 및 동거의 개시 등

갑과 을 두 사람은 인생의 여정에 있어 서로에게 소중한 친구이자 동반자를 만나게 되어 큰 행복으로 여기고 서로에게 감사하면서, 동거장소는 갑(여)의 주소지인 경기 미금시 지금동 28 000아파트 제000호로 정하고, 을(남)이 자신의 소유물품과 가재도구를 지참하고 위 장소에 입주하는 날인 2012. 0. 00.부터 동거를 개시하며, 쌍방이 혼인하기로 이미 의사의 합치를 보았으므로 동거기간 중 서로 간에 파탄사유가 존재하지 않고 신뢰감이 쌓일 때, 길일을 택하여 혼인신고와 결혼식을 거행하기로 하며, 이럴 경우 동거기간은 자연스럽게 연장된다.

<제2조> 동거생활의 규범(권리· 의무 포함)

을(남)은 입주와 동시에 관할 주민센터에 주민등록을 이전하며, 위 동거장소를 갑과 공동으로 사용· 수익할 수 있고, 인터넷· 정보통신 등을 포함한 서로의 사생활은 최대한 보장하며, 중학교 1학년인 갑의 자녀와 의사소통에 노력하고 시간을 두어 천천히 친아버지에 못지 않는 정을 베풀기로 한다.

가사(家事)분담에 있어서는 갑과 을이 각 1/2씩 공동부담할 것을 원칙으로 하되, 상황에 따라 서로 협조하고 배려하며 여· 남의 신체적 특성도 고려하고, 궂은 일을 상대방에게 결코 미루지 않기로 한다.

두 사람의 동거사실과 혼인일정은 명절 등 기념일을 통하여 교차방문하여 갑과 을의 양가 가족들에게 상대편을 알리고 이해와 동의를 구하며, 주변의 지인들에게도 시간을 두고 천천히 알리기로 한다.

동거기간 내내 서로 상대방을 존중하는 한편, 난관에 봉착하거나 두 사람사이에 분쟁이 발생할 경우도 양보와 타협으로 슬기롭게 극복하기로 하며, 운동과 취미생활은 가급적 함께 동행하고 같이 즐기기로 한다.

<제3조> 정교행위에 관하여

다른 부부들과 마찬가지로 이를 서로에게 허용하되 상대방의 감정을 존중하고 다른 한 쪽이 일방적으로 내세우지 않기로 하며, 이에 부수적으로 따르는 피임에 관해서는 서로 충분히 상의하기로 한다.

<제4조> 자녀에 관한 사항

1. 갑과 을이 예정대로 법률상 혼인을 하게 될 경우 갑과 을 사이에 여·남을 구분하지 않고 자녀를 1명 두기로 하되, 그 자녀의 성(姓)은 부(父)인 을(乙)을 따르기로 일단 원칙을 세우되, 특별한 사정변경이 있을 때는 갑과 을이 상의하여 조정할 수 있다.

2. 갑과 을이 위와 같이 혼인할 경우, 1년이 경과한 후에 가정의 평화와 화목 및 자녀의 장래와 복지를 위해, 갑(여)의 자녀인 김ㅇㅇ에 대하여 관할법원의 허가를 득하여 새아버지인 을(남)의 친양자(親養子)로 입양하여 姓을 을(乙)의 姓으로 변경하기로 한다.

<제5조> 생계비의 부담 및 재산에 관한 사항

공과금을 포함한 공동생활비와 갑의 자녀에 대한 교육비를 총합계한 금액의 각 1/2씩을 갑과 을이 균등히 부담키로 하고, 지출은 갑의 통장에서 인출하되 을의 월급날에 가계부를 정산하여 을이 그 1/2을 갑에게 현금지급하든지 또는 갑의 통장에 입금키로 한다.

단, 예정대로 두 사람이 법률상 혼인을 하게 될 경우에는 위에 정한 부담비율을 다시 조정할 것인지 아니면 을의 급여통장을 갑에게 맡기고 갑이 가사사무를 전담할 것인지에 관해 두 사람이 협의하여 다시 정하기로 한다.

* 갑의 계좌번호 : 0 0 은행 00-00-0000

갑과 을의 각자 고유재산에 대한 소유권은 동거 前이나 後, 또는 동거를 청산하거나 혼인을 하게 되더라도 변동이 없으며, 다음과 같이 재산 소유현황표를 작성하여 동거계약서에 첨부하기로 하고, 상대편의 재산에 대해서도 자신의 재산과 같은 수준의 선량한 관리자로서의 주의의무를 다하기로 한다.

< 갑과 을의 재산 소유현황 > 2012. 0. 00. 현재

구 분	갑(여) 소유	을(남) 소유
동 산	중형 자동차	소형자동차
	냉장고	컴퓨터
	세탁기	복사기
	피아노	TV
	에어콘	자전거
	TV	80cc 오토바이
	헬스기구	카메라
	- 이하 생략 -	- 이하 생략 -
부 동 산	42평 아파트 1채	18평 아파트 1채
	상가 1층 15평	평창 소재 밭 850평
	- 이하 생략 -	- 이하 생략 -
채 권	00은행 정기예금 0,000만원	00은행 정기예금 000 만원
	보장성 보험 금000만원	00 증권예탁금 0,000만원
	- 이하 생략 -	- 이하 생략 -

한편, 위와 별도로 두 사람이 혼인할 경우에는 갑과 을의 각자 소유 재산에 대하여 민법 제829조에 정한 바에 따라 '부부재산약정(계약)서' 를 작성하기로 한다.

<제6조> 사실혼 관계의 해소

1. 해소 사유

만약 동거 중 일방이 정조의무를 위반하여 부정한 행위를 하거나, 상대방에 폭언 · 폭력 등 가혹행위를 하거나 기타 동거를 계속하기 어려운 중대한 사유가 있을 경우에는 동거를 해제하고 청산할 수 있다.

2. 청산 방법 및 절차

동거를 해지할 경우는 이를 상대방에게 명확하게 의사표시를 하고 상대방은 이를 존중하여 특별한 사유가 없을 경우 이를 수용하고 청산에 적극 협력키로 하며, 각종 비용을 제5조에 정한대로 정산하고 각자의 재산을 포함한 모든 상황을 동거 전의 원래 상태로 회복하는 '원상회복' 하며, 각자 소지하고 있던 동거계약서를 소각 또는 파쇄한다.

이 후 두 사람의 동거사실이 서로의 장래에 지장이 되지 않도록 각별히 주의하고 필요시 비밀을 유지키로 한다.

<제7조> 혼인 또는 계약의 변경

위 동거계약체결 이 후 두 사람이 혼인할 경우는 혼인언약서(또는 혼인계약서)를 새로이 작성할 수 있고, 사정변경으로 일부 약정사항을 변경할 필요가 있을 경우에는 원만히 협의하여 그 부분 만에 관한 사항을 얼마든지 변경할 수 있으며, 이 경우 나머지 약정의 효력에는 변함이 없다.

<제8조> 갑과 을은 이 계약서를 작성한 후 2부를 만들어 각각 서명 또는 기명날인(싸인도 가능)한 후 1부씩을 나누어 보관하며, 필요 시 공증을 받을 수 있다.

첨 부 서 류

1. 갑의 통장사본(계좌번호가 나오는 앞면과 뒷면만) 1부
2. 갑과 을의 건강진단서 각 1부
3. 갑과 을의 주민등록등본 및 가족관계증명서 각 1부
4. 갑과 을 명의의 등기부등본 각 1부
5. 갑과 을의 재산소유현황표 1부

2012. 0. 00.

갑 (여) 하 0 0 (인)
을 (남) 서 0 0 (인
입 회 인 0 0 0 (인)
주 소 :
연 락 처 :

우리 민법은 혼인에 있어 법률혼주의를 채택하고 있는데, 법률혼이란 주관적인 요소로서 혼인의 의사와 객관적인 요소로서 혼인생활의 실체를 갖추고, 절차적인 요소로서 『가족관계의 등록 등에 관한 법률』에 정한 바에 의하여 혼인신고가 있어야 성립하게 된다.

이에 비해 사실혼은 사실혼 부부사이에 혼인의사가 존재하고, 사실상 부부공동의 혼인생활을 영위하면서도 단지 혼인신고를 하지 않은 경우를 말한다.

단지 혼인신고만 하지 않았을 뿐이고 실체에 있어서는 법률혼과 거의 유사하지만 우리 민법에는 사실혼과 관련한 법 규정은 전혀 없고 그와 관련한 법적 분쟁에 대해 법원의 판결로서 사실혼을 '혼인에 준하는 관계(準婚關係)'로 보며 법률혼과 관련한 민법규정 중에서 혼인신고를 전제로 하지 않는 모든 규정을 준용하거나 유추적용하면서 보호 또는 구제하여 주고 있다.

혼인신고를 하지 않았으므로 신분법(친족 · 상속의 가족법)상 아무런 신분의 변동이 없어 법률상의 부부가 아니므로 일방 배우자가 사망 시에 재산상속도 이루어지지 않고 부부사이에 자녀가 출생하더라도 혼인 외의 자(子)가 되어 법률혼의 경우처럼 정해진 법절차에 따라 부 또는 모의 성을 자연스럽게 따르는 것이 아니고 생부(= 친부, 또는 친생부) 또는 생모가 민법 제855조에 정한 바에 의해 인지(認知)를 하여야 비로소 부 또는 모의 성을 따르게 된다. 그러나 모자(母子) 사이는 출생으로서 자연스럽게 친자관계(親子關係)가 성립하게 된다.

과거에 비해서 이혼도 증가하고 혼인적령기의 미혼남녀들이 혼인을 바라보는 인식의 변화도 커져 혼인을 하지 않으면서 사실혼의 관계를 맺는 경우 및 사실혼에 이르지 않는 단순 동거도 증가하게 되어 이들 사이에 자녀가 출생할 경우 위와 같이 인지(認知)하여 생부 또는 생모의 성을 따르게 된다. 그러나 이들 사실혼 부부가 혼인신고를 하게 되면 위 혼인 외의 출생자는 그 때부터 혼인 중의 출생자로 보게 된다. 이를 '혼인에 의한 준정(準正)'이라고 한다.

한편, 두 사람이 동거 중 법률혼을 하게 될 경우, 혼인의 성립(혼인신고)前에 민법 제829조에 따른 '부부재산약정(계약)서'를 작성할 수도 있다.

그러한 약정내용을 부부의 승계인 또는 제3자에게 대항(권리의 주장)하기 위해서는 혼인성립까지 관할 등기소에 등기를 마쳐야 한다.

각 등기소에는 부동산등기부뿐만 아니라 '부부재산약정등기부'를 별도로 비치하여 이에 관한 등기를 하고 있으므로 부부의 모든 재산(동산 · 부동산 · 채권)에 관해 가능하고 따라서 부동산뿐만 아니라 동산(자동차 등)이나 채권(은행예금 · 증권 · 보험청구권 등)도 등기하여 공시하면 부부의 승계인 또는 제3자에 대항(권리의 주장)할 수 있다.(비송사건절차법 제68조 이하 및 대법원 등기예규 제1217호)

오래 전부터 이 법의 규정은 있었으나 2000년 이전까지만 해도 대법원통계에 따르면, 전국적으로 1년에 겨우 몇 건 정도만 등기 신청하였었다.

필자가 서울의 각 지원의 등기과와 동대문 · 동작등기소 등 다년간의 등기공무원 재직 시에도 단 한 건의 신청접수가 없었을 정도로 그 활용도가 매우 낮았었다. 그런데 IMF 이 후 이혼이 급속히 증가하고 이에 비례하여 재혼 건수도 이전보다 증가하게 되었는데, 근래 몇 년 전부터는 일부 젊은 예비부부와, 어느 정도 재산을 소유하고 있는 재혼당사자들 위주로 이러한 부부재산약정에 관한 등기신청건수가 점점 증가하고 있다.

이에 따른 등기를 경료하여 공시(公示)가 된 부동산을 포함한 재산들은 약정에 따라 이혼 시에 재산분할의 대상에서도 제외시킬 수 있다.

부부재산약정의 등기는 부동산등기부에 등기를 경료하는 것이 아니고 별도로 비치된 '부부재산약정등기부'에 부동산 뿐 만 아니라 유체동산과 채권 등 모든 재산에 관한 약정을 등기하고 있다.

등기소에는 위 부동산등기부, 부부재산약정등기부 외에 법인등기부도 비치하고 있어 민법상의 비영리법인(사단법인 · 재단법인)뿐만 아니라 영리법인(상법상의 각종 회사)에 관한 각종의 등기도 처리하고 있다.

※. 부부재산약정 (계약) 서

부 부 재 산 약 정 (계 약) 서

처(妻) 하 ㅇ ㅇ (700719-0000000)

주 소 : 경기 미금시 지금동 28 000아파트 제000호

연 락 처 : 010-0000-0000

부(夫) 서 ㅇ ㅇ (741202-0000000)

주 소 : 상 동

연 락 처 : 010-0000-0000

위 예비부부(또는 당사자들)는 2012. 0. 00. 혼인신고를 함에 있어 미리 다음과 같은 내용으로 민법 제829조에 따른 부부재산의 약정을 체결한다.

다 음

1. 갑과 을의 다음과 같은 각 소유재산들에 관하여 혼인한 후에도 각자의 고유재산으로 하고 각자가 관리, 사용, 수익하며, 만일 이혼하게 될 경우에도 재산분할의 대상으로 하지 않기로 약정한다.

가. 처(妻) 하 ㅇ ㅇ의 재산

① 경기 미금시 지금동 28 000아파트 제000호 138.84㎡

② 상 동 000아파트 상가 제0호 49.58㎡

③ 쏘나타승용차 1대 (2009년식, 등록번호 : 경기00차0000, 형식승인번호 : 0-00000-0000-0000, 차대번호 : RIQMNLPZVBEE 0000)

④ 0 0 은행 정기예금 0,000만원(계좌번호 : 00-00-0000)

⑤ 0 0 보험 보장성 보험 금 000만원(계좌번호 : 00-00-0000)

나. 부(夫) 서 ㅇ ㅇ의 재산

① 서울 영등포구 문래동 2가 32 000아파트 제000호 59.50㎡

② 강원 평창군 평창읍 중리 28 전 2809.9㎡

③ 아반테승용차 1대 (2007년식, 등록번호 : 경기00후0000, 형식승인 번호 : 0-00000-0000-0000, 차대번호 : PANMVREXFD 0000)

④ 0 0 은행 정기예금, 0,000만원(계좌번호 : 00-00-0000)

⑤ 0 0 증권(주) 증권예탁금 0,000만원(계좌번호 :00-00-0000)

2. 위 약정한 재산들 외에 다른 재산들은 모두 부부의 공유재산으로 한다.

3. 갑과 을은 이 약정(계약)서를 작성한 후 2부를 만들어 각각 서명 또는 기명날인(싸인도 가능)한 후 1부씩을 나누어 보관한다.

첨 부 서 류

1. 갑과 을의 은행통장사본(계좌번호가 나오는 앞면과 뒷면)	각 1부
2. 각 자동차등록원부	각 1부
3. 갑과 을 명의의 등기부등본	각 1부
4. 갑의 보험가입증서 및 을의 증권예탁금증서	각 1부

2012. 0. 00.

부인 하 0 0 (인)
남편 서 0 0 (인)

위 약정서를 첨부하여 남편이 될 자의 주소지를 관할하는 지방법원, 그 지원의 등기과 또는 등기소에 부부쌍방이 신청하면 되나, 대체로 實務上 소정의 수수료를 지급하고 쌍방을 대리할 수 있는 법무사에 의뢰하여 신청하고 있다.

수고한 당신이 건강할 때 미리 쓰는 유언장 연습 -- 나의 필체로 자필증서를 남기고 싶다.

죽음이란 누구에게나 생각하기조차 싫고 맞이하기 싫은 불청객인데 일상이 분주하다 보니 잊고 지내게 되고 타인의 부고를 접하게 되더라도 남의 일로 여기지만 문득 문득 자신의 경우도 조용히 생각해 보는 것이 인지상정이다. 그러나 아무리 생각해 본들, 죽음이 무엇인지 깨우치기가 어렵고 정답도 없는 것 같으나 억지로라도 명답을 지어내어 친구인양 따스한 눈길로 친해지도록 노력해야 할, 할 수 밖에 없는 대상일 것이다.

유언장을 작성해 보고자 하는 여러분들 중 누구나 인생항로에서 정도의 차는 있으되, 고뇌하고 수고하며 땀 흘리지 않은 사람은 없을 것이어서 이에 위로의 따뜻한 말 한마디 또는 누구든 자신의 어깨에 손이라도 한 번 얹어주었으면 하는 심정일 것이다.

빈 몸으로 세상에 와서 내 몸 돌 볼 새 없이 넓은 황무지를 개간하여 장미꽃향기를 피우는데 성공했지만, 이제 삶에 노을이 지고 내려오는 발걸음이 다소 무겁더라도 뒤돌아볼 겨를 없이 숨 가쁘게 살아온 일상을 잠시 멈추고 유언장을 한 번 작성해 봄으로써 내 스스로를 위로하고 인생의 소중한 '쉼표'를 찍어본다.

그리고 다시 힘과 용기로 재무장하고 새로운 잔치를 또 준비한다.

지나온 길은 외길이었으나 내일 가야할 길은 여럿이므로 잠시 멈칫하다 유혹의 추파를 던지는 하나를 또 선택하여 성큼 발걸음을 내딛는 것이 우리의 일상이고 인생여정이 된다.

유언에 관한 실정법으로는 민법의 상속편(제997조 이하)이 있는 바, 이는 유언을 하는 자(피상속인)와 그 유족(상속인) 사이의 재산상속에 관한 규정들로서, 현재 상속인이 될 자들도 장래 모두 사망으로 인해 피상속인의 신분을 피할 수 없으므로 이들 법규정들을 숙지할 필요성이 반드시 있다.

유언장에 기재한대로 유언의 법적 효력이 발생하기 위해서는 민법에 따른 엄격한 요건(제1060조 이하)을 충족시켜야 한다. 만약 유언이 법정 방식을 결하였거나 벗어날 경우는 유언으로서의 효력이 발생하지 않습니다.

따라서 현행법상 재산상속에 관하여 먼저 피상속인이 사망 시 법정 요건을 갖춘 유언이 있을 경우는 유언에 의하고, 유언이 없거나 있어도 방식에 어긋날 경우는 효력이 없어 민법의 상속편에서 정한 상속의 순위(제1000조)와 상속분(제1009조)으로 법정상속이 이루어지게 된다. 이 무렵 상속인들 사이에 원만히 협의(협의분할)가 성립할 경우는 그에 따라 상속지분을 다르게 또는 편리한 방법으로 정하기도 한다.

위와 같이 재산상속에 관해서는 실정법이 정한 바에 따르면 되나 사랑하는 배우자나 후손들에게 단지 재산만이 아니라 그에 못지않는, 또는 그보다 더 가치 있고 소중한 유지나 무엇들을 남기고 싶을 수도 있다.

이를테면 땀으로 체득한 삶의 지혜나 향기, 인생철학, 당부하고 싶은 말 및 가훈 등과 같이 개인의 소중한 무형적 유산이나 정신적 보물들이 있다면 이들도 문화가 이어지듯 후손들에게 상속되어 졌으면 할 것이다.

실지 유언장(또는 유서)에는 위와 같은 재산상속 이외의 내용을 추가 기재하더라도 재산상속에 아무런 영향을 미치지 않는다.

노년 외에 기성세대나 성년자들은 물론이고 최근엔 대학· 중고등학교 미성숙의 학생들에게까지도 유언을 작성해 보는 시간을 가지거나 과제를 주는 학교가 증가함으로써, 삶의 목적이라 할 수 있는 행복추구 뿐 만 아니라, 자아를 성찰하고 미래를 기획해 보는 기회로 삼기도 한다.

일반인이 접할 수 있는 상속이나 유언과 관련한 정보에는 단지 실정법에 근거한 재산상속만을 다루고 있어, 후손들이 조상의 사망으로 오직 재산만 상속되는 것이라 인식할 위험이 있고, 또 일부 유언장은 상속에 관해 효력있는 내용은 전무한 채 유훈만 잔뜩 채워져 있어 이에 필자는 평소 안타까움을 금치 못하였다.

물론 상속이란 곧 재산상속을 의미하고, 피상속인(사망자· 유언을 하는 자)의 배우자와 후손들의 생존과 삶의 질을 유지하는데 필요불가결한 요소이지만 부자가 3대는 커녕 2대를 가지 못하고 상속재산의 유지에 실패하는 경우가 많음을 경험칙상 잘 알 수 있는 것과 같이, 유언자인 피상속인도 재산뿐만 아니라 소중한 유지(遺旨 : 죽은 사람이 살아 있을 때에 가졌던 생각) 또는 보석 같은 개인적 문화도 남기고 싶을 것이다.

이에 상속인들도 조상의 상속재산에 각인되어있는 피상속인의 땀과 혼을 항상 염두에 두고 분배와 유지 및 관리하게 된다면 성공적인 재산상속이 이루어지게 될 것이다.

이에 필자는 우리 민법의 유언에 관한 법규정에 한편으로 부합하면서, 나아가 재산은 물론 그보다 더 훌륭하고 가치 있는 것들까지도 다루어봄으로써 수고하고 땀 흘린 분들의 유언장 작성을 조력하는 지표가 되고자 한다.

현행법상 유언의 방식은 자필증서 · 공정증서 · 녹음 · 비밀증서 · 구수증서 등 5가지이다. 독자들이 이를 잘 원용하여 각자의 형편에 맞는 유언장을 연습으로 작성한 후, 방식을 갖추어 법규정에 부합하도록 한다면 장래 실지 유언장으로 삼아도 될 것이다. 대체로 자필증서와 공정증서방식이 많이 이용되고 있는데 이 중 자필증서를 들여다보자.

*** 말기암으로 3 ~ 4개월의 시한적 삶을 남긴 40대 후반 여자가수의 유언장**

유언자가 20대 초반, 집안어른들의 극심한 반대에도 불구하고 단신 상경, 가수로 데뷔하여 세상물정 어둡던 무명시절 친오빠 같이 따르고 의지하던 남자 메니저와 혼인을 하였으나 성격차로 2 년 만에 헤어졌다. 40대 후반인 현재까지 20여년을 독신으로 지내면서 개성 있고 호소력 있는 민요풍 캐릭터로 톱스타가수의 반열에는 오르지 못했어도 중견가수로서 상당한 인기기반을 유지하여 왔다.

6년 전 크게 힛트한 노래 "일어나라, 꿈을 좇아" 는 병들고 삶에 지쳐 허덕이는 군상들을 위안하는 동시에 새로운 에너지까지 불어넣어 지금도 노래방 애창곡으로 많이 불려지고 있다.

대중가수로서의 숨 가쁜 일정 속에서도 당뇨와 합병증으로 어머니가 돌아가실 때까지 효성으로 간병하여 효녀가수로도 따뜻한 갈채를 받았는데, 최근, 완치된 줄로만 알았던 자신의 대장암이 재발하여 어느새 치료 불가능한 상태로까지 악화되었으며, 집안내력인 당뇨병까지 겹쳐 이제 몇 개월 남지 않은 시한부의 삶을 맞게 되었다. 평소 알뜰하고 저축에도 부지런하여 재력도 있으나, 수입의 상당 부분은 어렵고 힘들게 사는 주변사람들을 챙기고 00아동복지재단에도 꾸준히 기부하는 등 선행이 습관처럼 몸에 배어있다.

유언자는 1남3녀의 막내로서 각자 따로 사는 형제자매들만 있을 뿐, 재혼을 하지 않아 남편이나 직계비속(자녀)들이 없어 외로운 죽음을 맞이하게 될 처지이다.

이에 형편이 괜찮은 다른 형제자매들에게는 조상님 기· 제사와 조상묘 관리비용조로 일부씩만을, 남편이 IMF 때 사업에 기울어져 아직까지 재기하지 못한 채 형편이 매우 곤궁한 큰 언니 석하순에게는 어느 정도의 재산을, 일부는 00아동복지재단에 기부(유증/ 遺贈 : '유언에 의한 증여')하며, 그 외 재산 모두를 오래전부터 꿈꾸어왔던 '밥과 김치'라는 명칭의 복지재단 법인을 설립하여 재능 있되 형편이 어려운 신참 작곡가들과 신인가수 및 그 가족들을 후원하기로 하는 유언장을 작성하였다.

한편 5년 전 돌아가신 유언자의 어머니는 다른 자식들과는 달리, 혼자 사는 유언자의 건강과 독신이 안쓰러워 다음과 같은 유언을 남기면서 자신 명의로 된 전원주택을 유언자에게 상속하여 틈나는 대로 전원에서 휴식할 수 있는 공간으로 활용하도록 하였다.

" 하영아! 너는 남편이나 딸린 자식이 없어 돌보아 줄 사람도 없으니 이 어미가 눈을 감아도 편치 않을 것 같구나. 다행히 너는 노래하는 재주가 있으니 기쁜 마음으로 다른 사람들을 위해 실컷 부르고 어려운 사람들을 성심껏 도우며, 어미가 먼저 가더라도 너는 절대 아프지 말되, 어느 날 자는 듯이 하늘나라로 가기 바란다.

경기도 여주 남한강변 전원주택은 너의 몫으로 하니, 틈나는 대로 가서 몸과 마음을 치료하고 휴식하여라."

2006. 0. 00.
유언자 최 0 0 (인)
주 소 경기 과천시 갈현동 00번지

【 가계도 】

부모(망) ‖ 장녀,　장남,　차녀,　막내딸 석하영

【 유언자 명의 재산현황 】

* 적극재산 (+)

2011. 12. 19. 현재

동 산	**생활집기 및 가전제품** **녹음실의 음향기기** **12인승 봉고차**
부동산	**주거용 아파트 109.09㎡ (33평)** **경기도 여주군 금사면 금사리 55번지 토지 및 건물** **녹음실 상가 49.59㎡ (15평)**
채 권	**00은행 보통예금 7,500만 원** **00은행 정기적금 10억 원** **00보험회사 보장성보험 불입액 5,500만 원** **음반 등 음원에 대한 지적재산권 (매달 월평균 120만 원)**

(* 표지)

남 기 고 싶은 글들

유 언 자　　석　하　영

2011. 12. 22.

남 기 고 싶은 글들

유언자　석 하 영 (640318 - 0000000)

주　　소　부천시 원미구 상동 221-9

등록기준지　부산광역시 중구 초량동 22-6

연 락 처　010 - 0000 - 0000

상속인　큰 언니 석하순, 오빠 석명철, 둘째 언니 석영롱

1. 유언의 취지

돌이켜보면, 분에 넘치게 난 참 복 많은 사람이란 생각이 든다.

공부나 다른 재주가 별로 없었고, 단지 바다가 멀지 않은 머 언 남쪽 깊은 산골 촌티 나는 아가씨였을 뿐인데,

노래하나 좋아한다는, 또 동네 분들로부터 노래 잘 하고 예쁘니 가수 시켜라는 말 외에는 다른 말은 들어본 적이 없었던 연유로,

연로한 부모님들께 걱정 · 근심만 잔뜩 안겨드린 채 무작정 상경하여

오늘에 이르기까지 운 좋게 맘껏 노래 부를 수 있었고, 다양한 연령층으로부터 사랑과 갈채까지 듬뿍 받고 있으니……

아는 것 없이 용감하기만 했던 내가 이 길을 선택한 것이 스스로 대견스럽기까지 하다.

이제 내게 허용된 시간이 너무 짧아 부족하겠지만 병원에만 머물지 않고 힘을 내어 오늘에 이르기까지 받아서 쌓아왔던 행복빌딩을 허물어, 행복바이러스를 주변에 최대한 전염 시킨 후 귀향 · 귀천(歸天)하고자 한다.

아직도 눈에 아른거리고 이젠 없어져버린 시골초가집과 거기서 엄마가 해주신 부침개를 오빠 · 언니들과 맛있게 먹든 시절이 그립고, 동네어귀의 배나무길들 막 뛰어 돌아다니고도 싶으며,

오랜 친구들 · 동료가수들이 품속에서 더욱 애틋해지는 것은 피할 수 없구나.

욕심이겠지만 두 가지 정도 아쉬움이 남는다.

하나는, 오십에 이르러 복지분야를 좀 더 공부해서 노래 외에새롭게 의미있는 일들에 정열을 바칠 수 있었으면 계획했는데……

두 번째는, 아들이든 딸이든 있었으면 나를 닮아 노래를 잘 할 것이므로 같이 노래 부르고 가르치기도 하면서 하모니가족을 이루었으면 어땠을까?

이런 생각과 잡념들……

내가 좋아하는 시(詩) 한 편 적어본다.

귀 천(歸 天) / 천 상 병

나 하늘로 돌아가리라
새벽빛 와 닿으면 스러지는
이슬 더불어 손에 손을 잡고,

나 하늘로 돌아가리라
노을빛 함께 단둘이서
기슭에서 놀다가 구름 손짓하면은,

나 하늘로 돌아가리라
아름다운 이 세상 소풍 끝내는 날,
가서, 아름다웠더라고 말하리라 ----

2. 향후 임종 시까지 진료에 관한 나의 바램

나의 질병 상태가 위중하니 만약 향후 의식을 놓칠 경우에는,

의료진에게 더 이상의 항암 치료화학요법이나 인공영양법 · 혈액투석 등 연명치료행위는 절대 하지 말고,

임종에 다다르게 되어도 심폐소생술을 시행하거나 혈압상승제 등를 투여하지 말되 다만, 통증관리나 생리기능 유지를 위한 의료행위에 대해서는 허용하니,

이와 관련하여서는 큰 언니 석하순과 OO병원 담당 주치의 김OO선생님 두 분이 잘 상의하여 대한의학협회에서 정한 '임종환자 연명치료 중단에 관한 의료 윤리지침' 을 준수하여 나의 바램대로 이행하여 주면 좋겠어요.

그리고 내 노래의 팬이라 하시면서 치료 뿐 아니라 용기까지 주시고 오빠같은 정 많은 김선생님께도 거듭 감사의 말씀드려요.

3. 유언의 내용(재산상속)

*** 상속인인 형제자매들의 혈육의 정과 고마움에 감사하면서**
큰언니 석하순에게,

부천 소재 아파트(33평형)와 OO은행 정기적금 해약한 돈 10억 원 중 2억 원을 상속하오니,

장례의식과 납골당 선정비용은 큰 언니가 모두 부담하여 주시고, 초록색 수첩의 노랗게 표시된 분들에게 부고를 전하시되,

장례에는 조화나 부의금을 접수하지 않을 것이란 사실을 미리 통보하시면 됩니다.

오빠 석명철에게,

OO은행 보통예금을 해약한 7,500만 원 전액을 상속합니다.

둘째 언니 석영룡에게,

OO보험회사의 보장성보험을

해약한 OO은행의 정기적금 중 3억 원과 음반 등에 대한 지적재산권료 모두를 OO아동복지재단에 무상증여합니다.

*** 재단법인 '밥과 김치' 의 설립**

OO은행의 해약금 5억 원,

여주 전원주택과 부천의 녹음실 상가를 현 시세로 매각한 매각대금,

動産인 생활집기 및 가전제품, 녹음실의 음향기기, 12인승 봉고차 등을 출연금(出捐金)으로 하여 '밥과 김치'란 명칭의 재단법인을 설립 하고 대표자는 존경하는 사회복지사 정옥순님으로 정하여 모든 운영을 맡기되,

출연금의 대부분을 OO은행에 정기예금하여 매월의 이자로서, 재능 있되 형편이 어려운 신참 작곡 · 작사가나 신인가수 및 그 가족들이 밥과 김치'가 없어 생존이 위협받지 않도록 각별히 후원에 최선을 다하여 주시기 바랍니다.

*** 유언집행자**

유언집행자로 큰언니 석하순과 유언자의 고교후배 최태식 법무사를 지정하오니 두 분이 원만히 협의하여 유언대로 집행해 주시기 바랍니다.

석하순 (580309 - 0000000) 주소 인천시 남구 주안동 23

최태식 법무사(640227 - 000000) 주소 경기 김포시 김포읍 사우리 9* 법무사님에게는 법인설립하고 운영할 때까지 매월 OO만 원의 보수를 지급합니다.

첨 부 서 류

부동산등기부등본 · 예금통장사본 ---------------- 각 1부

보험증서사본 · 차량등록증사본 ------------------ 각 1부

2011. 12. 22. 오후 3시

유 언 자 　 석 하 영 　 (인)

제목은 '남기고 싶은 글들' 이라 하였는데 유언의 전문(全文)과 연월일, 주소, 성명을 자서(自書)하고 날인하면 법적 효력이 있으므로 유언내용과 아주 동떨어지지만 않으면 제목이 어떠하든 상관없다.

대체로 유언(서), 유언(장), 유언증서, 또는 '상속인 00에게' 또는 '상속인 00는 보아라' 등으로 정하는 것이 무난할 것이다.

위와 같은 자필증서에 의한 유언은 공정증서나 구수 · 녹음에 의한 유언의 경우처럼 증인이나 공증절차가 필요 없어 경험칙상 가장 많이 이용하는 형태이다.

위 제2항 최종 진료에 관한 요청과 관련하여,

이 내용은 법정 유언사항은 아니어서 유언으로서의 법적 효력은 없으나, 담당 주치의가 말기중증환자인 유언자가 임종할 때까지 그 마지막 바램을 존중하여 진료에 적극 반영(의사에게 진료권한이 있으므로 이에 구속받진 않겠으나)할 수도 있다.

유언자의 의식이 온전할 때에 다음과 같은 '(최종)진료요청서' 또는 '(최종)의료요청서' · '최종진료바램' 을 위 유언장과는 별개로 작성하여 명확하게 전달하여도 좋을 것이다.

이는 유언서가 아니므로 워드로 작성하든 자필로 작성하든 상관없다.

※. 최종진료요청서

최 종 진 료 요 청 서

요청 환자 석 하 영 (640318 - 0000000)

주 소 부천시 원미구 상동 221-9

연 락 처 010 - 0000 - 0000

담당주치의 : 00대학병원 0000과 김00 선생님

존경하는 김00 선생님께,

그동안의 은혜에 깊은 감사를 드립니다.

저의 질병 상태가 위중하므로 만약 향후 의식을 놓칠 경우에는,

더 이상의 항암 치료화학요법이나 인공영양법 · 혈액투석 등 연명치료 로서 일시적인 생명연장은 조금도 희망하지 않으니 그와 같은 치료는 절대 하지마시기 바랍니다.

만약 임종에 다다르게 되더라도 심폐소생술을 시행하거나 혈압상승제 등도 투여하지 말되 다만, 통증관리나 생리기능 유지를 위한 의료행위는 허용하옵니다.

이와 관련해서는 저의 유언집행자인 큰 언니 석하순과 잘 상의하여 대한의학협회에서 정한 '임종환자 연명치료 중단에 관한 의료 윤리지침' 을 가급적 준수하셔서 저의 바램대로 이행하여 주시면 좋겠어요.

그리고 제 노래의 팬이라 하시면서 치료 뿐 아니라 각별한 용기까지 주시고 마치 친오빠 같은, 많은 정을 주신 선생님께 거듭 감사의 말씀 드려요.

2011. 12. 22.

유 언 자 석 하 영 (인)

제3항의 재단법인설립과 관련하여,

2011년 초, 형편이 매우 곤궁했던 젊은 여성시나리오작가가 와병중 이웃집에 '밥과 김치'를 필요로 한다는 메모를 남긴 채 병사한 뉴스를 접하고 이에 충격을 받은 유언자는, 위 유언장을 통해 상당한 재산의 출연(出捐)으로 재단법인을 설립하여 자신의 임종 후라도, 재능 있되 형편 어려운 신참 작곡·작사가나 신인가수 및 그 가족들이 '밥과 김치' 때문에 위 여성작가와 같이 생존에 직접적인 위협을 받는 사례가 더 이상 발생하지 않도록 후원하고자 하는 취지로 법인을 설립하고 있다.

위 사례와 같이 유언자가 유언하면서 동시에 재단법인을 설립하는 행위나, 가족법상의 법률행위인 친생부인과 인지(認知), 후견인을 지정하고 친족회원을 지정하며 유언집행자를 정하는 것 등은 민법에 규정된 유언할 수 있는 법정사항들이다.

이들 외의 유언내용이 있을 경우 이는 원칙적으로 법적 효력이 없어 무효로서, 준수하고 안하고는 상속인들의 의지에 달렸겠으나 유언자의 유지(有志)도 법정사항 못지않게 또는 그 이상으로 소중할 것인 바, 상속인인 후손들은 이 유지도 잘 받들어 성실히 이행하여야 인륜에 부합할 것이다.

유언집행자의 지정은 위와 같이 큰 언니와 법무사, 두 사람을 지정하듯 한 명 이상 수명을 지정할 수 있다. 자격요건에 제한이 없으므로 반드시 법률전문가가 아니어도 무방하나 집행업무를 성실히 수행가능한 사람으로 지정하여야 할 것이다. 유언자의 사망으로 유언의 효력이 발생하므로 재단법인을 설립하는 유언의 집행에는 반드시 유언집행자 지정이 필요하며, 사례와 같이 집행을 행하는 법무사에게 보수를 지급할 수도 있다.

한편, 유언의 자필증서나 비밀증서· 녹음 등을 보관한 자 또는 이를 발견한 자는 유언자의 사망 후 지체없이 법원에 제출하여 그 검인을 청구하여야 하며(민법 제1091조 제1항), 공정증서나 구수증서에 의한 유언의 경우는 해당되지 않는다(동조 제2항).

위 유언내용 중 민법에 부합하는 유효한 내용만 추려보면,

남 기 고 싶은 글들

유언자 석 하 영

주 소 부천시 원미구 상동 221-9

상속인 큰 언니 석하순, 오빠 석명철, 둘째 언니 석영롱

1. 유언의 내용(재산상속)

큰언니 석하순에게,

부천 소재 아파트(33평형)와 OO은행 정기적금 해약한 돈 10억 원 중 2억 원을 상속하오니,

장례의식과 납골당 선정비용은 큰 언니가 모두 부담하여 주세요.

오빠 석명철에게,

OO은행 보통예금을 해약한 7,500만 원 전액을 상속합니다.

둘째 언니 석영롱에게,

OO보험회사의 보장성보험을 해약한 5,500만 원 전액을 상속합니다.

OO 아동복지재단에,

해약한 OO은행의 정기적금 중 3억 원과 음반 등에 대한 장래의 지적재산권료 모두를 OO아동복지재단에 무상증여합니다.

2. 재단법인 '밥과 김치' 의 설립

OO은행의 해약금 5억 원,

여주 전원주택과 부천의 녹음실 상가를 현 시세로 매각한 매각대금,

動産인 생활집기 및 가전제품, 녹음실의 음향기기, 12인승 봉고차등을 출연금(出捐金)으로 하여 '밥과 김치'란 명칭의 재단법인을 설립하고 대표자는 존경하는 사회복지사 정옥순님으로 정하여 모든 운영을 맡기되,

출연금의 대부분을 OO은행에 정기예금하여 매월의 이자로서, 재능있되 형편이 어려운 신참 작곡 · 작사가나 신인가수 및 그 가족들이 '밥과 김치'가 없어 생존이 위협받지 않도록 각별히 후원에 최선을 다하여 주시기 바랍니다.

3. 유언집행자

석하순 (580309 - 0000000) 주소 인천시 남구 주안동 23

최태식 법무사(640227 - 000000) 주소 경기 김포시 김포읍 사우리 9

* 법무사님에게는 법인설립하고 운영을 개시할 때까지 매월 OO만 원의 유언집행보수를 지급합니다.

2011. 12. 22.

유 언 자 석 하 영 (인)

행복의 사전적 의미는 '복되고 좋은 생활에서 충분한 만족과 기쁨을 느끼는 흐뭇한 상태'로서, 미국 캘리포니아대학의 제임스 파울러(Fowler)교수 연구진은 '브리티시 메디컬 저널(BMJ)'에 '행복은 전염 된다'는 행복바이러스의 효과를 입증하는 논문을 발표하였다. 이 논문에서 '행복은 평균 세 사람 건너까지 영향을 미치고, 이 때 개인의 행복지수를 6% 가량 상승시키는 효과가 있다'고 밝혔다.

만약 A 라는 사람이 행복하면 그 옆에 있는 B 도 행복해 지고, B 의 친구인 C 까지도 행복을 느낀다고 한다. 또한 행복한 사람을 만나는 것만으로도 행복지수가 9 % 정도 올라가게 되고 그 사람과의 관계가 가까울수록 효과는 더욱 커진다하며, 만약 내 친구의 친구가 행복하면 나의 행복지수는 10 % 정도 올라가지만, 바로 내 곁에 있는 친구가 행복하면 그 수치는 평균 15 % 올라간다고 밝혔다. 실험에 의하면 행복한 친구가 만약 100m 이내의 아주 근거리에 살 때에는 행복지수 증가 폭이 무려 42 % 까지 올라갔었다고 하니, 행복이란 진정 전염성이 있는 바이러스와 같다는 확신을 불러일으킨다.

위 사례에서 만일 유언자의 유언이 없거나, 있어도 법정요건을 갖추지 못하여 무효일 경우는 법정상속이 이루어지게 되는데,법정상속인과 이들에게 상속되는 지분은?

피상속인인 유언자에게는 배우자나 상속 제1순위인 직계비속(자녀) 및 제2순위인 직계존속(부모 · 조부모)이 모두 없으므로 유언자의 모든 재산이 상속 제3순위로서 방계혈족인 형제자매들에게 동일한 법정상속지분으로 상속된다. 위와 달리 만약 상속 제1순위부터, 상속 제4순위인 4촌 이내의 방계혈족까지 아무도 없을 경우 가정법원은 특별연고자(피상속인을 요양 · 간호한자 또는 동거인 · 사실혼 배우자 등)의 청구에 의하여 상속재산의 전부 또는 일부를 그에게 분여(分與)할 수 있고(민법 제1057조의 2), 분여되지 않은 상속재산은 최종적으로 국가에 귀속된다(제1058조).

위 상속인인 형제자매들 세 사람의 법정상속분을 산정해 보면,

	큰 언니	오 빠	둘째 언니
각 법정상속분	1	1	1
통분하면	1 / 1	1 / 1	1 / 1
각 분자를 합한 3(1+1+1)을 분모로 한 각 최종 상속지분	1 / 3	1 / 3	1 / 3

검산하여 (1/3 + 1/3 + 1/3 = 1) 그 합이 반드시 1이 되어야 한다.

만일 피상속인(사망자)의 총 재산이 금전으로 15억 원이라면 각 5억 원씩 법정상속 됨을 의미한다.

한편 막내여동생의 유언장을 접한 오빠와 언니들은 유언자인 동생의 평온함을 위해 애틋한 내용의 답변서를 공동으로 작성하여 유언자가 평소 좋아하는 풀꽃 한 다발과 함께 전달하여 혈육의 정을 다시 나누었다.

♥♥ 이쁜 동생 하영이 보아라 ♥♥

큰 언니 석하순, 오빠 석명철, 둘째 언니 석영롱이가 하영에게,

오늘 따라 유난히, 어린 시절 고향 시골집에서 부모님들과 같이 오손도손 살던 시절이 너무 그립게 느껴지고 단 하루만이라도 그 시절로 함께 돌아가 볼 수 있다면......

동네에서 우애가 가장 좋다 소리 듣던 우리 형제자매들인데, 오래전 가정들을 이루어 떨어져들 지내는 이제, 막내 하영이가 제일 먼저 우리 곁을 떠나려하고 있으니 맺히는 눈물을 눈썹으로 모두 가릴 수가 없구나.

오빠· 언니들이 여러 번 사양하였음에도 불구하고 완고히 우리들에게 일부 재산을 상속하여 사촌아이들 학비와 결혼자금에도 충당하라는 너의 유지를 존중하여 이제 더 이상 거부하진 못 하고 수락할 수 밖에 없구나.

험한 세파를 혼자 헤쳐 나가며 열심히 살면서 주변까지 돌보던 너의 모습은 정말 아름다운, 파워 있는 천사였는데......

너의 땀과 혼이 배인 상속재산들을 대부분 아동복지재단의 기부와 재단법인 '밥과 김치' 의 설립으로 사회 환원하는 결정에 대해 우리들은 찬성은 물론 존경스럽기까지 하구나.

우리 형제자매 세 사람은 매달 한 번씩 정기적으로 만나 유언에서 남긴 유지들이 잘 집행되도록 살피고 돌보기로 하였으니 아무 걱정 말고 평온하길 바란다.

그리고 넌 어두운 밤하늘 한 쪽을 밝히는 반짝이는 별이 될 것이야.

그래서 보고 싶을 때 서로 실컷 바라보자꾸나.

하영아 하늘만큼 땅만큼 사랑한데이 !!!

2011. 12. 24.

큰 언니 석 하 순 (인)
오빠 석 명 철 (인)
둘째 언니 석 영 롱 (인)

자필증서 유언과 관련한 대법원판례를 본다(대법원 2006. 9. 8. 선고 2006다25103, 25110 판결 참조).

'민법 제1065조 내지 제1070조가 유언의 방식을 엄격하게 규정한 것은 유언자의 진의를 명확히 하고 그로 인한 법적 분쟁과 혼란을 예방하기 위한 것이므로, 법정된 요건과 방식에 어긋난 유언은 그것이 유언자의 진정한 의사에 합치하더라도 무효라고 하지 않을 수 없고, 자필증서에 의한 유언은 유언자가 그 전문과 연월일, 주소, 성명을 자서(自書)하고 날인하여야 하는바(민법 제1066조 제1항),

유언자의 주소는 반드시 유언 전문과 동일한 지편에 기재하여야 하는 것은 아니고, 유언증서로서 일체성이 인정되는 이상 그 전문을 담은 봉투에 기재하더라도 무방하며, 그 날인은 무인에 의한 경우에도 유효하다고 할 것이나(대법원 1998. 5. 29. 선고 97다38503 판결, 대법원 1998. 6. 12. 선고 97다38510 판결 등 참조), 유언자의 날인이 없는 유언장은 자필증서에 의한 유언으로서의 효력이 없다'

*** 명퇴를 앞둔 50대 남성의 건강할 때 쓰는 유언장**

50대 후반인 박영웅씨는 건강한 남자로서 이제 곧 직장에서의 명예로운 은퇴를 목전에 두고 있다.

그 동안 부인의 내조도 부족함 없었고 스스로도 게으르지 않아 땀 흘리고 고뇌했던 직장과 가정에서 자신의 직분을 대과없이 수행하였고 전공인 회계학을 유용하게 활용하고 연구실적도 쌓아 자신이 출간한 실무회계책자가 있을 정도이여서 직장내에서나 사회적으로 실무회계전문가로 인정받고 있다.

아들 딸 두 자녀도 보기좋게 성장하여 출가하였으며 부인과의 사이도 원만하여 대표적인 모범가장이라 할 수 있는데도 마음 한켠엔 웬 지 모를 공허함과 저무는 맘이 자리 잡고 있다.

이를 극복하고 퇴직 이 후의 새로운 잔치를 위해 다시 힘과 용기를 발휘하여 인생 제2막을 열고자 어제까지의 발자취를 돌이켜 보며 평소 염두에 두어왔던 유언장을 고교동창인 박○○ 변호사의 조력을 받아 건강할 때 작성한 후 소중한 가족들에게 그 취지를 미리 알리고 소통하며 필요시 협조 또는 동의를 구하려 한다.

【 가계도 】

모 부모
|| ||
남편 박영웅 ------ 부인 나왕숙
||
아들 딸

【 재산현황 】

* 적극재산 (+)

2011. 10. 5. 현재

구분	내역
동 산	일상가사용 생활집기 및 가전제품일체 도자기, 유명화가그림 3점 및 보석류 (결혼당시 패물) *** 부인명의** 중형승용차
부동산	주거용 아파트 139㎡ (42평) *** 부인명의** 수도권 토지 밭 1158㎡ (약 350평)
채 권	00은행 정기적금 1억 5,000만 원 00은행 보통예금 3,500만 원 *** 부인명의** 00보험회사 적립식 보장성보험 불입액 2,500만 원 00전자회사 주식 (00증권회사 00지점 예탁) 1500주 (액면가 7만 원) 퇴직연금 (총액 1억 4,000만 원)의 매달 수급액 170만 원 골프회원권 6,000만 원 박영웅 著 '명품 실무회계' 의 종이책 및 전자책의 저작권료 매달 평균액 50만 원 채무자인 동창 김00에 대한 대여금채권 3,500만 원

* 소극재산 (-)

주거용 42평 아파트의 최초 분양 시 저금리로 융자받은 근저당권채무 1억 5,000만 원

※. 유언장

(* 표지)

유 언 장

유언자 박 영 웅

2011. 10. 5.

유 언 장

유언자 · 피상속인 박 영 웅 (朴 英 雄 520813 - 0000000)

주　소 서울 영등포구 신대방동 257 보람아파트 000-000

등록기준지 전남 여수시 학동 30-1

연 락 처 010 - 0000 - 0000

상속인 처 나왕숙 (56세) 아들 박권영 딸 박희애

1. 유언의 취지

초등학교 입학하기 전 선친의 손을 잡고 목욕탕을 따라다녔던 코흘리개가 이제 두 자녀 모두 출가시키고 '할아버지' 소리까지 들으면서 어느덧 내가 벌써 그렇게 되었나 깜짝 깜짝 놀라는구나.

몇 해 전, 나누고 베품과 욕심 한 점 없는 무소유를 몸소 실천하셨던 두 분, 김수환 추기경님과 법정스님을 먼 곳으로 떠나보내면서, 그 분들이 남기신 삶의 짙은 향기를 맡으며 두렵기만 하던 죽음에 대해 따스한 정을 느낄 수 있게 되고 공포의 대상이 아니라 인생여정이 다하면서 긴 휴식의 겨울방학이라 생각할 수 있을 정도의 용기까지 얻었으며 이에 이 유언장도 자신있게 써 내려가고 있는 중이네.

사랑하는 우리 가족들아 !!

인생이 무엇인지에 대한 정답은 영원히 오리무중일 것이나 그 분들은 몇 개의 명답을 확실하게 던져주고 가셨고 우리 가족들은 그 향기들을 마음깊이 새겨야 할 것이네.

장래 아비가 가족의 곁을 떠나더라도 예정되었던 이별이므로 당황하지 말고 차분히 장례를 치르고 이 유언에 따스한 시선과 나의 체온을 조금이라도 느끼면서 그대로 이행하며 남은 가족들이 더욱 우애하고 화평하게 지내면서 어려운 이웃에도 따뜻한 눈길까지 줄 수 있다면 더 바랄 것이 없네.

2. 유언의 내용

사랑하는 부인 나왕숙 당신에게,

부족하고 고집장이인 남편을 조금도 탓하지 않고 결혼 후 지금껏 당신의 자리를 굳건히 지키고 자신을 드러내지 않으며,

모시는 어머니에게도 딸 같은 며느리라는 칭송이 온 동네 자자함은 물론, 소리 소문 없이 남편과 자식들의 건강과 그 맡은 직분을 다하도록 조용하게 항상 숨은 그림자 같은 역할의 당신은 오늘 우리가정의 보금자리를 일구어낸 라헬이자 진정한 천사표 슈퍼우먼입니다. 당신을 무한히 존경하고 사랑합니다 !

생사가 당신과 나를 갈라놓을 때까지 멀리 떨어져 계신 장인 장모님에게도 사위가 아닌 아들로서의 역할을 전보다 더 예쁘게 하고자 하니 남편인 나를 계속 이뻐해 주실꺼지요? 하하하

다시 태어나서 당신을 또 선택하더라도 응하여 주실거고요?

당신이 마다하면 할 수 없고요.

예쁜 우리 딸 · 아들에게,

너희들이 태어난 그 날 1시(희애), 9시(권영)에 엄마 · 아빠는 너무 가슴 벅찼고 기쁨의 눈물을 흘렸단다. 행복의 무지개창을 활짝 여는 순간이었어.

항상 아기 같았던 너희들이 어느새 결혼을 하여 새싹 같은 가정들을 이루어 정말 대견스럽고 아비의 어깨가 한결 홀가분하구나.

아비가 천성이 좀 무뚝뚝하고 직장에 바쁘다는 핑계로 그동안 너희들과 대화에 소홀했고 많이 부족했었으리라 인정하네. 맘은 그렇지 않았는데 말이다.

이젠 떨어져 있어 자주 볼 수 없겠으나, 때 되어 방문 시에는 너희들과 어떤 얘기든 소통하고 대화하고 싶은 게 아비의 바램이구나. 내가 구세대라 왕따 시키지는 않을 것이지? 아비세대는 젊은이들로부터 왕따 당하는 게 제일 두려운 것이란다. 하하하

지금처럼 항상 건강하고 무슨 운동이든 부지런히 하며 너희 어머니와 친할머니, 외할머니 · 외할아버지들과도 대화 나누고 재롱도 떨며 등도

굵어드리고 겨드랑이도 간질러 웃음을 잃지 않도록 하면 좋겠다.

인생에 있어 한방이나 대박은 없으니 땀 흘려 일하면서 쌓아나가는 게 최고의 선이고 미덕이며 그게 바로 대박인 바, 자신의 한 치 이익을 위해 남의 앞길을 조금도 방해해서는 안 되며 재산은 필요한 만큼만 이루되 절대 넘치지 않도록 하고 욕심이 과하면 화를 부르게 되니 주변의 어려운 이웃을 돌아보고 무엇이든 나눌 수 있었으면 한다.

잘 하고 있으리라 생각되지만 아비의 손자녀인 너희들의 2세들에게 잘 때 반드시 뽀뽀해 주거라.

아비가 너희들에게도 많이 해 주고 싶었는데 쑥스럽기도 하여 속내만 있었지 용기가 나지 않아 한 번도 못해 주어 못내 가슴이 아팠는데 그러는 사이 너희들이 벌써 어른이 되었구나.

2세들에게 학문탐구 뿐 만 아니라, 소통도 잘 하여 고민과 갈등을 해소시켜주고 강건한 심신단련과 진실한 인생체험을 충분히 해 줄 것을 권하며 그런 것이 행복나무에 열리는 열매가 아닐까 생각한단다.

재산에 관하여,

♡ 부인 나왕숙 여사에게,

일상가사용 모든 생활집기 및 가전제품일체와 중형승용차, 00은행 정기적금 1억 5,000만 원, 00보험회사 적립식 보장성보험 불입액 2,500만 원, 00전자회사 주식 1,500주, 퇴직연금 매달 수급액 170만 원의 1/2, 골프회원권 6,000만 원은 나왕숙에게 상속하고,

원래 나왕숙 명의인 도자기, 화가 박00의 그림 3점 및 보석류, 42평 아파트, 00은행 보통예금 3,500만 원(+)과, 나왕숙 명의의 근저당권채무 1억 5,000만 원(−)은 그대로 유지하며, 단, 박영웅의 친모와 나왕숙의 친부모들이 생존하는 동안 소요되는 생활비 · 의료비 등 일체의 부양료는 나왕숙이 부담키로 한다.

♡ 딸 박희애 · 아들 박천영 에게,

수도권 소재 토지 밭 1158㎡ (약 350평)와 박영웅 著 '명품 실무회계'

의 종이책 및 전자책의 저작권료 매달 평균액 50만 원, 박영웅의 동창인 채무자 김00에 대한 대여금채권 3,500만 원의 각 1/2씩 균등히 상속하며,

대여금채권의 만기일(2012. 12. 31.)이 도래하면 김00로부터 추심하여 각 1/2씩 분배토록하고 위 김00가 아비가 없다고 변제하지 않고모른체한다면 차용증서를 사본하여 1부를 들고 아빠동창인 서초동의 박00변호사(02-592-0000)를 찾아가 도움을 청하거라.

* 위 상속으로 발생하는 승용차의 등록 및 부동산 상속등기에 소요되는 기 · 등록세, 법무사수수료와 상속세 등의 제세공과금은 모두 나왕숙 부담으로 한다.

안구기증 및 장례 전 · 후, 기 · 제사에 관하여,

나의 안구가 선용 가능상태라면 00재단 발행의 기증증서대로 00병원에 즉시 연락을 취하여 사망 후 6시간 이내에 수술을 이행하도록 하고, 서재 옆 노란함에 장례비조로 현금 700만 원 (5만 원권 140매)이 항시 있으니 장례는 최대한 검소하게 치르며,

장례식에 참석할 조문객들에겐 먼저 '조의금은 고인의 뜻에 따라 정중히 사절합니다.' 라고 알리되 접수를 고집하는 조의금은 받아 비용에 충당하고, 화장을 하여 가까운 납골당에 있으면서 찾아오는 가족 · 친지 와 지인들을 반기고 싶구나.

사망한 날로부터 1개월 이내에 신대방동 주민센터에 진단서를 첨부하여 사망신고를 필하고 등록된 인감증명도 동시에 말소되어야 한단다.

아비가 모시던 기 · 제사는 그대로 모시면 되고 딸 · 아들 구별 없는 세상이므로 너희 어머니와 함께 준비하고 주재하면 되느니라.

한식날이나 추석, 설날 중 1년에 한 번은 손자녀들과 함께 선산의 조상님들 묘소를 찾아뵙고 둘러보도록 하여라.

첩 부 서 류

1. 부동산등기부등본 · 가족관계증명서 · 주민등록등본 · 인감증 명서
2. -- 각 1부
3. 각 통장 · 안구기증서 · 보험증서 · 차용증서 · 골프회원권 · 증권예탁증서 -- 각 사본 1부
4. 가족사진 -- 2매

2011. 10. 5.

깊어가는 가을 밤 어스름한 달빛 비치는 서재의 창가에서......

유 언 자 박 영 웅 (인)

*** 위 사항 모두 동의하고 성실히 이행할 것을 다짐하며, 우리 가족 모두는 당신과 당신의 평생 헌신에 존경과 사랑을 하늘만큼 땅만큼 드립니다. 이를 기념키 위해 당신을 이 번 주말연휴 2박3일 동안 선유도탐사 자전거 가족여행단의 단장으로 임명하오니 앞장서서 우리가족을 역시 잘 이끌어 주시리라 믿으며 여행비용은 부인과 딸 아들이 합심하여 모두 부담할 것이오니 걱정하지 마소서.**

2011. 10. 10.

동 의 인 부인 나 왕 숙 (인)
딸 박 희 애 (인)
아들 박 권 영 (인)

오늘날 우리 삶은 애당초 개인에게 부여된 일정 용량을 훨씬 초과하는 힘겨운 과제들을 대책 없이 떠안고 이를 피할 길이 없어 특단의 인내와 용기로써 헤쳐 나가고 있는 실정이며 그 모습은 아름답기까지 하다.

이에 누구든지 자신표 인생의 발자취들을 글로써, 느낌으로써 표현하는 순간 詩人이 될 수 있다. 고뇌의 끈적한 땀이 배여 있는 싯구(詩句)들을 마주하게 될 때 우리 가슴은 뭉클 요동치며, 간단치 않은 삶들 속에서 누구에게서든 명시(名詩)로 탄생되어 우리의 가슴배를 또한 부르게 할 것이다.

자필 유언(장)을 작성하기 위한 준비물과 마음가짐은 어떻게 ?

백지 몇 장과 이를 담을 봉투, 인장(무인, 즉 지장도 무관)과 필기구 및 깨끗이 비운 자신의 마음을 준비하면 되고, 많든 적든 모든 재산을 동산· 부동산· 채권으로 분류한다. 또 유언과 관련한 민법의 상속편(제997조 이하)과 유언(제1060조 이하) 등 법조항의 숙지가 필요하다.

엷은 원두커피 향내 나기 시작하는 초가을 어느 날, 청계산 아랫자락 서울랜드의 넓고 잔잔한 호수를, 작고 가냘픈 어깨 서로 기대고 앉은 두 여승이 무심(無心)히 바라보고 있는 그와 같은 정갈한 마음속에서(연출되지 않은 두 분 여승의 뒷모습을 우연히 목격하고 사진에 담지 않아 아직까지 못내 아쉽기만 하다), 평소 상속인들에게 당부하고 싶었던, 또는 남기고 싶은 말(유지)과 재산상속 등에 관하여 자신의 진의대로 분명하고도 명확한 내용과 글씨체로 한 자 한 자 또박또박 써 내려가면 되고, 작성한 후 필요시 삽입· 추가· 변경 및 철회도 물론 가능하며 몇 가지 조건(조건부 상속)을 붙일 수도 있다.

상속인들이 여럿일 경우 상속재산을 어떤 비율로 분배할 것인지가 큰 과제인데, 유언자(피상속인) 임의로 정할 수 있으나 사(死) 후 상속인들 사이에 유류분 분쟁이 발생하지 않도록 민법 상속편의 법정상속분(제1009조) 규정을 크게 벗어나지 않는 테두리에서, 상속인들의 개별적 기여도나 경제형편 등 모든 사정을 참작하여 적절히 분배비율을 정하고, 이 후 상속인들 모두의 동의와 격려까지 받을 수 있다면 더할 나위 없이 성공적인 유언장의 탄생이 된다.

제목은 유언, 유언장, 유언서, 유언증서, 유서 또는 '남기는 글', '가족들 보아라' 고 하여도 무방한데 우리의 현행 민법 규정은 유언(遺言, 제1060

조)이라 정하고 있으므로 유언(장), 유언서, 유언증서 등이 우리들 눈에도 익고 적당할 것이다.

유언 당시 상속인들 외에 포태 중인 자녀가 있을 경우, 즉 부인이 임신 중일 경우 유언으로 태아도 상속인에 포함시킬 수 있으며(제1064조), 만일 유언 없이 사망할 경우에도 태아는 상속순위에 관하여는 이미 출생한 것으로 보므로 당연히 법정상속인에 포함되지만 사산(死産)할 경우 상속의 효력이 소멸하게 된다.

유언(遺言)이란 유언자가 자신의 사망과 동시에 자신의 상속인들에게 일정한 법률효과를 발생시킬 목적으로 법에 정한 일정한 방식에 따라 행하는 '상대방 없는 단독행위' 이고 유언자의 사(死) 후에 유언의 법적 효력이 발생하게 되는 법률행위이다. '피상속인' 은 사망으로 인해 상속이 개시될 경우에 있어서 사망한 사람을 말하며, '상속인' 이란 피상속인의 사망 시에 피상속인의 재산상 지위를 승계하는 자를 말한다.

즉, 남편 사망 시 배우자인 부인과 자녀들, 자녀가 없을 경우는 남편의 직계존속(부인의 시부모들)이 있는 경우 부인은 그들과 공동으로, 만일 시부모도 없는 경우에는 부인이 단독으로 상속인이 된다.

유언이 자신의 상속인들만에 행하는 것과는 달리, 유증(遺贈)이란 유언자가 유언에 의해 자기의 재산을 상속인뿐 아니라 타인(法人에게도 가능)에게도 무상으로 양도(무상증여)하는 행위를 말한다.

유언은 법에 정한 사항에 관해서만 할 수 있는데, 경험칙상 상속재산의 승계에 관한 내용이 대부분인 바, 위 유언장의 경우처럼 상속재산분배 외의 유언 내용, 즉 어려운 이웃을 돌보고 시신은 화장을 하여 납골당에 자리를 부탁하는 등에 대해서는 법으로 규율할 수 없음은 물론 불이행시 상속인들에게 강제이행시키거나 강제집행할 수 없다. 즉 상속법적 잣대로는 무효이거나 실정법의 보호영역 밖의 사적자치(私的自治)의 영역으로서, 그 이행여부는 전적으로 상속인들 의지에 좌우되겠으나 유지를 받들어 성실히 이행에 최선을 다하는 것이 자식 된 도리요, 조상에 대한 예를 갖추는 것이며, 배우자로서의 부부정리(夫婦情理)를 지키는 것도 될 것이다.

인류문화는 우리들 각자의 生과 死에는 전혀 관심을 보이지 않고 물 흐름

처럼 계승되고 있듯, 이러한 가족애나 인류애가 남겨지고 이어지는 것은 재산승계 못지않은, 그 보다 더 가치 있는 모습일 수도 있다.

민법에 규정된 유언할 수 있는 법정사항을 살펴보면,

재단법인의 설립, 친생부인, 인지, 후견인지정, 친족회원의 지정, 상속재산의 분할방법의 지정 또는 위탁, 상속재산분할금지, 유언집행자의 지정 또는 위탁, 신탁법에서 정한 신탁의 설정 등이 있고, 이외의 유언은 유언을 하더라도, 즉 유언장에 남기더라도 위와 같이 법적인 효력은 없다.

그러나 필자는 피상속인의 도덕적 유훈 및 가훈, 유지(有志), 삶과 행복의 지표 등도 남겨진 상속인들을 위해 얼마든지 기재 가능하고 또 기재하여야 한다고 생각한다. 왜냐하면 부모의 사망으로 상속되는 것은 오직 재산뿐이라고 생각하는 자손들이 많기 때문이다.

현행법상 재산상속에 관하여, 피상속인이 사망 시 법정 요건을 갖춘 유언이 있을 경우는 유언에 따르고, 유언이 없거나, 있어도 법정 방식에 어긋날 경우는 효력이 없어 민법의 상속편에서 정한 상속의 순위(제1000조)와 상속분(제1009조)으로 법정상속이 이루어지게 된다.

민법 제1065조 '유언의 보통방식' 내지 제1070조 '구수증서에 의한 유언' 에서 정한대로 유언의 방식을 엄격하게 규정한 것은 유언자의 진의를 명확히 하고 그로 인한 법적 분쟁과 혼란을 예방하기 위한 것이므로, 법정된 요건과 방식에 어긋난 유언은 그것이 유언자의 진정한 의사에 합치하더라도 무효라 하고 있다(대법원 2007. 10. 25. 선고 2007다51550, 51567 판결).

위 유언장 작성사례와 같이 자필증서로 유언을 할 경우에, 유언자가 그 전문(全文)과 연월일, 주소, 성명을 자신이 직접 자필로 작성하고(自書) 날인하여야 한다. 작성한 이후 문자의 삽입, 삭제, 또는 변경도 가능하나 이 경우에도 반드시 유언자가 자서하고 역시 날인하여야 한다.

따라서 타인에게 구수(口授)하여 작성하거나 필기시킨 것과 컴퓨터나 타자기로 작성한 것은 자필증서로 인정되지 않아 무효이고, 다른 방식은 모두 갖추었는데 단지 유언자의 날인만 없는 유언장도 자필증서에 의한 유언으로서의 효력이 없다(대법원 2006. 9. 8. 선고 2006다25103,25110 판결).

또한 연· 월만 기재하고 일(日)의 기재가 없는 자필유언증서는 그 작성일을 특정할 수 없으므로 역시 무효이다(대법원 2009. 5. 14. 선고 2009다9768 판결). 전자복사기를 이용하여 작성한 복사본도 효력이 없으나, 주소를 쓴 자리가 반드시 유언 전문 및 성명이 기재된 지편이어야 하는 것은 아니고 유언서의 일부로 볼 수 있는 이상 그 전문을 담은 봉투에 기재하더라도 무방하며, 날인은 인장 대신에 무인(拇印, 즉 지장)도 유효하다(대법원 1998. 6. 12. 선고 97다38510 판결).

외국어로 작성하더라도 제1066조의 요건을 갖출 경우 유효하며, 위 사례와 같이 유언장이 여러 장 되더라도 그것이 하나의 유언서인 것이 확인되면 당연히 유효하다.

재산에 관하여,

일상가사용 생활집기나 가전제품을 동산(動産)이라 하는데 이의 소유권에 관해 부부사이에 특별히 약정한 바가 있으면 그에 따르고 그렇지 않으면 부부의 공유(각 1/2씩)로 추정한다. 따라서 위 유언장에서는 피상속인의 1/2지분을 부인에게 상속한다는 의미이다.

퇴직연금도 수급자 본인 사망 시 배우자인 부인에게 통상 그 1/2을 급여하고 있으므로 그에 따라 역시 1/2을 상속하고 있다.

딸과 아들에게도 토지, 저작권료 및 대여금채권의 각 1/2씩 상속하고 있는데, 재산의 종류가 여럿이므로 가액이 비슷하도록 저울질하여 두 사람이 공동상속인으로서 원만하게 협의에 의해 딸은 토지, 아들은 저작권료와 대여금채권을 상속할 것을 새롭게 정하는 등 상속받은 재산의 범위내에서 편리한 방법을 택할 수 있다.

이를 '상속재산에 대한 협의분할' 이라 하는데 상속개시 된 때(피상속인 사망시)로 소급효가 있으며 단, 이로 인해 대항력 있는 제3자의 권리를 침해하지는 못한다.

한편 동산의 소유형태는 점유(占有)이므로 생활집기나 가전제품은 부인 나

왕숙의 거주지에서 그대로 나왕숙이 지배(점유)하고 있으면 되고,

상속으로 인한 부동산이나 차량의 소유권이전은 등기와 등록으로써 공시하므로, 이에 소요되는 등기 · 등록세, 법무사수수료 및 국세인 상속세, 지방세인 취득세 등의 제세공과금을 부담하여야 한다.

이 중 상속세에 관하여는, 1가구 1주택 정도의 일반적인 서민층수준이라면 상속세부과를 전혀 걱정할 필요가 없을 것이나, 상속재산이 과다하여 상속세를 부담하게 되는 경우라면, 상속세는 일반세율보다 상당히 높고 그 산정도 간단치 않으며 관련세법도 복잡하고 경제형편에 따라 자주 개정이 되므로 반드시 조세전문가인 세무사의 조력을 받거나 관할세무관서의 상담을 거치는 것이 안전하다.

유언장을 작성한 후 유언자의 날인(2장 이상인 경우 매 장 사이의 간인 포함)은 인감도장이 아닌 막도장도 얼마든지 가능하고 무인(지장)도 가능하다. 위 사례와 같이, 위조를 방지하고 유언자의 진의를 보다 확실히 하기 위해 인감도장을 날인하고 인감증명서를 첨부하여도 무방하다. 유언내용과 관련된 자료들 및 함께 찍은 가족사진의 첨부도 가능한데 이 때의 첨부서류들은 유언장과 일체를 이루어 한 몸이므로 첨철하여 같이 잘 보관하여야 한다.

작성을 모두 완료한 다음, 위 사례에서는 상속인들인 부인과 자녀들의 동의까지 得하였는데, 물론 동의는 법정사항이 아니나 평소 화목한 가정으로서 상속인들이 유언내용에 조금도 이의가 없을 경우 위와 같이 미리 동의하고 따뜻한 격려까지 한다면 모양새도 좋고 유언자의 마음도 한결 편안할 것이다.

위 유언장의 내용 중 유언의 법적 효력이 있는 내용(법정방식, 즉 유언의 전문과 연월일, 주소, 성명을 자서하고 날인)만 추려서 작성해 본다.

유언자의 유지(有志)가 전혀 없이 상속재산만에 관한 내용이므로 간단명료하긴 하나 삭막하기 그지없다. 물론 시간이 부족하여 어쩔 수 없거나, 간편한 것을 추구한다면 모르되 그렇지 않다면 건강할 때 충분한 시간을 할애하여 위 사례와 같이 재산보다 더 가치 있는 글까지 함께 남길 수 있다면 훌륭한 유언장이 될 것이다.

※. 유언장

유 언 장

유언자 박 영 웅

주 소 서울 영등포구 신대방동 257 보람아파트 000-000

유언의 내용

♡ 부인 나왕숙 여사에게,

일상가사용 모든 생활집기 및 가전제품일체와 중형승용차, OO은행 정기적금 1억 5,000만 원, OO보험회사 적립식 보장성보험 불입액2,500 만 원, OO전자회사 주식 1,500주, 퇴직연금 매달 수급액 170만 원의 1/2, 골프회원권 6,000만 원은 나왕숙에게 상속하고,

원래 나왕숙 명의인 도자기, 화가 박OO의 그림 3점 및 보석류, 42평 아파트, OO은행 보통예금 3,500만 원(+)과, 나왕숙 명의의 근저당권채무 1억 5,000만 원(-)은 그대로 유지하며,단, 박영웅의 친모와 나왕숙의 친부모들이 생존하는 동안 소요되는 생활비 · 의료비 등 일체의 부양료는 나왕숙이 부담키로 한다.

♡ 딸 박희애 · 아들 박권영 에게,

수도권 소재 토지 밭 1158㎡ (약 350평)와 박영웅 著 '명품 실무회계' 의 종이책 및 전자책의 저작권료 매달 평균액 50만 원, 박영웅 의 동창인 채무자 김OO에 대한 대여금채권 3,500만 원의 각 1/2씩 균등히 상속한다.

*위 상속으로 발생하는 승용차의 등록 및 부동산 상속등기에 소요되는 등기 · 등록세, 법무사수수료와 상속세 등의 제세공과금은 모두 나왕숙 부담으로 한다.

2011. 10. 5.

유 언 자 박 영 웅 (인)

유언은 한 번 유언을 하게 되면 사망할 때까지 그 철회를 절대 할 수 없는 것이 아니고 민법총칙의 의사표시 법리에 따른 '철회'도 얼마든지 가능하다(민법 제1108조),

또 최초의 유언과 다른 새로운 유언도 할 수 있고 이 경우 서로 저촉되는 부분의 그 전(前) 유언은 이를 '철회'한 것으로 본다(민법 제1109조).

위 경우를 법정상속분으로 지분을 산정하여 본다면 얼마나 될까?

즉, 유언 없이 사망하였거나 유언이 있어도 법정방식에 어긋나 무효일 경우이다.

남편이 사망하고 상속인들로서 부인과 딸, 아들 두 자녀가 있을 경우,

	부 인	**딸**	**아 들**
상속지분	**1 +1/2 (5할 가산)**	**1**	**1**
통분하면	**3/2**	**2/2**	**2/2**
각 분자를 합한 7(3+2+2)을 분모로 한 각 상속지분	**3/7**	**2/7**	**2/7**

따라서 상속인들의 각 상속지분은 부인 3/7, 딸 2/7, 아들 2/7 이 되고, 검산하여 (3/7 + 2/7 + 2/7 = 1) 그 합이 반드시 1이 되어야 한다.

만일, 피상속인 명의(부인 명의재산은 제외)의 모든 상속재산을 금전으로 환산한 후 적극재산(+, 자산)과 소극재산(-, 부채)을 합산(적극재산 - 소극재산)하여 산정한 순자산을 만약 10억 5천만 원이라고 가정한다면 부인은 4억 5만 원, 딸과 아들은 각 3억 원 씩을 상속하게 된다.

* 서해 외딴섬과 마치 백년가약을 맺었듯이, 작은 어선 한척을 소유하고 평생을 어부로 지내고 있는 50대 중반 왕바다씨의 유언

【 가계도 】

유언자 왕바다 ---------- 부인 다도해 ⇓ 장남 왕소금, 차남 왕젓갈

【 유언자 명의 재산현황 】

2012. 1. 1. 현재

동 산	생활도구 및 가전제품, 소형 어선 한 척
부동산	전북 군산시 옥도면 00리 00번지 토지 및 건물 위 같은 곳 임야 1만 5000평 위 같은 곳 논 1,500평 위 같은 곳 밭 750평
채 권	수협 보통예금 3,500만 원

(* 표지) ' 바다와 평생 친구하고 고기들과 동무하며 잘 놀았노라 ' 2012. 1. 1. 유 언 자 왕 바 다

‘바다와 평생 친구하고 고기들과 동무하며 잘 놀았노라’

유 언 자　　왕 바 다 (581204 - 0000000)

주　소 : 전북 군산시 옥도면 00리 00번지

등록기준지 :　　　위와 같음

연 락 처 : 010-0000-0000

유언 취지

바다 끝 눈에 보이는 곳까지가 나의 놀이터였고 매일 고기들과의 장난으로 심심하지 않았구나.

행복이 나의 분에 넘쳐 천국이 따로 없고 이곳이 바로 천국이니 아들들은 내가 죽은 후 나를 어촌이 훤히 내려다보이는 뒷산 망월대 언덕에 묻어주면 되느니라.

장례는 이장과 상의하여 마을회관에 보관하고 있는 꽃상여를 사용하면 된다.

아들들은 한 명씩 교대로 육지의 도시들을 1년간씩 잘 구경하고 배운 후 몸이 성치 않은 어머니를 잘 모시고 이곳에 뿌리를 내리기 바란다.

요즘은 도시 처녀들 중 섬 생활을 희망하는 아가씨들도 더러 있으니 인연을 잘 찾아 혼인하기 바란다.

2세는 아들이든 딸이든 구별 말고 2명 정도를 씩씩하고 튼실하게 키웠으면 한다.

삶에 장벽이 생기거나 고통스러울 땐 언제라도 바다에 질문을 던지고 답을 구하라. 인내와 지혜가 모두 거기 있느니라.

법이나 행정적인 문제는 군산시 법원앞 최00 법무사(연락처: 0654-000-0000) 에 연락하여 조력을 구하라. 그 분이 아버지가 배를 샀을 때 소유권이전등기를 해 준 분이란다.

*** 재산에 관하여,**

부인 다도해에게,

전북 군산시 옥도면 00리 00번지 토지 및 건물,

위 같은 곳 임야 1만 5000평,

위 같은 곳 논 1,500평,

위 같은 곳 밭 750평 및 수협 보통예금 3,500만원과 동산 등을 상속한다.

두 아들 왕소금과 왕젓갈에게,

배 '왕바다호' 와 왕바다호가 건져 올리는 고기보물들 각 1/2 씩 상속한다.

유언집행자로 유언자의 처 다도해를 지정한다.

첨 부 서 류

선박 등기부등본 ---------- 1부

2011. 1. 1.

" 저녁 6시 황혼 무렵 '왕바다호' 의 갑판에서 갈매기들이 지켜 보 는 가운데 석잔 술에 취하여 썼노라 ......"

유 언 자 왕 바 다 (인)

저 자 김 성 식

<약 력>

- ▶ 방송대 법학과 졸업
- ▶ 한양대학교 행정대학원 사법행정학과 1년 수료
- ▶ 법원직 공채합격(83년, 85년)
- ▶ 춘천지방법원 민형과
- ▶ 서울고등법원 형사과, 관리과
- ▶ 서울북부지방법원 형사과, 등기과
- ▶ 서울남부지방법원 민사과
- ▶ 대전지방법원 서산지원
- ▶ 동대문등기소, 동작등기소
- ▶ (서초동) 삼원합동법률사무소, (공덕동) 서부제일합동법률사무소,
- ▶ (산본) 율목 법무법인, (평촌) 김정혜 법률사무소 각 상담실장

< 저 서 >

- ◆ 일반인도 즉시 따라하는 가압류 · 가처분 신청(1995)
- ◆ 이혼협의서 사례집(2010. 9.)
- ◆ 똑똑한 동거계약서(2011. 8.)
- ◆ 사랑하는 자들을 위한 유언장 동거계약서(2011. 11.)

* 이 책에 관하여 독자의 견해가 있으면 적극 수용하겠습니다.

이메일 : ranovia1@hanmail.net

간통죄 위헌결정

2012년 6월 20일 인쇄
2012년 6월 30일 발행
저 자 김 성 식
발행인 양 갑 수
발행처 법률&출판
등록번호 25100-2005-000110
서울 서초구 서초동 1712-2 동용빌딩 104호
전 화 : 02)521-8199 팩 스 : 02)598-0332
ISBN 978-89-97476-09-1 93360 값 16,000원

인지생략
저자협의
에 의하여